불교입문총서 —— 3

아비달마불교

권오민 지음

민족사

아비달마불교

머리말

불교학은 결코 단일한 체계가 아니며, 시대와 지역에 따라 전개된 온갖 상이한 학적체계가 모여 이루어진 매우 복합적이고도 유기적인 체계이다. 일반적으로 인도불교의 역사는 원시불교, 부파불교, 대승불교의 세 단계로 구분되며, 대승은 다시 초기 대승의 반야 공사상, 중기 대승의 유식과 여래장사상, 그리고 후기 대승의 밀교로 세분되기도 한다.

아울러 불타입멸 후 100년이 지날 무렵, 그 때까지 단일성을 유지해 오던 불교교단은 상좌부上座部와 대중부大衆部로 근본분열하고, 다시 3차에 걸쳐 분열에 분열을 거듭한 끝에 18~20개 부파로 지말분열하게 되는데, 이 시기의 불교를 부파불교部派佛敎라 하고, 그 이전 시기의 불교를 원시불교 혹은 초기불교라고 한다.

불타가 입멸한 후, 그의 제자들은 '스승의 인격에 의지하지 말고 그 가르침(法)에 의지하라'는 스승의 유훈에 따라 오로지 스승이 남긴 교법教法을 결집結集하고, 해석 연구하는데 몰두하였다.

불타가 남긴 이른바 8만 4천의 법문은 말 그대로 진리에 들어가는 문에 불과하였기 때문에 제자들은 그것의 해석을 통해 불타의 깨달음(自證法)을 추구하지 않을 수 없었던 것이다. 그래서 그들은 불타 교법에 대해 깊이 연구하여 이른바 아비달마(abhidharma)로 일컬어지는 방대한 논서를 작성하였는데, 이로 인해 이 시기의 불교를 아비달마불교阿毘達磨佛敎라고 하기도 한다.

그들 성문聲聞의 제자들은 세속의 요란함을 떠나 폐쇄된 승원 깊숙한 곳에서 욕망을 억제하며 스승이 남긴 교법을 해석 연구하고, 그것의 참다운 이해를 통하여 일체 괴로움의 원인인 자신의 무지와 번뇌를 소멸함으로써 적정寂靜의 열반을 획득하고자 노력하였다. 부파불교는 성문 제자들의 불교로서, 철저하게 배우는 입장의 불교, 수동적인 불교였다.

그래서 기원 전후 무렵, 이 같은 불교에 반발하여 보살의 이타행을 표방하고 나선 대승불교로부터 자리自利의 성문불교, 출가자들만을 위주로 하는 엄격한 계율주의 불교, 불타 교법에 대한 형식적이고 무의미한 논의의 불교라는 뜻의 소승(hīnayāna)이라 비난받게 되었고, 전통적으로 대승불교권인 우리나라에서도 이 불교를 소승불교라고 비하하여 부르고 있다. 특히 오늘날까지 그 전통이 지속되어 유지되고 있는 스리랑카 등의 남방불교를 '소승'이라고 부르고 있는 것이다.

그러나 부파불교는 불타 교법을 최초로, 그리고 다양하게 해석하고 조직하는 뛰어난 학문적 성과를 이룩하였으며, 그것은 긍정적인 측면에서든 부정적인 측면에서든 대승불교의 흥기에 절대적 영향을 미치게 된다. 오늘날 18~20여 부파에 달하였던 그들 학설의 전모는 전해지지 않고 다만 설일체유부說一切有部와 남방 상좌부上座部 등의 교학이 알려질 뿐이지만, 어쨌든 부파불교는 대승불교가 발생한 이후는 물론이거니와 인도에서 천 년 이상을 존속하였다.

현장玄奘(602~664)이나 의정義淨(635~713)의 인도 여행기에 따르면, 그 시기 인도에는 대승보다 소승 부파불교가 압도적으로 성행하고 있었다. 그것은 부파불교가 전통적인 불교이기도 하였겠지만, 출가자의 계율이나 교단의 규범면에서 대승보다 뛰어나 일반 대중의 신뢰를 받았기 때문일 것인데, 우리는 오늘날 일찍이 대승권이었던 인도나 중앙아시아, 동남아 제국의 불교가 이슬람교의 도전에 쇠퇴한 반면, 스리랑카 등 남방의 불교제국은 여전히 그들의 전통을 유지하고 있는데서 '소승'이라 폄칭된 그들 불교의 순수함과 강력함을 엿볼 수 있는 것이다.

우리는 보통 부파불교 내지 아비달마불교라고 하면 논의를 위한 논의, 번쇄한 이론체계, 자신의 열반만을 추구하는 자리自利의 불교라는 등의 부정적 편견을 갖는다. 그러나 아비달마불교는 원시불교 성전(사실 《阿含》이나 《니카야》로 일컬어지는 이것 역시 각 부파의 전승으로, 부파불교의 산물이다)에 관한 가장 빠른 시기에 성립한, 가장 직접적인 해석체계이므로 이것에 대한 이해는 원시불교를 이해하기 위한 최선의 방법이라 할 수 있다.

뿐만 아니라 대승불교 역시 그 명칭이 말해 주듯이 기존의 부파불교를 '소승'이라고 비판하면서 출발한 것이기에, 아비달마불교에 대한 이해는 대승사상을 이해하는데 있어서도 지극히 중요하다. 대승불교는 한편으로 부파불교, 그 중에서도 특히 설일체유부에서 해석하고 규정한 주요 개념들을 '공'이라고 비판하면서도, 다른 한편으로는 그것들을 자신의 교학체계에 원용하고 있기 때문이다.

그러함에도 우리의 불교사상사나 불교개론서에서는 이 불교에 대해서는 언제나 침묵하고 있다. 혹은 대승불교의 성립을 논의하면서 거두절미한 채 '실유론의 입장에서 오로지 자리만을 주장하는, 불타정법을 왜곡한 이기적인 불교'로 매도하고 있다. 그들이 왜 그러한 주장을 하게 되었던가?에 대한 교학적 반성도 없이. 그 이유는 무엇인가? 다만 원시불교의 연장일 뿐이라고 인식한 까닭에서인가, 혹은 타기해야 할 '소승'이기 때문인가? 불교는 결코 '구호口號'의 이념이 아니다. 주지하듯이 불교는 지혜의 철학이며, 이를 통해 구원(즉 열반)을 추구하는 종교이다.

흔히들 불교는 깨달음의 종교라고 한다. 맞는 말이기는 하지만, 그렇다면 무엇을 어떻게 깨달아야 하는 것인가? 우리는 이 점을 간과하여 왔다. 불성인가, 자성인가? 그러나 그것은 불교사상사에 있어 적어도 대승중기 이후가 되어야 나타나는 개념으로, 이미 원시불교의 사유에서 십만팔천 리 벗어난 것이라 할 수 있다. 불교사상사는 바로 무엇을, 어떻게 깨달을 것인가?에 대한 도정이었다고 해도 지나친 말이 아니다. 우리는 그 같은 2,500년의 도정을 무시하고 불교를 '하나'로 묶어서 바라보려고 한다. 자성을 깨달아야 한다고 하면서, 한편으로 무자성의 공을 논의하고,

업을 이야기한다. 그리고 마침내 언망여절言忘慮絶 불립문자不立文字를 외치기도 한다. 이는 불교를 전체적으로 하나로 보려는 동아시아불교의 영향이기도 하겠지만, 이 점이 불교를 어렵게 만드는 한 요인이 되었을 것이다.

그렇다. 흔히들 불교를 어렵다고 한다. 애석하게도 그것은 사실이라고 생각한다. 왜인가? 불교는 초월적인 신이나 그 어떤 단일하고도 영속적인 실재에 대해 이야기하는 것이 아니라 바로 현실에서의 인간 삶에 관해 이야기하려고 하기 때문이다. 인간의 삶은 외견상 단순한 것 같지만, 수많은 문제와 거기서 비롯된 이루 형언할 수 없는 번민과 고통을 안고 있다. 마치 차창 밖으로 펼쳐지는 풍경처럼 언뜻 스쳐 지나가는 우리네 삶을 생각한다면 그렇고 그렇게 살아가는 것이라고 하겠지만, 막상 현실 속에서 드러나는 구체적인 삶의 현장은 그야말로 불가득不可得이고 불가설不可說이다.

우리의 한 순간의 번민은 어디서 비롯된 것일까? 그러나 우리는 다만 드러난 번민에 고통스러워할 뿐이다. 그것이 설사 꿈이라 할지라도, 꿈은 언제나 깨어난 자에게 있어서만 꿈일 뿐이다. 깨어나지 않은 자에게 있어 그것은 결코 꿈이 아니다. 그것은 누구도 부인할 수 없는 생생한 현실이다. 현실의 인간은 결코 배고프면 밥 먹고, 졸리면 잠자는 그런 단순한 인간이 아니다.

불교는 바로 이 같은 인간의 삶에 대해 이야기하려 하기에, 또한 그 이야기는 필시 타자를 대상으로 하는 것이어서 언어적 개념으로 치장된 이론으로써밖에 드러낼 수 없기에, 그리고 오늘날 우리가 접하는 대개의 불교용어는 빨라도 1,300여 년 전의 중국의 한자어이기 때문에, 그것은 또한 2천여 년에 걸쳐 그 의미가 변용되어 왔기에, 그럼에도 뒤죽박죽 하나의 의미로 보려하기 때문에 결코 쉬울 수가 없는 것이다.

아비달마불교에서는 불타가 45년 동안 이리저리 설하였던 8만 4천의 법문을 온갖 언어적 개념으로 정리 해석하고 있다. 그것은 이성을 지닌 인간들의 당연한 도정이었으며, 바야흐로 불교학의 시작이라고 할 수 있다. 불타가 살아 계신 동안 그러한 시도가 없었던 것은 아니었지만, 그분 자체가 진리의 시현示現이었기에 절실한 필요성을 느끼지 못하였을 것이다. 그러나 불타께서 이미 열반에 드셨다. 그들은 이제 남겨진 불타의 말씀을 통해, 그리고 그들의 체험과 사변을 바탕으로 하여 무엇을 어떻게 깨달아야 하는지에 대해 진지하고도 치열하게 탐구하지 않을 수 없었다. 그리하여 이른바 '아비달마'로 일컬어지는 방대한 문헌들을 산출하였으며, 그 정점이 바로 《아비달마구사론》(줄여서 《구사론》)이었다. 그래서 구사학俱舍學은 전통적으로 불교학의 기초 관문으로 이해되어 왔던 것이다.

이 책은 주로 《구사론》을 바탕으로 하여 저술되었는데, 크게 4장으로 구성되어 있다. 먼저 1장에서는 '아비달마'의 본질에 대해 이야기하였다. 두말 할 것도 없이 아비달마의 본질은 바로 불타의 깨달음이지만, 그것이 세간에 드러나기 위해서는 언어적 개념으로 정리되고 해석되지 않으면 안 된다. 이것이 이른바 '세속世俗의 아비달마' 즉 아비달마 논서이다.

2장 존재의 분석에서는 바로 이 같은 언어적 개념들을 전체적으로 정리하고, 그 관계에 대해 설명하였다.

우리는 대개 우리가 경험하는 세계를 영원하고도 절대적인 것으로 생각하는 경향이 있다. 어떤 이에게 분노의 마음이 요동치며 일어났다고 하자. 그 순간 그의 세계는 오로지 '분노의 세계'로서, 안으로 삭힐 경우 고통이 따를 것이며, 밖으로 표출될 경우 분노의 대상에 대해 언어적 혹은 신체적으로 위해를 가함으로써 그에 따른 또 다른 세계를 경험하게 된다. 그것은 피할 수 없는 인간의 굴레이리라. 그럴 때 분노의 조건은 무엇인가?

분노라는 현상은, 드러난 사실 자체로서는 단일하지만 온갖 원인과 조건이 얽히고 설켜 일어나는 매우 복합적인 정신현상이다. 이른바 '제법분별諸法分別'로 일컬어지는 존재의 분석은 바로 그 같은 우리들 경험의 세계에 대해 분석한 것이다. 이를 통해 우리의 세계는 영원하지도 절대적이지도 않음을 일깨우려는 것이다. 그리고 그러함을 깨닫는 순간 분노의 속박으로부터 벗어나게 되며, 그것이 열반이다. 그 순간, 분노의 소용돌이에서 벗어나 안온의 평안을 얻게 되는 것이다.

이 같은 구도 하에 3장에서는 온갖 번뇌와 업에 의해 야기되는 '미혹의 세계'에 대해, 4장에서는 존재실상에 대한 통찰에서 드러나는 열반 즉 '깨달음의 세계'에 대해 논의하였다. 그리고 4장의 경우, 아비달마불교가 이론위주라는 편견을 불식하기 위해 이 책의 전체적인 분량으로 볼 때 조금은 자세하게 설명하고자 하였다. 그러나 실천도 언어로 기술된 이상 그것은 이론에 불과하다.

그렇다 할지라도 불교가, 나아가 인도의 철학이 세계존재의 본성에 대한 통찰(darśana)을 목적으로 한다고 할 때, 통찰의 첫걸음은 언어적 인식이며(역으로 통찰의 완성은 그것의 언어적 시설임), 그런 점에서 볼 때 이론과 실천은 결코 분리될 수 없다.

  이 책은 출판사의 기획대로 입문서에 지나지 않는다. 많은 부분 생략하였고, 그 당시 치열하였던 논쟁에 대해서도, 아비달마 특유의 섬세하고도 예리한 논의에 대해서도 그냥 지나쳤다. 아비달마의 온갖 문제가 어디서 어떻게 비롯되었으며, 어떻게 전개 발전되고 있는지에 대해서도 침묵하였다. 거기에 등장하는 온갖 개념 또한 가급적 줄이고 풀어 쓰고자 하였으며, 문제의 소재를 이끌어 내기 위해 간혹 견강부회하기도 하였지만, 그 책임은 전적으로 필자의 몫이다. 독자 제현의 질정을 기대하며, 후일 보다 풍부한 내용의 연구서를 기약한다.

2003년 1월
권오민

차 례

◆ 머리말 ◆ 5

1장 아비달마란 무엇인가

1. 아비달마의 본질 ··· 21
2. 아비달마 논서의 성립 ·· 29
   (1) 발전의 세 단계 ·· 29
   (2) 남방 상좌부의 논서 ·· 32
   (3) 설일체유부의 논서 ·· 33
   (4) 그 밖의 부파의 논서 ··· 36
3. 《아비달마 구사론》 ·· 37

2장 존재의 분석

1. 법이란 무엇인가? ··· 45
2. 온蘊・처處・계界의 분별 ·· 49
3. 5위位 75법法의 분별 ··· 56
   1) 색법色法 — 물질적 존재 ····································· 57
      (1) 5근根 ··· 61
      (2) 5경境 ··· 64

(3) 무표색 ··· 66
　2) 심心·심소법心所法 – 마음과 마음의 작용 ············ 67
　　　(1) 마음 ··· 67
　　　(2) 마음의 작용 ·· 69
　3) 불상응행법 – 마음과는 상응하지 않는 힘 ············ 81
　　　(1) 득得과 비득非得 ··· 82
　　　(2) 동분同分 ··· 83
　　　(3) 무상과無想果와 무상·멸진정滅盡定 ·········· 84
　　　(4) 명근命根 ··· 85
　　　(5) 유위 4상相 ··· 86
　　　(6) 명名·구句·문文의 3신身 ··························· 88
　4) 무위법無爲法 ··· 90
4. 제법의 상호포섭 관계 ··· 94
5. 제법의 삼세三世 실유實有 ··· 96
6. 제법의 인과관계 ··· 106
　1) 6인因과 4과果 ··· 109
　2) 4연緣 ·· 115
　3) 유위 4과와 이계과離繫果 ····································· 118

3장 미혹한 세계

1. 세간과 유정 ··· 125
　1) 3계界 5취趣 ·· 125
　2) 불교의 우주관 ·· 132
2. 업 ·· 136

1) 업의 종류와 본질 ··· 139
  2) 율의律儀·불율의와 선악의 기준 ····················· 145
    (1) 율의와 불율의 ··· 145
    (2) 선악의 기준 ··· 150
  3) 10업도業道와 그 과보 ··· 151
  4) 과보를 낳는 시기 ··· 156
3. 윤회와 12연기 ··· 158
  1) 유전의 네 단계 ··· 160
  2) 무아론과 윤회상속 ··· 164
  3) 12연기의 유전 ··· 172
    (1) 생리적 과정으로서의 유전 ····················· 172
    (2) 12연기의 유전 ··· 174
    (3) 삼세 양중兩重의 인과설 ··························· 179
    (4) 12연기와 유자성有自性 ······························· 186
4. 번뇌, 즉 수면隨眠 ··· 192
  1) 근본번뇌 ··· 192
  2) 98수면으로의 전개 ··· 197
  3) 지말번뇌로서의 수번뇌隨煩惱 ····················· 204
  4) 번뇌의 또 다른 분류 ······································· 208
  5) 번뇌의 단멸斷滅 ··· 215

4장 깨달음의 세계

1. 4제諦에 대한 통찰 ··· 223
2. 견도見道의 준비단계 ··· 229

1) 예비적 단계 ··· 229
  2) 3현위賢位 ··· 232
    (1) 5정심관停心觀 ·· 233
    (2) 4념주念住 ··· 237
  3) 4선근善根 ·· 240
    (1) 따뜻해지는 단계(煖位) ··································· 241
    (2) 꼭대기의 단계(頂位) ····································· 243
    (3) 인가의 단계(忍位) ······································· 244
    (4) 세간에서 가장 뛰어난 단계(世第一法) ···················· 247

3. 무루성도聖道와 성자의 단계 ···································· 248
  1) 견도見道 ··· 248
  2) 수도修道 ··· 253
    (1) 유루의 세간도 ··· 255
  3) 성자의 단계 ··· 257
    (1) 예류향과 예류과 ··· 257
    (2) 일래향과 일래과 ··· 259
    (3) 불환향과 불환과 ··· 260
    (4) 아라한향과 아라한과 – 무학도無學道 ····················· 264
    (5) 초월증超越證의 성자 ····································· 271

4. 그 밖의 실천도(37보리분법) ··································· 274

5. 지혜와 선정 ··· 280
  1) 10가지 지혜(智) ··· 281
  2) 지혜의 공덕 ··· 286
    (1) 불타만의 공덕 – 18불공법 ································ 286

    (2) 성자와도 공통되는 공덕 ·················· 292
    (3) 범부와도 공통되는 공덕 – 6통通 ·················· 295
  3) 선정禪定 ·················· 298
    (1) 4정려靜慮 ·················· 300
    (2) 4무색정無色定 ·················· 306
    (3) 경설經說상의 삼마지 ·················· 308
  4) 선정의 공덕 ·················· 311
6. 불타 ·················· 315
  1) 성문과 독각 ·················· 315
  2) 보살의 길 ·················· 320
  3) 불타 ·················· 324

◆ 후기 ◆ 329

1장

아비달마란 무엇인가

온갖 번뇌를 능히 소멸할 뛰어난 방편으로
법의 이해(擇法)를 떠나 어떠한 것도 존재하지 않으니
번뇌로 인해 세간은 존재의 바다를 떠돌게 되는 것
그로 인해 부처님께서 아비달마를 설하였다고 전한다.

《구사론본송》 I-3

1. 아비달마의 본질

부처님께서 쿠시나가라의 사라나무 숲에서 열반에 드셨다. 이제 남은 것은 그의 말씀뿐이었다. 이제 어떻게 할 것인가? 이제 남겨진 성문聲聞의 제자들로서는 스승이 남기신 교법을 결집하고, 그 속에 담긴 의미를 해석하여, 스승이 지나가셨던 발자취를 따르는 일밖에 별 도리가 없었다. 그것은 필연적이고도 불가피한 일이었다. 그들 성문제자들의 관심은 오로지 '불타의 교법을 어떻게 정확하게 이해하고 설명할 것인가'에 있었으며, 그 결과 생겨난 성전이 이른바 아비달마 논장論藏(abhidharma piṭaka)이다.

불타 교법에 대한 정리 해석은 이미 여러 경전 안에서도 이루어지고 있지만(이를 論母, 혹은 本母 mātṛka라고 한다), 부파분열 이후 그것은 더욱 활발하게 이루어져 마침내 경전 속에 도저히 포함시킬 수 없을 만큼 되었을 때 그것으로부터 독립하여 '아비달마 논장'이라고 하는 불교성전의 새로운 장르가 성립하게 되었던 것이다. 따라서 여러 부파의 경장經藏과 율장律藏은 어쨌든 불타로부터 비롯된 것이기 때문에 약간의 차이는 있을지라도 전체적으로는 유사하지만, 논장의 경우 그 내용을 완전히 달리하며, 이로 인해 이 시기의 불교를 바로 아비달마불교라고 하는 것이다.

전설에 의하면, 불타는 성도한 후 자신이 깨달은 법을 설하지 않으려고 하였다. 왜냐하면 그것은 세간의 흐름에 역행하는 것으로, 너무나 심오하여 무지와 탐욕으로 덮여 있는 사람들에게는 결코 이해될 수 없는 성질의 것이기 때문이었다. 다시 말해 그것은 궁극적으로 말로 표현할 수 없는, 사유와 언어 문자를 떠난 것이기에 세간의 지혜로써는 그 누구도 이해할 수 없을 것이라고 생각하였기 때문이었다. 자아관념이 바탕이 된 세간의 지혜는 항상 번뇌를 수반하고 있기 때문이었다. 그러나 그는 범천梵天의 간곡한 권유로 마침내 이타利他의 문을 열어 법을 설하게 된다. '감로(不死)의 문은 열렸도다. 귀 있는 자 와서 들어라.'

세간을 지배하는 것은 사유와 언어이다. 우리는 사유와 언어로써 신기루의 세계를 창조하여 그것의 실재성을 신앙하고, 거기에 집착한다. 그러나 그것은 허망하고도 괴로운 것이다. 그럼에도 이 침묵의 성자께서는 이를 일깨우기 위해 말하지 않으면 안 되었던 것이다.

그러나 분명한 사실은 그의 말씀이 바로 깨달음(勝義正法이라고 한다)은 아니거니와 그것과 직접적으로 관계하는 것도 아니라는 점이다. 그것은 말로 표현할 수 없는 것이다. 그것은 말의 대상으로서가 아니라 깨달음의 대상으로서 남겨져 있어야 하고, 깨달음에 이르면 자명해지는 것이다. 요컨대 불타의 말씀은 깨달음에 이르는 방편(이를 世俗正法이라고 한다)에 불과하다. 그렇다. 그의 깨달음이 피안이라면, 그의 말씀은 그곳으로 나아가는 뗏목에 불과하다. 그의 깨달음이 달이라면, 그의 말씀은 그것을 가리키는 손가락에 불과하다.

불교일반에 있어 말이란 각기 저마다의 개별적인 약속에 따라 화자話者의 의도와 관계하여 그것만을 나타내는 것일 뿐, 그것에 의해 의미되는 외적 대상과 직접 관계하는 것은 아니다. 다시 말해 말이란 드러나야 할 대상에 대해 그것과는 별도의 판단을 낳게 하는 화자의 관념체계에 불과한 것이기 때문에 절대적 의미를 지닌 것이 아니며,[1] 상황과 조건에 따라 얼마든지 변화할 수 있는 일시적인 것(prajñapti, 假說)이며, 한정적인 것(saṃvṛti, 世俗)이다.

따라서 불타의 말씀 역시 궁극적으로 진리와 직접 관계하는 것이 아니며, 그것을 드러내고자 하는 불타의 의도와 관계하고, 그것만을 지시한다. 즉 불타의 말씀은 진리를 암시하고 시사하여 그것에 이르게 하는 가교 내지 방편에 불과하다. 그리고 당연한 일로서 그러한 방편은, 마치 모든 환자에게 일률적으로 약을 투여하는 것이 아니라 병의 상태에 따라 각기 다르게 투여하듯이 상황과 조건에 따라 이른바 9분교分敎 혹은 12분교라고 하는 다양한 형식과 내용으로 설해지고 있는데, 그렇게 시설된 일체의

---

[1] 이에 대해서는 본서 2장 3-3)-(6) '명(名)·구(句)·문(文)의 3신(身)'을 참조 바람.

말씀을 법문法門, 즉 진리로 들어가는 문이라고 하는 것이다. 다시 말하거니와 문은 진리가 아니다.

그렇다면 우리는 불타 법문의 근거였던 그의 의도 즉 그의 깨달음을 어떻게 이해할 수 있을 것인가? 불타의 이해력과 동일한 이해력을 획득하지 못한 범부로서는 마땅히 그것을 이해하기 위한 또 다른 방편이 필요하다. 그리고 그것은 불타 입멸 후 더욱더 요구되었을 것이다. 이 같은 요청에 따라 일찍이 불타법문에 입각하여 '골똘히 사유(專精思惟)'함으로써 불타와 같은 참다운 이해를 획득하였던 위대한 성문제자들이 불타가 전하고자 하였던 바를 정리 해석하여 편찬 결집하였는데, 이것이 이른바 아비달마이다.

> 생사대해를 떠돌게 하는 온갖 번뇌를 끊을 만한 것으로서 세계존재(法)에 대한 이해 간택簡擇보다 더 뛰어난 방편은 없다. 그래서 불타께서는 세간으로 하여금 존재에 대한 이해를 도모하게 하고자 아비달마를 설하였던 것이다. 즉 아비달마를 설하지 않았다면 그 어떤 제자도 온갖 존재의 이치에 대해 참답게 이해하지 못할 것이기 때문으로, 이렇게 곳곳에서 설해진 아비달마를 대덕大德 가다연니자迦多衍尼子를 비롯한 여러 위대한 성문들이 결집하여 편찬하였던 것이다.2)

아비달마는 궁극적으로 불타의 참된 예지(眞智)에 대한 이해(簡擇)력인 무루無漏의 지혜를 본질로 한다. 무루의 지혜는 더 이상 번뇌(漏)를 수반하지 않으며, 세간의 온갖 더러움을 떠난 것이기

---
2) 《구사론》 권제1(권오민 역, 동국역경원, 2002), pp.5~6.

에 청정한 지혜이다. 아비달마는 궁극적으로 이 같은 무루의 지혜를 본질로 한다. 세계존재에 대한 즉각적이고도 올바른 관찰과 이해는 오로지 이 같은 지혜의 힘에 의해서만 가능한데, 그렇게 될 때 관찰자는 더 이상 생사 미망에 떨어지지 않는다. 그러나 무루의 지혜는 사실상 불타 깨달음과 다른 것이 아니기 때문에 이생異生의 범부로서는 그것을 획득하기 위해 세간의 지혜에 의지하는 수밖에 없다.

그러한 세간의 지혜로서는 스승이나 친구의 말을 듣고서 획득하는 지혜(이를 聞所成慧라고 한다), 그것을 주체적으로 사유함으로써 획득하는 지혜(이를 思所成慧라고 한다), 다시 선정을 통해 반복적으로 익힘으로써 체득하는 지혜(이를 修所成慧라고 한다)가 있으며, 이러한 세 가지 지혜를 낳을 수 있게 하는 타고난 지혜(이를 生得慧라고 한다) 등이 있지만, 이것은 모두 선천적 혹은 후천적 실천에 의한 것이므로 여기에는 그 근거가 되는 또 다른 방편이 필요하다. 이것이 바로 '세속世俗의 아비달마'로 일컬어지는 협의의 아비달마, 즉 우리가 일반적으로 접하는 아비달마 논서이다.

그리고 이러한 세간의 네 가지 지혜나 그 근거가 되는 아비달마의 여러 논서는 궁극적으로 무루의 지혜를 낳게 하는 수단이 되기 때문에, 이 역시 아비달마의 본질이라 말할 수 있다고 비바사사毘婆沙師(Vaibhāṣika, 설일체유부의 논사를 말함)는 생각하였다. 즉 아비달마의 여러 논서에서 설해진 것을 들을 때 타고난 지혜가 작용하고, 그것에 의해 청문聽聞 등에 의한 후천적 지혜가 성취되며, 마침내 무루의 청정한 지혜가 획득되기 때문에 전자는 후자의 점진적 근거가 된다.

말하자면 무루의 청정한 지혜를 본질로 하는 아비달마는 불타의 참된 예지와 다르지 않기 때문에 승의勝義의 아비달마(pāramārthikābhidharma)라고 한다면, 세간의 네 가지 지혜와 아비달마의 여러 논서는 그것으로 나아가기 위한 방편 즉 세속의 아비달마(sāṃpetikābhidharma)이다.

나아가 《대비바사론大毘婆沙論》을 계승한 설일체유부說一切有部에서는 '자비의 방편도 역시 자비라고 할 수 있듯이 승의의 방편인 세속 또한 아비달마라고 할 수 있기 때문에, 또한 음식이나 의복 자체는 즐거움이 아니지만(진정한 즐거움은 즐거운 느낌 자체인 樂受임) 즐거움의 조건을 갖춘 것이기에 즐거운 것이라 할 수 있듯이, 아비달마의 조건(불타의 예지를 이해 판단하게 하는 힘)을 갖춘 것이기 때문에 세속의 제론諸論을 아비달마라고 하며, 그것은 바로 불설佛說'임을 천명한다.

설일체유부에 의하면, 불타에 의해 발성된 모든 말씀은 설법이 아닐 뿐더러 설사 그것이 불타의 깨달음과 관계하는 법문이라 할지라도 법문은 듣는 이에 따라 중층적으로 설해졌기 때문에 거기에는 당연히 본질적인 경(즉 了義經)과 그렇지 못한 경이 있다.[3] 그리고 본질적인 경 역시 그 자체가 깨달음은 아니기 때문에 불타의 참된 예지를 드러내기 위해서는 마땅히 어떤 표준적

---

3) 《이부종륜론(異部宗輪論)》(대정장49, p.16하). 이에 반해 대중부에서는 불타의 일거수 일투족은 모두 법의 시현이며, 말씀 역시 모두 설법(轉法輪)으로 이해한다.

근거에 의해 정리 해석되지 않으면 안 되는데, 이 같은 무루의 지혜를 본질로 하는 아비달마나 그 방편이 되는 온갖 논서야말로 그러한 여러 경의 표준적 근거가 되기 때문에 불설佛說이다.

예컨대 경이 아직 정법에 들지 못한 초입자에게 선근을 심고 정법에 들어가게 하기 위해 근기에 따라 설해진 잡설雜說이라면, 아비달마는 이미 정법에 들어 계율을 수지한 자로 하여금 세계 존재의 진실상相을 통달하게 하기 위해 설해졌다는 것이다.[4]

그럴 때 우리는 세친世親의 입을 빌려 다음과 같이 물을 수 있을 것이다. "《발지론》 등의 근본 아비달마는 가다연니자迦多衍尼子 등이 지었고, 불타께서 그것을 근거로 삼으라고 설한 적이 없으며, 또한 그것들은 작자나 부파에 따라 자의적으로 해석된 것이어서 각기 그 종의가 다를 수밖에 없다. 따라서 마땅히 경을 지식의 근거(經量)로 삼아야 할 것으로, 세존 또한 아난다에게 그같이 말하였던 것이다."[5]

이에 대해 신新 유부의 논사 중현衆賢은 다음과 같이 말하고 있다.

"아비달마는 그 종의가 다르기 때문에 불설이 아니라고 한다면, 경 역시 그러하다. 즉 제 부파의 여러 경은 표현형식과 내용에 있어 각기 차별이 있기 때문에 종의가 한결 같지 않다. 그러므로 아비달마의 종의가 각기 다르다고 해서 불설이 아니라고 할 수 없는 것이다. 도리어 아비달마는 그러한 여러 경의 차별을 결정짓고, 경의 요의了義와 불요의不了義를 판별하는 표준적 근거이자 일체의 성스러운 교법 가운데 오로지 올바른 이치의 말씀만을

---

4) 《대비바사론》 권제1(한글대장경118), pp.21~23 참조.
5) 《순정리론(順正理論)》 권제1(대정장29, p.329하).

포섭하기 때문에 무루의 지혜를 본질로 삼는 요의경이다. 그러므로 세존께서 아난다에게 '경을 지식의 근거로 삼아 거기에 의지하라'고 함은 바로 이러한 아비달마에 의지하라고 권유하기 위함이었다."6)

그에 따르는 한, 무루지혜에 의한 세계존재에 대한 이해는 세간의 모든 번뇌를 소멸하는 뛰어난 방편이자 궁극의 목적(즉 불타 예지로서 승의의 아비달마)이지만, 그것은 직접적으로 나타낼 수 없는 성질의 것이다. 그래서 불타는 세간의 사람들로 하여금 그것을 관찰 수습하게 하기 위해 아비달마를 설한 것이고, 그것에 의해 세계존재의 실상을 참답게 이해한 사리자舍利子 등의 위대한 성문들이 그것을 다시 결집 편찬한 것이다. 즉 자신의 《순정리론》을 비롯한 후세 모든 아비달마의 근거가 되는 근본根本아비달마는 궁극적으로 불타가 설한 것이며, 그것이야말로 불타 깨달음의 본질이라는 것이다.

아비달마라고 하는 말은 전통적으로 두 가지 의미로 해석되고 있다. 즉 남방 상좌부에서는 '뛰어난 승의의 법' 즉 승법勝法의 뜻으로, 유부에서는 '교법에 대항하는' 즉 대법對法의 뜻으로 이해하였는데, 양자는 결국 동일한 의미를 지닌다고 할 수 있다. 왜냐하면 불타가 설한 교법에 대한 논의는 결국 그것을 가능하게 하는 뛰어난 이해 판단력인 무루지혜에 근거해야 하며, 이는 바로 불타 교법에 상위하는 뛰어난 법이기 때문이다.7)

----

6) 위의 논, p.330상~하.
7) 그래서 북전(北傳)의 경우에도 아비담(阿毘曇, 아비달마의 구역)을 '위대한 법[大法]', 혹은 '그 어떠한 법도 이에 비견될 수 없는 법[無比法]'으로 번

(더 이상 분별되어 질 수 없) 자신만의 고유한 성질을 지닌 존재를 '법'이라고 하는데, 승의勝義의 법은 오로지 열반을 말하지만, 세계존재의 실상으로서의 법은 4성제를 말한다. 곧 이러한 무루의 지혜는 (승의의 법인 열반을)지향하고, (세계존재의 실상으로서의 법인 4성제에 대해)관찰하는 것이기 때문에 아비달마라고 일컬은 것이다.8)

아무튼 남북 양전이 전하는 아비달마란 불타 교법에 대한 해석체계로, 중현의 말을 빌릴 것 같으면 해석되어 그 의미를 드러내지 않은 교법은 진정한 불설이 아니다. 항상 새롭게 해석되어 우리의 삶 속에서 살아 숨쉬지 않는 한, 그것은 다만 지나간 옛 사람의 말의 찌꺼기일 뿐인 것이다.

2. 아비달마 논서의 성립

(1) 발전의 세 단계

앞에서 아비달마의 의미가 일차적으로 '불타 교법에 관한 연구'라고 하였지만 이 같은 이해는 시간이 지남에 따라 점차 변화하여 각 부파가 추구하였던 '세계존재(法)에 관한 연구'를 의미하게 되었다. 그리고 그 같은 변화는, 불타 교법에 대한 해석에서 출발한 각 부파의 논의가 점차 하나의 완성된 사상체계로 발전

역하고 있는 것이다.
8) 《구사론》 권제1(앞의 책), p.4.

한데 따른 필연적인 것이었다.

일반적으로 아비달마 논서는 세 단계의 발전과정을 거친다. 단계의 첫번째는 어쨌든 아비달마적 경향을 띠는 경장經藏이라 할 수 있다. 이는 경전의 형식과 내용에 따른 분류법인 12분교 중의 논의論議 즉 우파데사(upadeśa)라고 할 수 있는데, 이는 간략한 경문에 대해 널리 해설한 주석적인 법문을 말한다. 《유가사지론》에서는 이를 마트리카(mātṛka) 혹은 아비달마라고 하여, 경전에서 설해지고 있는 세계존재의 본질과 작용은 이러한 논의에 근거해야 비로소 그 뜻이 명료해지기 때문에 요의경과 같은 것이라고 하였다.[9]

또한 《증일아함경》이나 《증지부경전》, 《중집경衆集經》이나 《십상경十上經》과 같은 단경單經에서는 불타 교법을 법수에 따라 1법에서 10법 혹은 11법으로 분류하고 있으며, 《잡아함경》이나 《상응부경전》은 주제나 내용의 유형에 따라 정리되어 있는데, 이 역시 일종의 아비달마라고 할 수 있다. 사실상 이 같은 경전들은 오로지 출가자를 위한 법문의 집성으로, 아함경전 자체가 출가승단의 교과서로서 편찬된 것이라고도 할 수 있다.

이러한 경장이 다음 단계에 이르게 되면 마침내 독립된 논서로 형성되는데, 이 때 논서는 아비달마적 성향을 강하게 띠는 경장과 질적인 면에서 그렇게 큰 차이가 없다. 이를테면 유부의 《집이문족론集異門足論》이나 《법온족론法蘊足論》의 경우, 전자는 앞의 《중

---

9) 《유가사지론》 권제81(대정장25, p.32) ; 졸저, 《유부 아비달마와 경량부철학의 연구》(경서원, 1994), p.79 참조.

집경》의 내용을 부연 해석한 것이며, 후자는 아함경전 중에서 21가지 중요한 교설을 선정하여 각각의 장에서 그 교설을 담은 경문을 먼저 제시한 다음 이에 대해 상세히 해석하는 형태의 논서이다.

따라서 이 단계의 논서는 아직 경으로부터 완전히 독립한 것이 아니며, 말 그대로 단지 불타 교법에 대한 정리 해석에 지나지 않기 때문에 다른 부파와 공통된 요소도 많이 포함하고 있다. 예컨대 팔리 상좌부의 《법집론法集論(Dhammasaṅgani)》과 《분별론分別論(Vibhaṅga)》은 앞의 두 논서와 유사한 성격의 논이라 할 수 있다.

그러나 이렇게 종합 해설된 교설들은 점차 각 부파에 따라 매우 복잡한 체계로 조직되고, 술어 사이의 상호관계에 대해서도 극단적일 정도로 자세한 분석이 이루어지게 된다. 예컨대 《발지론發智論》에서는 유부학설 전반을 이전의 개별적인 논의에 근거하여 8장의 조직으로 논설하고 있으며, 이것에 대한 해설서로서 《대비바사론大毘婆沙論》과 같은 방대한 분량의 백과사전 식의 논서가 작성되기도 하는 것이다.

그런데 세번째 단계에 이르게 되면, 이제 아비달마는 더 이상 불타 교법의 해석이나 조직에 머물지 않고 이전 시대의 여러 아비달마를 기초로 하여 웅장한 구성을 지닌 독자적인 교의체계를 구축하게 되는데, 그 대표적인 것이 《구사론俱舍論》과 《청정도론清淨道論(Visuddhimagga)》이다. 전자는 북전불교에서 가장 유명한 논사 중의 한 사람인 설일체유부 계통의 세친世親(Vasubandhu)이 지은 것이며, 후자는 남방 상좌부의 대주석가 붓다고샤(Buddhagosha)의 저술이다. 이 두 가지 논서가 세상에 출현한 것은 5세기 굽타왕조 중엽 무렵으로, 이 시기에 비로소 진정한 의미의 아비달마 논서가 완성되었다고 볼 수 있다.

오늘날 현존하는 아비달마 논서는 대개 상좌부와 설일체유부 두 부파에 한정되어 있으며, 그 밖의 부파의 논서는 사실상 얼마 되지 않는다.

(2) 남방 상좌부의 논서

상좌부에서 성전(palī)으로 꼽는 논장은 기원전 250년 무렵부터 50년 사이에 걸쳐 성립한《법집론法集論(Dhammasaṅgani)》《분별론分別論(Vibhaṅga)》《논사論事(Kathāvatthu)》《인시설론人施設論(Puggalapaññatti)》《계론界論(Dhatūkathā)》《쌍론雙論(Yamaka)》《발취론發趣論(Patthāna)》 등의 7론 뿐이다. 그러나 장외藏外로 불리우는《지도론指道論(Nettippakaraṇa)》《장석론藏釋論(Peṭakopadesa)》《밀린다팡하(Milindapañha)》 등 세 가지 논전도 특히 중요시된다.

그리고 7론에 대한 세 가지 주석서를 거쳐 붓다고샤의《청정도론》에 이르러 하나의 완성된 사상체계를 실현하게 된다. 이 이후 나타난 논서는《입아비달마론(Abhidhammavatara)》처럼 대개 난해하고 복잡한《청정도론》에 대한 요강서들이다.

《청정도론》은 전 23장으로 구성되어 있는데, 계戒·정定·혜慧 3학의 순서에 따라 불타 교법을 실천도로써 자세하게 해설하고 있다. 즉 '먼저 스스로 경계하여 출가자로서의 생활을 올바르게 가다듬고(계의 청정), 나아가 마음이 산란되지 않게 고요히 한 곳에 집중하는 삼매의 수행을 거듭함(정의 청정)에 따라 깨달음으로 향하는 청정하고 밝은 지혜를 획득하게 된다(혜의 청정)'고 하는 실천도가 이 논의 요지이다. 그러면서 존재론이나 심리론 인식론에 관한 여러 이론들을 포함하는 아비달마 특유의 논의를 전개시키고 있다.

(3) 설일체유부의 논서

유부의 논장도 기본적으로는 본론本論 즉 근본 아비달마로 일컬어지는 《집이문족론集異門足論》《법온족론法蘊足論》《시설족론施設足論》《식신족론識身足論》《계신족론界身足論》《품류족론品類足論》과 《발지론發智論》 등 7론으로 이루어져 있다(이상 '아비달마'라는 말을 생략하였음). 이 가운데 앞의 두 가지는 앞서 언급한 바와 같이 독립된 논서라기보다는 아함경설에 대한 해설서로서, 그 저자도 사리자舍利子와 목건련目犍連으로 알려지는 등 유부의 최 초기 논서로 평가되고 있다.

그러나 그 다음에 성립된 것으로 알려지는 《시설족론》 내지 《품류족론》에서는, 아함경전의 흔적은 완전히 사라지고 각 개념들의 정의나 상호관계에 대해 극단적일 정도로 분석하고 있는데, 특히 세우世友(Vasumitra)의 저술로 알려지는 《계신족론》과 《품류족론》에서는 마음과 마음의 작용에 대한 해석뿐만 아니라 5위位 내지 98수면설隨眠說 등 유부교학의 기초가 확실한 형태로 나타나고 있다.

가다연니자迦多衍尼子(Kātyāyanīputra)가 지은 《발지론》은 《시설족론》 등과 함께 유부의 중기논서이면서 유부 아비달마의 획기적인 분기점이라고 할만한 논서이다. 가다연니자는 대략 기원전 150~50년 무렵의 인물로, 상좌부에서 설일체유부를 분파시켰다고 전한다. 원래 상좌부는 경장을 절대 무오류로 간주하고, 율장과 논장을 부수적인 것으로 취급한데 반해, 그는 논장 즉 아비달마를 위주로 하여 제법유론諸法有論을 주장함으로써 상좌부 내의 지말분열을 초래하게 되었다고 한다.10)

앞에서도 언급하였듯이 불타 깨달음의 표준적 근거가 경인가, 논인가 하는 문제는 이미 지경자持經者와 지론자持論者라고 하는 형태로 원시불교시대부터 제기되어 왔으며, 훗날 유부 내부에서 카슈미르 계와 간다라 계의 논쟁, 이를테면 세친과 신 유부의 중현 간의 논쟁도 바로 이에 대한 것이었다. 즉 가다연니자로부터 확립된 유부의 전통은 경의 한계를 극복하고, 새로운 시대에 직면하게 된 온갖 문제에 대해 자유롭게 사색하고 탐구하려는 데 있었다.

아무튼 앞의 6론이 각기 근본적인 특정의 개별문제를 논의하여 유부교학상에서 발(足)에 해당하는 것이라면, 《발지론》은 유부교학을 전체적으로 조직하고 있기 때문에 몸(身)에 해당하는 것이라 하여 전통적으로 《발지신론》이라 일컬어져 왔다.

이후 유부의 교학은 《발지론》에 대한 방대한 주석서인 《대비바사론大毘婆沙論》(현장의 한역으로 200권)에서 집대성된다. 전설에

---

10) 규기(窺基), 《이부종륜론술기》 권중(대만: 新文豊出版公司, 1972), p.8.

따르면, 쿠샨왕조의 카니시카왕 치하에 파르스바(Pārṣva, 協尊者로 한역됨)를 비롯한 500명의 아라한이 카슈미르에 모여 전후 20년에 걸쳐 이 논을 편찬하였다고 한다.

이 논은 '비바사(Vibhāṣa, 廣解)'라는 제목에 걸맞게, 원칙적으로 《발지론》의 문구 하나하나에 대해 해설하면서도 중요한 문제로 여겨지는 문구에 이르러서는 많은 분량을 할애하여 거기서 논의되지 않은 새로운 문제들까지 논의하면서, 다른 학파의 학설뿐만 아니라 자파自派 내부의 이설異說들까지 포함하고 있어 가히 설일체유부의 학설을 집대성한 것이라 할 수 있다. 그러나 이는 언급한 대로 너무나 방대하였기 때문에 이후 요강서 혹은 입문서라고 할만한 《비바사론鞞婆沙論》《입아비달마론入阿毘達磨論》《아비담심론阿毘曇心論》 등이 나타나게 된다.

특히 법승法勝의 《아비담심론》은 먼저 게송(운문)으로 학설의 요점을 간결이 설한 다음, 산문으로 그것을 해석하는 형식을 취하면서 모두 10품으로 구성되어 있는데, 제1 〈계품界品〉과 제2 〈행품行品〉에서는 유부교의의 핵심인 법의 이론을 설하고, 제3 〈업품業品〉과 제4 〈사품使品〉에서는 미혹한 세계의 원인인 업과 번뇌를 밝혔으며, 제5 〈현성품賢聖品〉과 제6 〈지품智品〉, 그리고 제7 〈정품定品〉에서는 깨달음의 경지와 그에 이르는 방편(지혜와 선정)에 대해 논설하고 있어(뒤의 3품은 補遺와 부록이다) 체계나 형식에 있어 이후 유부 논서의 정형이 되고 있다. 이러한 이유에서 이 논서는 유부의 후기 논서를 가르는 분기점이 되기도 한다.

그리고 이에 대한 해석으로 《아비담심론경》《잡아비담심론》 등이 찬술되었고, 마침내 이 같은 체계에 기초하여 설일체유부 아비달마의 최고 정점이라고 할 수 있는 《구사론》이 나타나게 된다.

그러나 《구사론》은 경량부經量部의 입장에서 유부를 비판한 부분도 없지 않아 카슈미르 계의 정통 유부에서는 이를 인정하지 않았으며, 중현은 《순정리론順正理論》과 《현종론顯宗論》을 다시 지어 이를 비판하고 정통 유부설을 밝히고 있다. 그러나 중현도 《구사론》의 영향을 받아 이전의 유부학설과 달랐기에 후대로부터 신新 유부로 평가받기에 이르렀다. 나아가 《순정리론》과 마찬가지로 《구사론》을 비판하면서 카슈미르 유부의 입장을 천명하는 논서로 《아비달마디파(Abhidharmadipa, 아비달마의 등불)》가 근래 발견되어 교정 출판되기도 하였다.

(4) 그 밖의 부파의 논서

그 밖의 부파의 논서로서는 기원전 2세기 혹은 1세기 무렵 성립한 것으로 법장부法藏部 계통으로 알려지는 《사리불아비담론舍利弗阿毘曇論》, 독자부犢子部를 계승한 정량부 논서로 알려지는 《삼미저부론三彌底部論》, 소속 불명의 《사제론四諦論》, 그리고 경량부經量部 계통의 논서로 추정되는 하리발마(Harivarman, 250~350C.)의 《성실론成實論》 등이 있다.

그러나 현장玄奘의 《대당서역기》에서는 그가 인도에서 유부의 삼장 67부, 상좌부의 삼장 14부, 대중부의 삼장 15부, 정량부의 삼장 15부, 화지부의 삼장 22부, 음광부의 삼장 17부, 법장부의 삼장 42부를 가져왔다고 전하고 있다(이 중 번역된 것은 설일체유부의 논서 십 수 부에 불과하다). 또한 의정義淨의 《남해기귀내법전南海寄歸內法傳》에서도 대중부는 30만 송의 삼장을 소지하고 있으며, 정량부는 20만 송, 상좌부와 근본 설일체유부도 각각 30만 송의 삼장을 소지하고 있었다고 전하고 있다. 이로 볼 때 그 당시 인도에는 부파불교가 대단히 번성하였음을 알 수 있다.

3. 《아비달마 구사론》

《아비달마 구사론(Abhidharmakośa-śāstra)》(줄여서 《구사론》)의 작자는 서력기원 후 400~480년(혹은 320~400년) 무렵에 출세한 세친(Vasubandhu)이다. 이 논의 구역舊譯인 《구사석론俱舍釋論》을 번역한 진제眞諦의 《바수반두법사전》에 따르면, 그는 불멸佛滅 900년 무렵 간다라의 푸루샤푸르(오늘날 파키스탄의 페샤와르)에서 카우시카라는 성을 가진 바라문의 둘째 아들로 태어났다. 그의 형은 유부에 출가하였다가 대승으로 전향하여 유가행파를 개창한 아상가(無着)였으며, 동생은 역시 유부에 출가하여 아라한과를 얻은 비린치밧차였다.

그는 설일체유부에 출가하여 당시 굽타왕조의 수도였던 아요디야에 머무르며 수론數論을 논파하기 위해 《칠십진실론七十眞實論》을 저술하였다. 또한 《대비바사론》에 깊이 통달하여 대중들에게 강의하면서 하루 1게송偈씩 모두 600여 수의 게송으로 그것을 정리하여 유부의 본고장인 카슈미르의 비바사사毘婆沙師에게 보냈다.

그러나 그들은 그것을 이해하기가 어려워 산문의 해석을 청하였고, 이에 따라 저술된 것이 바로 《구사론》이다. 그렇지만 여기에서는 유부의 교의를 중심으로 하면서도 그 뜻에 치우침이 있는 곳은 경량부의 교의로써 논파하고 있어 카슈미르의 비바사사들은 그들의 종의가 파괴된 것에 우려하였다.

그러던 차에 브야카라나(Vyākaraṇa) 즉 문법학의 교의로써 《구사론》을 비판하다 도리어 논파당한 태자의 매부 바수라타의 청에 따라 중현은 《광삼마야론光三摩耶論》을 지어 《대비바사론》의 교의를 서술하였고, 《수실론隨實論》을 지어 《구사론》을 논파하였다. 그리고 세친과 직접 대론하고자 하였으나 세친은 늙음을 탓하여 이에 응하지 않았다고 한다.

그런데 현장의 뛰어난 제자 보광普光은 그의 《구사론기俱舍論記》에서 다음과 같은 보다 드라마틱한 에피소드를 전하고 있다.

> 세친은 원래 간다라 사람으로, 일찍이 유부에 출가하여 그 삼장三藏을 수지하였으나 뒷날 경부經部를 배워 이것이 진실됨을 알고 앞서 배웠던 유부학설 중 취할 것은 취하고, 버릴 것은 버리고자 하였다. 그래서 그는 유부학설을 보다 깊이 연구하여 옳고 그릇됨을 궁구하고자 다시 그 본고장인 카슈미르에 익명으로 잠입하여 4년간 수학하였는데, 매번 경부의 이론으로써 유부를 비판하였다. 그 때 중현의 스승인 스칸디라(悟入, Skandhira)라고 하는 아라한이 그의 신이함을 괴이하게 여기고, 선정에 들어 그가 간다라에서 온

세친임을 바로 알아보았다. 그는 세친을 불러 은밀히 고하기를, "급히 본국으로 돌아가라. 장노가 이곳에 와서부터 계속 자신의 뜻으로 유부를 논란 비판하니, 대중 가운데 아직 욕망에서 벗어나지 못한 이가 그대의 신분을 알아차려 해코지할까 두렵다."고 하였다.

이에 본국으로 돌아온 세친은 바로 《구사론》 600송을 지어 카슈미르에 보내자, 국왕과 모든 대중들이 유부의 종의를 널리 편 것이라 하여 기뻐해 마지 않았다. 그러나 스칸디라가 대중들에게 고하기를, "이는 유부종의를 편 것이 아닌데 무엇 때문에 기뻐해 하는가? 본송에 전설(傳說)이라는 말이 있는데, 이는 유부종의와 서로 유사할 뿐이다. 만약 이를 믿지 않는다면, 그 주석을 청해 보면 알 것이다."고 하였다. 국왕과 대중들이 사신을 보내어 석론釋論을 청하니, 논주 세친은 본송을 해석하여 8천송의 글을 지어 보냈는데, 과연 스칸디라가 말한 바와 같았다. 논주의 뜻은 경부와 가까웠고, 유부의 학설에 의혹이 생겨나게 되었다. 즉 세친은 《구사론》에서 왕왕 '전설'이라는 말을 사용하여 '직접 듣지 않은 것'임을 나타내었던 것이다.[11]

여기서 '전설(kila)'이라 함은 카슈미르 유부학설에 대한 불신을 나타내는 말이다. 《구사론》은 번쇄 잡다한 유부교학의 대표적인 요강서이기는 하지만, 경량부의 입장에서 비판적으로 저술되었다는 것은 의심의 여지가 없다. 이장위종理長爲宗, 즉 '이치에 부합하는 좋은 이론이면 유부의 학설이든 어느 누구의 교설이든 종의로 삼는다'는 작자의 개방적이고도 비평적인 정신이 논 전체에 담겨 있다고 할 수 있다. 즉 세친은 어떠한 부파의 견해에도 얽매이지 않고 어디까지나 비판적 입장에서 《구사론》을 저술하

---

11) 《구사론기》 권제1(대정장41, p.11상중). 참고로 진제의 《바수반두법사전》에서는 카슈미르에 잠입하여 비바사를 배운 이는 세친보다 훨씬 이전인 불멸 500년 무렵 아요디야국의 바사수발타라(婆沙須拔陀羅, Vasasubhadra)이다.

였는데, 그것을 지배한 정신이 바로 경량부적 사유였던 것이다.

앞서 유부에서는 아비달마야말로 진정한 불설佛說이라고 주장하였다고 하였지만, 세친은 그 같은 주장을 믿지 않았다. 그래서 이 논의 명칭을 다만 《아비달마구사론(abhidharmakośa-śāstra)》이라 하게 되었다. 여기서 '구사'란 창고 곳간의 뜻으로, 이는 아비달마의 정요를 간추린 논이라는 것이다. 다시 말해 세친은 이 논을 유부에서 생각하는 진정한 의미의 아비달마라기보다는 단지 그것의 요지를 간추린 텍스트 정도로만 여겼을 뿐이다. 그렇기 때문에 세친은 여기서 유부의 종의와 함께 다른 수많은 부파와 인물들의 교의를 논설하면서 서로의 난점을 제시하고 있는 것이다.

《구사론》은 기본적으로는 아비달마 7론이나 《대비바사론》을 근거로 하면서도, 이전의 논서와는 그 체계를 달리하는 《아비담심론》과 이를 개량 증보한 《아비담심론경》 《잡아비담심론》의 조직과 내용을 토대로 하여 작성된 논서이다. 앞서 설명한 대로 《아비담심론》은 전 10품으로 구성되어 있는데, 《구사론》에서는 보유 부록인 뒤의 3품을 정리하여 앞의 7품 중에 포함시키고, 여기에 미혹한 현실세계의 실상을 밝힌 〈세간품世間品〉을 더한 전 8품으로 본론을 삼았으며, 마지막에 유아론有我論을 비판한 〈파집아품破執我品〉을 부록으로 논설하고 있다.

말하자면 이 논의 조직은 《아비담심론》에 따라 철저하게 4성제를 기초로 한 것으로, 제1 〈계품界品〉과 제2 〈근품根品〉에서 온갖 존재(諸法)의 본질과 작용을 밝힌 다음, 제3 〈세간품〉과 제4

〈업품〉・제5〈수면품隨眠品〉에서 고苦의 실상과 그 원인과 조건이 되는 업과 번뇌를 밝히고, 다시 제6〈현성품賢聖品〉과 제7〈지품智品〉・제8〈정품定品〉에서 고멸苦滅의 열반과, 그 원인과 조건이 되는 지혜와 선정에 대해 논설하고 있는 것이다.

이같이 유부의 교학은《집이문족론》과《법온족론》등의 6족론에서 시작하여,《발지론》에서 학설의 큰 줄기를 드러내어《대비바사론》에서 깊이 심화되었고,《아비담심론》에서 조직적인 논술의 체계를 갖추었으며, 마침내《구사론》에 이르러 종합 완성되었다고 할 수 있다.

이런 까닭에 보광은 이 논을 평가하여 "6족足의 요지를 빠짐없이 다 갖추고 8온蘊의 묘문妙門(즉《발지론》)을 드러내어 마치 손바닥을 보는 것과 같다. — 이 논이 탁월하고 뛰어남은 마치 묘고산(수미산)이 광대한 바다에 우뚝한 것과 같고, 불타오르는 태양이 뭇 별들을 가리는 것과 같으니, 그래서 인도의 학도들은 이를 일컬어《총명론聰明論》이라 하였다."고 찬탄하고 있는 것이다.[12]

《구사론》의 조직과 내용을 전체적으로 도표로 나타내면 다음과 같다.

---

12)《구사론기》권제1(대정장41, p.1상).

1. 〈계품〉   권제1-2   제법의 본질
2. 〈근품〉   권제3-7   제법의 작용
3. 〈세간품〉 권제8-12   괴로움의 세계(果) ─ 고苦
4. 〈업품〉   권제13-18   괴로움의 원인(因) ┐
5. 〈수면품〉 권제19-21   괴로움의 조건(緣) ┘ 집集
6. 〈현성품〉 권제22-25   깨달음의 세계(果) ─ 멸滅
7. 〈지품〉   권제26-27   깨달음의 원인(因) ┐
8. 〈정품〉   권제28-29   깨달음의 조건(緣) ┘ 도道
9. 〈파집아품〉 권제29-30 ─────────────────── 타종비판

2장

존재의 분석

이른바 '일체의 존재'란 안眼과 색色과 안식眼識과 안촉眼觸과
안촉을 인연으로 하여 생겨난 고苦·락樂·불고불락不苦不樂의 수受와
이耳·비鼻·설舌·신身·의意와 법法과 의식意識과 의촉意觸과
의촉을 인연으로 하여 생겨난 고·락·불고불락의 수를 말하니
그 밖의 또 다른 일체의 존재가 있다고 한다면 그것은 다만 '말'일 뿐이다.

《잡아함경》 제321경

1. 법이란 무엇인가?

아름다운 숲이 있다고 하자. 우리는 그 숲으로 소풍을 나가 기쁨을 얻기도 하지만, 길을 잃고 헤매일 수도 있다. 숲이란 무엇인가? 숲은 단일한가? 숲은 무엇으로써 존재하는가? 숲은 온갖 나무들의 집합이다. 숲에서 나무를 한 그루 한 그루 베어내고 나면 숲은 더 이상 존재하지 않는다.

멋진 자동차가 한 대 있다고 하자. 우리는 그 자동차로 인해 즐거움을 누리기도 하지만, 고통을 겪기도 한다. 자동차란 무엇인가? 그 때 우리의 즐거움과 고통은 영원하고 단일한 자동차를 대상으로 한 것인가? 그러나 그것은 공장에서 부품이 조립되기 전에는 존재하지 않았으며, 해체되고 나서도 역시 존재하지 않는다. 해체되는 순간, 자동차는 사라지고 수많은 부품만이 남을 뿐이다. 결국 자동차는 개별적인 부품의 결합체일 뿐, 그 자체로서 존재하는 것은 아니다.

우리는 누구나 자신의 세계 속에서 살아가며 즐거워하기도 하고 괴로워하기도 한다. 세계란 무엇인가? 세계는 그 자체로서 단일한가? 세계는 무엇에 의해 존재하며, 어떻게 이루어진 것인가?

  우리는 만난 적도 생각해 본 적도 없는 그 어떤 사람으로 인해 고통받거나 기뻐하지는 않는다. 우리는 다만 우리가 알고 있는 사람에 대해서만 기뻐하기도 하고 고통스러워하기도 한다. 아비달마불교에 있어 세계란 경험된 세계이다. 여기서 '경험'이라 함은 다만 지식의 근거라거나 수동적으로 일어나는 지식현상을 말하는 것이 아니다. 그것은 능동적이고도 주체적인 의식적 언어적 신체적 행위(業)라고 하는 생명활동을 통해 일어나는 것이다. 그리고 그러한 행위나 경험 혹은 그것에 의해 드러나는 세계는, 숲이나 자동차처럼 현실적으로는 단일하고 항구적인 것처럼 보이지만 수많은 조건들에 의해 조작된 것이며, 조건이 결여될 때 바로 소멸한다.

  예컨대 지금 나에게 분노가 일어났다고 하자. 그것은 바로 분노의 세계이며, 나 자신은 그러한 분노를 통해 '분노하는 나'로서 밖에 드러날 수 없는 존재이다. 그리고 그 같은 분노가 언어적 신체적 행위로서 드러나 욕설을 하거나 살인을 하게 될 경우, '욕쟁이'나 '살인자'와 같은 또 다른 존재위상을 획득하게 될 것이며, 그러한 행위는 다시 눈에 보이지 않는 형태로 잠재하면서 행위할 때의 마음과는 다른 상태에 있거나 다르지 않은 상태에 있거나 혹은 무심의 상태에 있거나 유심의 상태에 있거나 간에 항상 우리의 삶을 결정짓는 또 다른 조건이 된다.

  그럴 때 우리의 현실존재를 규정하는 분노의 세계는 무엇으로 존재하며, 어떻게 이루어지는 것인가? 그것의 조건은 무엇인가? 아비달마불교에서는 궁극적으로 그 같은 세계의 조건을 분석 해체함으로써 세계의 속박(예컨대 분노)으로부터 벗어나고자 하는데, 이를 제법분별諸法分別이라고 한다.

원래 법(dharma)이란 '유지하다' '지탱하다'는 의미의 어원 √dhṛ에서 파생된 말로서, 일반적으로 세계존재를 유지 지탱하는 질서 규범 법칙 등을 의미하며, 나아가 도덕 정의 진실 습관 성질 등의 뜻을 갖지만, 아비달마불교에서는 보통 현상의 경험 세계를 구성하는 존재의 요소라는 뜻으로 사용되고 있다. 이를테면 숲과 자동차는 그것을 구성하는 개별적이고도 객관적 실체 - 수많은 나무와 온갖 부품에 의해 유지되는 주관적 관념에 불과하다.

곧 유부교학에 있어 법이란 그 같은 경험을 구성하는 조건으로서, 개별적이고도 더 이상 환원 불가능한 독립된 실체(dravya)이다.[1] 그것은 자기만의 고유한 특징과 작용을 지닌 것으로, 그것으로 인해 인식이 가능하며 행위가 이루어진다. 그것은 바로 궁극적인 존재(勝義有)이다. 그리고 그러한 온갖 존재가 원인과 조건(즉 因緣)이 되어 화합함으로써 드러난 현상의 세계는 다만 가설적 개념적 존재(世俗有)일 뿐이다.

아비달마에 있어 이른바 제법諸法으로 일컬어지는 그러한 모든 존재는 대승에서 말하듯이 의식작용에 의해 구축된 사유의 산물

---

[1] 이 책에서는 이 같은 성격의 '법'을 존재나 세계존재로, 그것의 복수나 전칭(全稱)인 '제법(諸法)'을 온갖 (혹은 모든) 존재로, '법상(法相)'을 존재실상이나 세계존재의 양태로 풀어썼다. 혹은 문맥에 따라 그냥 '법'이나 '제법'이라는 말을 그대로 사용하기도 하였다.

이 아니다. 도리어 사유가 그 같은 모든 존재에 의해 한정되기 때문에 그것은 결코 무자성無自性의 존재, 허깨비와 같은 존재가 아니다.2)

그렇지만 우리가 경험하는 현상의 세계는 영원하지 않으며, 괴로우며, 진실로 '나' 혹은 '나의 것'이 아니며, 그 자체 실체성이 없는 것이다. 이것이 세계의 진실된 모습이다. 이렇듯 온갖 존재가 인연화합하여 드러난 생성과 소멸의 세계를 유위有爲라고 하며, 이 때의 온갖 존재를 유위법이라고 한다. 유위(saṃskṛta)란 다수의 요소가 함께 작용된 것, 조작된 것이라는 의미이다. 예컨대 두 개의 수소와 한 개의 산소가 동시에 함께 작용함으로써 물로 나타나게 되며, 나타난 물은 고정불변의 실체가 아닌 가변적 존재인 것과 같다.

이와 반대로 조작되어 나타나지 않은 세계, 혹은 생성과 소멸의 제약으로부터 벗어난 세계를 무위無爲라 하고, 그러한 존재를 무위법이라고 한다. 따라서 인연이 결여되어 아직 생겨나지 않은 세계도 무위이지만, 세계의 진실된 모습을 참답게 관찰하여 세계 생성의 원동력이 되는 무지와 욕망, 그리고 업이 소멸된 세계, 깨달음의 세계가 무위(즉 열반)이다.

---

2) 《금강경》 4구게에서는 다음과 같이 설하고 있다. "현상세계의 근거가 되는 일체의 존재는 꿈과 같고 허깨비와 같고 물거품과 같고 그림자와 같으며, 또한 역시 아침이슬과도 같고 번개불과도 같으니, 응당 마땅히 이와 같이 관찰해야 할 것이다(一切有爲法 如夢幻泡影 如露亦如電 應作如是觀)." 참고로 아비달마에 의하는 한, 사유 즉 분별을 본질로 하는 의식도 제법의 하나이다.

한편 무지와 욕망 등의 번뇌가 수반되는 세계를 유루有漏라고 하고, 그것의 조건이 되는 온갖 존재를 유루법이라고 한다. 그렇다면 유위와 유루는 무엇이 다른가? 깨달음에 이르는 도정(道)은 온갖 존재가 인연화합하여 드러난 현실에서의 경험이기에 유위이지만, 더 이상 번뇌를 수반하지 않기 때문에 무루無漏이다. 여기서 '누(āsrava)'란 누설의 뜻으로, 여섯 감관을 통해 끊임없이 흘러나오는 번뇌를 뜻한다.

이처럼 일체의 존재는 유위와 무위로 분류되며, 무위는 무루이지만 유위는 다시 유루와 무루로 분류된다. 이를 불타교법의 기본구도인 4성제聖諦에 대입시켜 보면, 미혹한 현실과 그 원인인 고苦와 집集은 유위이고 유루이며, 깨달음의 이상인 멸滅은 무위이고 무루이며, 깨달음으로 나아가는 도정인 도道는 유위이고 무루이다.

2. 온蘊·처處·계界의 분별

그렇다면 제법 즉 일체의 존재란 무엇을 말하는 것인가? 우리가 경험하는 세계의 근거는 무엇이며, 그것은 구체적으로 어떻게 분석되는 것인가? 다시 말해 세계가 인연화합의 소산이라면, 그때 인因과 연緣은 무엇인가?

어느 날 생문生聞이라고 하는 바라문이 부처님께 와서 물었다. "무엇을 일체一切라고 합니까?" 부처님께서 말씀하셨다. "일체란 12입처入處이니, 안眼과 색色, 이耳와 성聲, 비鼻와 향香, 설舌과 미味, 신身과 촉觸, 의意와 법法, 이것이 바로 일체이다. 그러나 만약 '이것은 일체가 아니니, 사문 고타마가 설한 일체를 버리고 또 다른 일체를 설하겠다'고 한다면, 그것은 다만 말일 뿐으로서 물어도 알지 못하며 의혹만 증가할 뿐이다. 왜냐하면 그것은 앎의 대상이 아니기 때문이다."[3]

여기서 일체란 주관의 자아와 객관의 세계를 포괄하는 개념으로, 생문 바라문은 일상에서 그것의 근거나 본질로 간주되는 이슈바라(Īśvara)와 같은 자재신이나 자아(혹은 영혼)와 같은 단일하고도 영속적인 존재에 대해 물었던 것이다. 이에 대해 불타는 일체를 다만 인식의 조건이 되는 여섯 가지 감관과 여섯 가지 대상이라는 12가지 범주 즉 12처處로 분류하고 있을 뿐이다. 여기서 '처(āyatana)'란 바로 인식을 낳게 하는 문門의 뜻이다.

앞서 언급한 대로 초기불교 이래 불교에 있어 세계란 알려진 세계, 경험된 세계이다. 그럴 때 인식의 조건은 무엇인가? 의식인가? 그러나 불교에 있어 의식이나 의식작용은 그 자체 단독으로는 일어나지 않으며, 반드시 감관과 대상을 조건으로 삼아야 한다.

예컨대 시의식은 눈과 그 대상인 색을 근거로 하여서만 일어나는 것으로, 앞의 다섯 가지 범주가 감성적 인식의 조건이라면 마지막 범주는 오성적 인식의 조건이다.[4] 즉 앞의 다섯 가지 감관(5根)은 오로지 그것과 동시에 존재하는 현재의 물질적 대상만

----

3) 《잡아함경》 권제13 제319경.
4) 이에 대해서는 본장 3-2)-(1) '마음'에서 다시 설한다.

을 취하지만, 여섯번째 감관인 의근意根은 언어적 개념이나 과거 미래의 대상, 그리고 시간적 공간적 제약을 떠난 무위법까지도 취하며, 그래서 일체를 12가지 범주로 분석하였던 것이다.

설일체유부에 의하는 한 어떤 한 사물을 인식의 개별적 대상 내지 개별적 능력으로 볼 수 없다면, 그것은 실재하는 것이 아니다. 곧 존재(法)란 개별적이고도 더 이상 환원 불가능한 독립된 실체로서, 자기만의 고유한 특징과 작용을 지닌 것이다.

따라서 자아(혹은 영혼)와 같은 것은 다만 이 같은 개별적 조건들이 관계함으로써 드러나는 것이기 때문에, 다시 말해 그 자신만의 고유한 특징과 작용을 갖지 않기 때문에, 이슈바라와 같은 자재신은 개별적 존재가 아닌 단일하고도 보편적 존재이기 때문에 실재하는 것이 아니다. 그것은 다만 사유에 의해 규정된 개념적 존재일 뿐이다. 이를테면 '토끼뿔'이나 '거북의 털'과 같은 존재이다. 따라서 그에 대한 논의는 의혹만을 야기할 뿐, 실제적 이익이 없는 말장난에 불과하다는 것이 불타의 생각이었다.[5]

또 다른 경전에서는 세계의 모든 존재를 안계眼界·색계色界·안식계眼識界, 이계耳界·성계聲界·이식계耳識界, 비계鼻界·향계香

---

[5] 이 같은 점에서 불타는 《중아함경》 권제60 〈전유경(箭喩經)〉에서, 세간은 시간적으로 영원한가 영원하지 않은가, 공간적으로 무한한가 무한하지 않은가? 육신을 떠나 자아는 존재하는가, 존재하지 않는가? 깨달은 자(여래)는 정녕코 내세에 태어나는 일이 없는 것인가, 그렇지 않은 것인가? 하는 물음에 침묵하고 있다. 왜냐하면 이에 대한 물음은 현실에 기초한 경험에서 비롯된 것이 아니라 다만 지적 호기심의 산물로서, 실제적 이익이 없기 때문이다. 그래서 이 경에서 불타는 다음과 같이 말하고 있다. "설할 수 없는 것은 설하지 않을 것이며, 설할 수 있는 것은 바로 설할 것이다."

界・비식계鼻識界, 설계舌界・미계味界・설식계舌識界, 신계身界・촉계觸界・신식계身識界, 의계意界・법계法界・의식계意識界의 18계계로 분별하기도 한다.6) 여기서 '계(gotra)'란 종족 요소 성분 등의 뜻으로, 마치 한 광산에 각기 다른 광물이 존재하듯이 어떤 한 사람의 생의 흐름에도 이러한 18가지 종류의 요소가 존재한다는 것이다. 이는 곧 앞의 12입처에 6식을 더한 것으로, 원래 의식은 단일하지만 그것이 나타나게 되는 근거에 따라 안식 등의 여섯 종류로 나누었다.

아울러 의식의 이 같은 다양한 분류는 욕계・색계・무색계라는 불교의 세계관에 따른 필수적인 것이었다. 즉 욕계에서는 이 모두가 존재하지만, 색계에는 분할되어 섭취되는 물질적 에너지인 단식段食이 존재하지 않으므로 향・미와 비식・설식이 존재하지 않으며, 무색계에서는 오로지 제6 의식만이 존재하기 때문에 그것을 차별짓지 않으면 안 되었던 것이다.

나아가 일체 현상의 모든 존재는 다시 다섯 가지의 그룹(蘊)으로 환원되기도 한다.

> 두 가지 법이 존재하니, 안眼과 색色 등이 바로 그것이다. - 안과 색을 근거로 하여 안식眼識이 생겨나는데, 세 가지의 화합이 촉觸이다. 촉은 수受・상想・사思를 함께 낳으니, 이 네 가지는 무색의 온이며, 안과 색은 색온이다. 곧 이러한 법들을 일컬어 인간이라 이름할 뿐 자아나 영혼과 같은 인간으로서의 고유한 실체, 이를테면 중생(sattva)・나라(nara)・마누자(manuja)・

---

6) 《잡아함경》 권제16 제451경 등.

마나바(māṇava)·푸루샤(puruṣa)·푸드가라(pudgala)·잔투(jantu)·지바(jīva)는 존재하지 않는다.7)

곧 12처와 18계에서 안 등의 5근과 색 등의 5경은 색온色蘊으로, 의근과 6식은 식온識蘊으로, 근·경·식의 화합의 결과로 낳아지는 수·상·사는 각기 수온受蘊과 상온想蘊과 행온行蘊으로 정리된다. 여기서 '온(skandha)'이란 적집 집합의 뜻으로, 극미로 이루어진 물질의 적집이 색온이며, 찰나찰나 유전 상속하는 과거 현재 미래의, 거칠고 세밀한 등의 지각·표상·의사 등과 의식의 적집이 수온·상온·행온이고 식온이다.

인간의 일체 경험세계는 5온을 근거로 하여 이루어지며, 자아는 그 같은 경험을 통하여 확인될 뿐이다. 이른바 '5온무아無我'이다. 5온은 바로 불교에 있어 세계존재를 해명하는 가장 대표적인 방식이라고 할 수 있다.

유부에 의하면, 이러한 5온이 인연 화합하여 끊임없이 상속 현현함으로써, 다시 말해 그것들이 생성(生) 내지 관계(得)라고 하는 행온에 포섭되는 또 다른 존재(이를 不相應行法이라고 한다)에 의해 우리들 의식의 상속상에 찰나적으로, 그리고 간단없이 동시 현현함으로써 부단히 변화하는 경험세계가 이루어진다. 즉 그 같은 온갖 경험은 '나'라는 관념을 근거로 생성 통합되어(이를 5取蘊이라고 한다) '나의 세계'로 현상하는 것이다.

---

7) 《잡아함경》 권제13 제306경 ; 《구사론》 권제29(권오민 역, 동국역경원, 2002), p.1353.

그런데 여기서 '나'란, 예컨대 불은 그 자체로서 존재하지 않으며 오로지 땔감과 관계하여 탐(작용함)으로써 그 존재성을 드러내듯이, 오로지 외계와 관계하여 인식하고 행위함으로써 드러나는 가설적인 존재이다. 다시 말해 다만 세간의 언어적 약속에 따라 경험이나 행위 내지 그 인과상속을 향수享受하는 토대로서 일시 설정된 개념에 지나지 않는다.

혹은 '나는 뚱뚱하다' '나는 꽃을 본다'고 하는 경우에서처럼 술부에 의해 지지되는 문장 주어에 불과하다. 즉 이 때 '나'란 궁극적으로는 '뚱뚱하다'는 경험, 혹은 '본다'고 하는 작용으로써 드러나는 것으로, 그 같은 경험이나 작용을 배제하고서는 그 존재를 확인할 수 없기 때문에 5온과는 독립된 개별적 존재로 분리될 수 없는 것이지만, 다만 세간의 언어적 관습에 따라 그렇게 칭명된 것에 불과하다.

자아란 다만 자아관념(我執)의 대상일 뿐 객관적으로 실재하는 것이 아니다. '나'라고 하는 관념은 세계(곧 5온)에 대한 이기적 욕구의 결과로서,[8] 세계에 대한 지각과 동일한 공간에서 일어난다. 그럼에도 '나'라고 하는 개체의 현실태는 이기적 욕구에 의해 자기개체성을 고집하기 때문에, 그러한 폐쇄된 개체성이 자아를 세계로부터 분리 독립시켜 지각에 선행하는 영속적인 실체로 간주한다. 이것이 바로 불교에서 말하는 무지의 정체이다. 무지란

---

[8] 불멸의 실체로서의 자아에 대한 환상은 부분적으로는 우리의 언어적 습관에, 그리고 부분적으로는 탐욕과 집착, 불안전, 그리고 가장 중요한 사실로는 죽음과 함께 소멸한다는 두려움과 같은 심리적 요소에 기인한다.(R. 뿔리간드라, 이지수 역, 《인도철학》, p.69, 민족사, 1991)

곧 단일한 자아가 실재한다는 그릇된 믿음이다.9)

참고로 수많은 의식작용(心所) 가운데 어째서 지각과 표상만을 온으로 설정한 것인가? 아비달마에 의하면, 그것은 정의적이거나 이지적인 일체의 번뇌의 근본이 되기 때문이며, 생사 윤회의 가장 두드러진 원인이 되기 때문이며, 5온의 순서상 '수'와 '상'의 설정이 필수적이기 때문이다. 이를테면 물질적 대상을 원인으로 하여 먼저 괴로움과 즐거움의 느낌(受)이 일어나고, 이에 따라 전도된 생각(想)이 일어나며, 전도된 생각에 의해 온갖 번뇌(行)가 일어나 의식을 오염시키는 것이다.

혹은 '색'은 그릇에, '수'는 음식에, '상'은 조미료에, '행'은 요리사에, '식'은 먹는 자에 비유되기도 하는데, 그릇은 음식의 근거이기 때문이며, 음식은 신체에 이로움을 주기도 하고 손상(즉 苦樂)을 끼치기도 하기 때문이며, 조미료는 음식의 맛을 분명하게 하기 때문이며, 요리사는 능력(思·貪 등의 업과 번뇌)에 따라 좋고 나쁜 음식(즉 異熟)을 낳기 때문이며, 먹는 자는 이 모든 것을 소유하기 때문이다.

5온·12처·18계는 초기불교 이래 불교의 일반적인 존재의 분석방식이었다. 그렇다면 어떠한 이유에서 세 가지 방식으로 분석하게 된 것인가? 아비달마에 의하면, 세간 사람들의 어리석음과 근기와 즐기는 것에 세 가지 유형이 있기 때문이다. 즉 온갖 의식작용을 자아로 집착하는 어리석은 이에게는 그것을 수·상·사로 분별한 5온을 설하고, 색에 대해 어리석은 이에게는 그

---

9) 무아에 대해서는 본서 3장 3-2) '무아론과 윤회상속'에서 다시 논의한다.

것을 5근과 5경으로 분별한 12처를, 색과 심에 어리석은 이에게는 그것들을 각기 10가지와 7가지로 분별한 18계를 설하였다.

따라서 결국 간략한 글을 좋아하고, 그것을 잘 이해하는 상근기의 사람들을 위해 5온을 설하였고, 간략하지도 번잡하지도 않은 중간의 글을 좋아하는 중근기의 사람들을 위해 12처를 설하였으며, 자세하게 이야기하여야 비로소 이해하는 하근기의 사람들을 위해 18계를 설하였다는 것이다.

3. 5위位 75법法의 분별

그런데 유부 아비달마에서는 이러한 온·처·계의 분류방식을 더욱 발전시켜 색법色法(11가지)·심법心法(1가지)·심소법心所法(46가지)·불상응행법不相應行法(14가지)·무위법無爲法(3가지)의 다섯 갈래, 75가지 법으로 나누기도 한다.

색온과 식온은 그대로 색법과 심법에 해당한다. 행온은 마음과 평등한 관계로서 상응(관계)하는 행과 상응하지 않는 행으로 나누어, 전자는 수·상의 2온을 포함하는 심소법에 포섭시켰으며, 후자는 따로이 독립시켜 불상응행법으로 분류하였다. 그리고 여기에 생성과 소멸이라고 하는 경험적 세계의 특성을 수반하지 않는 법을 무위법으로 설정하여 이른바 '5위位 75법法'의 체계를 성립시켰던 것이다.

그러나 5위 75법이라고 하는 술어는 유부 아비달마 논서상에서는 찾아볼 수 없으며, 75라고 하는 수 또한 결정적인 수가 아 닙니다. 이것이 전문술어로서, 또한 정수定數로서 고착되어 나타난 최초의 문헌은 보광普光의 《법종원法宗原》인데, 이후 아비달마불교의 결정적인 체계로 평가되기에 이르렀다. 이제 그 하나하나에 대해 논의해 보기로 한다.

1) 색법色法 – 물질적 존재

다섯 갈래로 분류되는 일체의 존재 가운데 색법을 가장 먼저 열거하는 까닭은 무엇인가? 앞서 '법'을 설명하면서 '인식을 가능하게 하는 것'이라고 하였는데, 인식의 주체인 의식은 반드시 감관과 대상에 수반되어서만 나타나기 때문이다. 말하자면 대승에서처럼 대상이 의식에 의해 규정되는 것이 아니라 의식이 대상에 의해 규정되기 때문으로, 이 같은 객관 우선주의는 아비달마불교의 현저한 특징 중의 하나라고 할 수 있다.

아울러 심소법은 흔히 심왕心王으로 일컬어지는 마음과 평등한 관계로서 상응하여서만 나타나기 때문에, 불상응행법은 색법도 아니고 심법도 아니기 때문에, 무위법은 앞의 네 갈래의 유위법의 존재를 통해 추론되는 것이기 때문에 그 같은 순서로 열거한 것이다.[10]

---

[10] 이에 반해 대승유식에서는 객관의 모든 존재는 우리들 의식을 통해서만 비로소 나타나기 때문에 심법을 제일 먼저 열거하고, 그 다음으로 심법과 상응하는 심소법을, 심과 심소에 의해 드러나는 색법을, 심법과 색법에 근거하여 일시 가설한 불상응행법을, 그리고 이 같은 유위제법이 단멸됨으

색이란 물질일반을 말한다. 원어 루파(rūpa)는 원래 변이 괴멸(變壞)의 뜻으로, 허물어짐의 괴로움을 낳는 존재를 말한다. 그러나 이는 다른 유위제법과도 공통된 특성이기 때문에 보통은 다른 색의 생기를 장애하는 존재, 즉 공간적 점유성(礙性)을 지닌 존재라는 뜻으로 해석된다. 물질이란 곧 시간적인 변이성과 공간적인 점유성을 지닌 존재를 말하는 것이다.

물질의 최소단위를 극미極微라고 한다. 이것은 이를테면 문틈으로 비치는 광선 중에 흩날리는 먼지입자(隙遊塵)의 -7승의 크기로 산정되기도 하는데, 하나의 극미는 통상 4방 상하의 6개의 극미에 둘러싸여 최초의 결합을 시작한다.[11] 그렇다면 극미는 부피를 갖는 것인가, 갖지 않는 것인가? 만약 극미가 부피를 갖는다면 그것은 다시 분석될 수 있기 때문에 더 이상 극미라 할 수 없을 것이며, 만약 부피를 갖지 않는다면 그것은 공간적 점유성을 지니지 않기 때문에 색이라 할 수도 없을 뿐더러 아무리 많은 극

로써 드러나는 무위법의 순서로 분별한다. 이른바 유식소변(唯識所變)의 심본색말(心本色末)의 순서이다.

[11] 7가지 극미의 취합을 1미취(微聚, 혹은 微)라고 하며, 7미취를 1금진(金塵, 금속의 입자), 7금진을 1수진(水塵), 7수진을 1토모진(兎毛塵, 토끼의 털끝 정도의 입자), 7토모진을 1양모진(羊毛塵), 7양모진을 1우모진(牛毛塵), 7우모진을 1극유진(隙遊塵) 즉 광선 중에 흩날리는 먼지 크기의 입자라고 한다. 다시 7극유진을 1기(蟣, 서캐 크기의 입자), 7기를 1광맥(穬麥, 밀알 크기의 입자), 7광맥을 1지절(指節)이라 하고, 3지절이 바로 1지(指) 즉 손가락의 길이이다.(《구사론》권제12, 앞의 책, p.550) 따라서 하나의 밀알은 7의 10승 즉 282,475,249개의 극미가 모인 것이다. 이 같은 극미설은 불교의 제파 중 설일체유부에서만 주장하는 것으로, 그것도 중기 이후의 논서에만 나타나고 있다. 이는 아마도 자이나교나 바이세시카 학파의 그것에서 영향을 받은 것으로 추측된다.

미가 취합하여도 역시 부피를 갖지 않게 되는 것이다.

이에 대해 유부에서는 극미를 사事극미와 취聚극미, 가설적 극미와 실제적 극미라는 이중구조로 해석하고 있다. 유부 비바사사毘婆沙師에 따르면 극미는 더 이상 부피를 갖지 않으며, 따라서 길고 짧음 등의 자상自相도, 공간적 점유성도 갖지 않는다. 그렇지만 이러한 단일한 극미는 지각의 대상이 아니라 관념적으로 분할되어 추리에 의해 알려지는 가설적 극미로서, 이를테면 찰나를 더욱 분할하여 1/2찰나라고 할 수 없듯이 또 다른 관념으로 분석될 수 없는 것이다. 만약 그렇지 않다고 한다면 무한소급에 떨어져 끝내 극미를 설정할 수 없기 때문이다.

그러나 지각의 대상이 되는 실제적 극미는 공간적 점유성을 지닌 것이어야 하며, 그것은 적어도 가설적 극미의 집적(이를 微聚라고 한다)으로 이해되어야 한다. 아마도 지각의 대상과 마찬가지로 사유의 대상도 실재한다고 주장하는 유부로서는 극미의 문제를 이런 식으로밖에 해결할 수 없었을 것이다. 이에 반해 대승 유식唯識에서는 극미를 다만 관념에 의해 파악되는 가설적 극미로만 이해하였는데, 이는 유식의 도리를 깨닫게 하는 중요한 논거가 된다.

아무튼 산하대지 등의 유형적인 일체의 물질세계는 극미의 집적이다. 그런데 일체의 물질이 모두 극미의 집적이라면 어째서 각각의 물질은 그 성격을 달리하는 것인가? 그것은 극미가 견고성·습윤성·온난성·운동성을 본질로 하는 지地·수水·화火·풍風의 4대종大種을 갖추고 있기 때문이다. 여기서 대종

(mahābhūta)이란 보편적 존재라는 의미로, 견고성의 '지'는 물체를 능히 보지保持 저항하게 하는 작용을 갖고 있으며, 습윤성의 '수'는 물체를 포섭하여 흩어지지 않게 하는 작용을, 온난성의 '화'는 물체를 성숙하게 하는 작용을, 운동성의 '풍'은 물체를 동요하게 하는 작용을 갖고 있다.

곧 극미가 물질의 양적 구극이라면, 대종은 물질의 질적인 구극이라 할 수 있다. 따라서 '지'라고 하지만 그것은 우리가 보는 땅은 아니다. 땅 역시 극미의 집합인 이상 4대종을 모두 갖추고 있다. 땅은 다만 견고성이 두드러진 물질일 뿐이다. 마찬가지로 '수'라고 하지만 그것은 우리가 보는 물은 아니다. 물 역시 4대종을 모두 갖추고 있지만 습윤성이 두드러지게 나타난 물질이다. 그러나 다시 어떤 조건에 의해 견고성이 두드러지게 나타날 경우 그것은 얼음이 되고, 온난성과 습윤성이 두드러지게 나타날 경우 끓는 물이 되며, 운동성이 두드러지게 나타날 경우 증발하여 기체로 날아가게 될 것이다. 이같이 4대종 중 어느 것이 두드러지게 나타나는가에 따라 그 물질의 성격이 결정되는데, 이를 사대은현四大隱現이라고 한다.

그렇다면 이러한 4대종은 어떠한 방식으로 나타나게 되는 것인가? 앞서 극미에는 가설적 극미(事극미)와 실제적 극미(聚극미)가 있다고 하였는데, 실제적 극미는 그것이 아무리 미세한 것일지라도 지각의 대상이 되기 위해서는 최소한 지·수·화·풍의 4대종과 그것의 복합물인 색色·향香·미昧·촉觸의 네 가지 소조색所造色이 결합한 것이어야 한다. 이를 팔사구생八事俱生이라고 하는데, 여기서 '사(dravya)'는 실체의 뜻이다. 이는 말하자면 외계의 현상이 물질적 존재로 파악되는데 필요한 최소한의 조건을 나타내는 것이다.

다시 말해 견고성·습윤성·온난성·운동성이라는 물질의 네 가지 근본성질과 색채나 형태, 냄새, 맛, 그리고 매끄럽거나 거친 등의 감촉이 있음으로써 비로소 어떤 외계가 우리에게 물질로 인식될 수 있다는 뜻이다. 그러나 이는 감각을 갖지 않는 객관적인 물질의 경우이고, 유정물로서 신근身根을 지닌 경우 9사가 결합한 것이고, 여기에 안·이·비·설의 4근 중 하나를 가졌을 때에는 10사가 결합한 것이다. 그리고 객관의 물질이든 유정물이든 소리를 지닐 경우 각기 증가하여 9사, 10사, 11사가 결합한 것이 된다.

예컨대 안근의 경우, 이것은 반드시 신근에 소속된 것이며, 이것은 다시 8사와 동시에 존재하는 것이어야 한다. 따라서 안근 등이 존재하기 위한 최소한의 실제적 극미(微聚)는 10사가 결합한 것이며, 여기에 소리가 더해질 경우 11사가 되는 것이다.

이같이 극미대종으로 이루어진 색법의 종류에는 구체적으로 안眼 등의 5근과 색色 등의 5경, 그리고 무표색無表色이 있다. 조금은 현학적으로 느껴질지도 모르지만, 그 하나하나에 대해 이야기해 보자.

(1) 5근根

5근이란 안眼·이耳·비鼻·설舌·신身의 다섯 가지 감각기관을 말한다. 여기서 '근(indriya)'이란 '인드라 신에 상응하는 힘' '인드라 신에 속한 영역'의 뜻으로, 유정의 신체 중에서 가장 밝게 빛나며 두드러지게 뛰어난 힘을 말한다.12) 따라서 안근이라고 함은 그냥 거친 물질덩어리의 눈(이를 扶塵根이라 한다)을 말하는 것이 아니라 이에 따라 외계대상(色境)을 취하여 안식眼識 즉 시의식을 낳게 하는 미묘한 작용의 눈(이를 勝義根이라 한다)을 말한다. 이것은 극미의 특수한 집합체로서, 분할할 수도 볼 수도 없으며, 광명이 차단됨이 없는 맑고 투명한 색을 본질로 한다.

그리고 이근은 소리를 취하여 이식耳識(청의식)을 낳게 하는 맑고 투명한 색이며, 비근은 향을 취하여 비식鼻識(후의식)을 낳게 하는 맑고 투명한 색이며, 설근은 맛을 취하여 설식舌識(미의식)을 낳게 하는 맑고 투명한 색이며, 신근은 촉觸을 취하여 신식身識(촉의식)을 낳게 하는 맑고 투명한 색이다.

그렇다면 구체적으로 색을 보는 것은 안근인가, 안식인가? 이는 '본다'고 하는 사실을 관조(見)로 규정할 것인가, 인식(了別)으

---

12) 유부에서는 이 같은 성격의 '근'을 안근·이근·비근·설근·신근·의근·여근(女根)·남근(男根)·명근(命根)·낙근(樂根)·고근(苦根)·희근(喜根)·우근(憂根)·사근(捨根)·신근(信根)·근근(勤根)·염근(念根)·정근(定根)·혜근(慧根)·미지당지근(未知當知根)·이지근(已知根)·구지근(具知根)의 22가지로 정리하고 있는데, 이 가운데 색근(色根) 즉 물질적인 근은 바로 앞의 5근이다. 여근과 남근은 육체의 차별을 낳게 하는 근거로 신근에 포함된다. 참고로 명근은 생명작용이고, 낙근 내지 사근(이를 5受根이라 함)은 느낌의 두드러진 작용이며, 신근 내지 혜근(이를 무루 5근이라 함)은 번뇌를 끊고 성도(聖道)를 낳게 하는 두드러진 심리작용이다. 그리고 뒤의 세 가지(이를 3무루근이라고 함)는 각기 깨달음의 상태인 견도위와 수도위와 무학위에 나타나는 지혜의 작용이다.

로 규정할 것인가 하는 감성적 지각과 오성적 지각에 관한 문제로서, 여기에는 고래로 안근이 본다는 근견설根見說, 안식이 본다는 식견설識見說, 양자 화합하여 본다는 화합견설和合見說 등의 세 가지 학설이 주장되고 있다.

아비달마 일반에서 '본다'고 하는 사실은 '먼저 숙고한 다음 확인 판단하는 것'으로 정의되지만, 유부에 의하면 모든 법은 자신만의 고유한 특성과 작용을 지녀야 한다는 전제 아래 안근은 확인 판단의 작용은 갖지 않지만 명료하게 관조하는 작용을 갖고 있기 때문에, 안식은 판단작용을 갖지 않는 무분별의 의식이기 때문에,13) 혹은 안식이 본다면 그것은 공간적 점유성을 지니지 않아 물질에 장애받지 않기 때문에 벽 뒤에 은폐된 사물도 볼 수 있어야 한다는 등의 이유에서 근견설을 지지한다.

이에 반해 식견설에서는, '본다'고 하는 것은 이미 판단이 전제된 것인데, 안근에는 그러한 분별의 작용이 없다. 또한 만약 보는 주체가 안식이 아니라 안근이라고 한다면, 그것은 이식耳識 등의 다른 의식이 작용할 때도 보아야 하며, 이는 결국 두 가지 의식은 동시에 생겨날 수 없다고 하는 자신의 학설에 위배되는 것이라고 비판하고 있다.

그런데 경량부에 의하면, 대상이 생겨나는 순간과 안근이 작용하는 순간, 안식이 일어나는 순간은 각기 시간을 달리하고 있어 동시존재가 아니다. 따라서 시간적으로 계기繼起하는 세 존재 사이의 직접적인 작용관계는 이루어질 수 없으며, 실재하지도 않은

---

13) 이에 대해서는 본장 3-2)-(1) '마음'에 다시 논의한다.

작용을 놓고서 인식성립의 본질적 요소가 이것이다 저것이다고 하는 것은, 마치 잡을 수도 없는 허공을 움켜쥐려고 맞붙어 싸우는 것과 같다고 조롱하고 있다.

즉 경량부에서는 인식을 유부에서처럼 동시 존재하는 감관과 대상 그리고 의식의 상호작용에 의해 생겨나는 것이 아니라 의식에 부과된 대상의 형상이 원인이 되고, 다음 순간 상속의 결과로서 인식이 생겨난다고 하는 인과의 관계로서 설명한다. 그리고 현재 존재하는 것은 오직 결과로서 드러난 인식이라는 사실뿐이기 때문에 그것을 근·경·식이라는 주관적 계기나 객관적 계기로 분석하는 것은 다만 세간의 관용慣用에 따른 언어적 설정일 뿐이며, 인식 자체는 주관과 객관으로 나눌 수 없는 하나의 단일한 사실이라고 주장하고 있다.

이 밖에도 유부 아비달마에서는 색근의 수와 형태, 배열, 대상과의 양적 관계, 접촉·불접촉의 관계 등에 대해서도 자세하게 논의하고 있지만, 여기서는 생략한다.

(2) 5경境

5경이란 5근의 대상이 되는 색色·성聲·향香·미味·촉觸을 말하는데, 여기서 '경(viṣaya)'은 바로 경계 대상의 뜻이다.

색경은 안근의 대상으로, 물질일반을 의미하는 색온의 색이 광의의 색이라면, 이는 협의의 색이다. 여기에는 색채(顯色)와 형태(形色) 두 가지가 있다.

색채에는 다시 청·황·적·백과 이것이 결합하여 나타나는 연기·구름·먼지·안개·그림자·빛·밝음·어두움이 있다. 여기서 안개란 땅으로부터 물의 기운이 비등한 것이고, 그림자란 광명을 장애하여 생겨났으면서 그 사이로 여타의 다른 색을 볼 수 있는 것이며, 어두움은 그렇지 않은 것이다. 빛이란 태양의 불꽃을, 밝음이란 달이나 별 화약 구슬 번개 등의 온갖 번쩍임을 말한다.

그리고 형태에는 길고 짧고 네모지고 둥글고 높고 낮고 평평하고 그렇지 않은 8가지가 있다.

그럴 때 하나의 극미에 어떻게 형태와 색채가 동시에 존재할 수 있는 것인가? '인식에는 반드시 그 대상이 존재한다'는 전제에서 출발한 유부는, 존재론적 의미에서가 아니라 인식론적 의미에서 색채와 형태는 동시에 알려지기 때문에 안근의 대상이 되는 색은 이 두 가지를 본질로 한다고 주장한다. 이에 반해 경량부에서는 다만 색채만이 실재할 뿐이며, 형태는 그것의 배열상의 차별로 인해 드러나는 것이라고 주장하고 있다.

성경은 이근의 대상으로, 여기에는 생물체가 내는 소리와 무생물체가 내는 소리가 있다. 전자에는 다시 언어적인 즐거운 소리(이를테면 노래소리), 언어적인 불쾌한 소리(꾸짖는 소리), 비언어적인 즐거운 소리(장단에 맞춘 손뼉소리), 비언어적인 불쾌한 소리(주위를 환기시키는 손뼉소리)가 있으며, 후자에는 언어적인 즐거운 소리(이를테면 귀신의 부드러운 소리), 언어적인 불쾌한 소리(귀신의 꾸짖는 소리), 비언어적인 즐거운 소리(악기소리), 비언어적인 불쾌한 소리(천둥소리) 등이 있다.

향경은 비근의 대상으로, 여기에는 좋은 냄새, 나쁜 냄새가 있으며, 두 냄새에는 각기 몸에 이로운 냄새와 몸에 해로운 냄새가 있다.

미경은 설근의 대상으로, 여기에는 달고, 시고, 짜고, 맵고, 쓰고, 담백함의 차별이 있다.

촉경은 신근의 대상으로, 여기에는 지·수·화·풍의 4대종大種과 이것들의 결합에 의해 이차적으로 나타난 촉(所造觸)인 매끄러움·거침·무거움·가벼움·차가움·허기짐·목마름이 있다. 여기서 매끄러움 내지 가벼움이란 각기 수·화, 지·풍, 지·수, 화·풍의 2대가 강성한 것을 말한다. 그리고 차가움은 따뜻하기를 바라는 원인, 허기짐은 먹기를 바라는 원인, 목마름은 마시기를 바라는 원인이 되는 것으로서, 이는 원인에 따라 결과의 명칭을 설정한 것이다. 그리고 대종 중에 특히 수대水大와 풍대風大가 증대되면 차가움이, 풍대가 증대되면 허기짐이, 화대火大가 증대되면 목마름이 있게 된다.

(3) 무표색無表色

5근과 5경이 구체적으로 드러난 색인데 반해 무표색(avijñapti)은 그렇지 않은 색이다. 외부로 표출되지 않는 색이란 무엇인가?

유부에 있어 색법은 사실상 행위 즉 업설業說과 밀접하게 관련되어 있다. 즉 외부로 표출되는 행위(表業)는 5근과 5경을 근거로 하는 것으로, 신체적인 행위는 형태를, 언어적인 행위는 말소리를 본질로 한다. 그리고 이러한 행위는 행위된 순간 눈에 보이지 않는 형태의 또 다른 색법을 낳아 우리가 행위할 때의 마음과는 다른 상태에 있거나 다르지 않은 상태에 있거나, 혹은 무심의 상태에 있거나 유심의 상태에 있거나 간에 항상 우리의 삶에 영향을 미친다.

유부에서는 이것을 무표업無表業이라고 하는데, 표업의 본질이 물질(즉 신체적 형태와 말소리)이기 때문에 무표업 역시 물질의 일종으로 간주하여 무표색이라 부르게 된 것이다.

다시 말해 이것은 비록 극미로 이루어져 있지 않고, 공간적 점유성도 지니지 않을 뿐더러 그 특상인 형태와 색채를 갖지 않을지라도, 나무가 움직일 때 그 그림자도 따라 움직이는 것처럼 4대종을 원인으로 하기 때문에 색법에 포함시켜 제6의식의 대상(즉 法處에 포섭되는 색)으로 규정하고 있는 것이다.

그렇지만 경량부나 세친은 모두 이 같은 존재나 신체적 형태(즉 신업)의 실재성을 인정하지 않고 있는데, 이에 대해서는 무표업(3장 2-1) '업의 종류와 본질'을 논의하면서 다시 생각해보기로 하자.

2) 심心·심소법心所法 — 마음과 마음의 작용

(1) 마음

18계에서 마음은 안식 내지 의식의 6식계識界와 의계意界로 분류되고 있지만, 마음은 단일하다. 다시 말해 마음은 단일하지만 그것이 발동하게 되는 근거에 따라 안식(시의식)·이식(청의식)·비식(후의식)·설식(미의식)·신식(촉의식)·의식(사유의식)

으로 분류한 것일 뿐이다.

그런데 유부 아비달마에 따르면, 이 경우 앞의 다섯 식은 그것과 동시에 존재하는 안근 내지 신근을 근거로 하지만, 여섯번째 의식의 경우 이미 소멸한 전찰나의 6식을 근거로 하는데, 이를 안근 등 앞의 5식의 근거에 준하여 '의근'이라 하였다. 이는 마치 어느 때 아들로 불리던 자가 그 때가 지나면 아버지로 불리는 것과 같다. 그래서 의근은 앞의 5식의 근거가 되기도 하고, 제6 의식의 근거도 되어 여섯 종류의 대상을 전체적으로 취할 수 있는 것이다.

이처럼 마음은 단일하지만 작용하는 상태에 따라 각기 달리 불리기도 한다. 즉 의식작용(心所)이나 신身·어語·의意 3업을 불러일으키기 때문에 칫타(citta, 心 즉 集起)라 하고, 생각하고 헤아리기 때문에 마나스(manas, 意 즉 思量)라고도 하며, 사물을 식별 인식하기 때문에 비즈냐나(vijñāna, 識 즉 了別)라고도 한다.

아비달마불교에서는 어떠한 경우에도 마음을 대승의 유식唯識에서처럼 유위의 세계를 성립시키는, 혹은 진여심이나 일심과 같은 유위와 무위의 일체의 세계를 가능하게 하는 근원적이고도 본질적 존재로 이해하지 않는다.[14] 마음이란 무엇인가? 예컨대 '오늘 날씨가 좋다(了別)', '이 좋은 날 무엇을 하면 좋을까(思量)', '소풍을 가야겠다(集起)', 그리하여 마침내 소풍을 나서게 하는 존재, 그것이 바로 마음이다.

....
14) 다만 대중부계통에서는 마음 그 자체는 원래 청정한 것(心性本淨)이며, 번뇌는 거기에 덧씌워진 것일 뿐 본래적인 것이 아님(煩惱客塵)을 주장하고 있다.

곧 마음이란, 일차적으로 안근을 근거로 하여 감각적 대상인 색경을 식별하고, 내지는 의근을 근거로 하여 비감각적 대상인 법경을 식별하는 것이다. 그렇다면 감성적 인식이라 할 수 있는 앞의 5식이 어떻게 사물을 식별할 수 있을 것인가?

유부에 따르면 인식에는 심尋(추구)과 사伺(사찰)를 본질로 하는 감성적 인식(自性分別), 혜慧(판단)를 본질로 하는 오성적 인식(計度分別), 그리고 염念(기억)을 본질로 하는 기억이나 재인식(隨念分別)이 있는데, 앞의 5식은 다만 감성적 인식일 뿐이기 때문에, 이는 사실상 다리가 하나밖에 없는 말을 일컬어 다리가 없는 말이라고 하는 것처럼 완전한 인식이라고는 할 수 없다. 즉 그것은 '심'·'사'와 상응하기 때문에 인식은 인식이지만 불확정적인 인식이며, 뒤의 두 가지 인식에 의해 비로소 확정적 인식 즉 유분별有分別이 된다.

(2) 마음의 작용

앞에서 전前 5식의 감성적 인식은 심尋과 사伺를 본질로 한다고 하였는데, 여기서 '심'이란 뭔가를 추구하려고 하는 의식작용을, '사'는 뭔가를 살펴보려고 하는 의식작용을 말한다. 또한 제6의식의 오성적 인식은 '혜'를 본질로 한다고 하였는데, 여기서 '혜'는 마음의 판단작용을 말한다. 이를테면 앞의 1장에서 아비달마의 본질을 무루혜라고 하였는데, 그 때의 '혜'는 불타의 예지를 이해 판단하게 하는 작용으로, 그것은 더 이상 번뇌를 수반하지 않기 때문에 무루이다.

그런데 기이하게도 유부에서는 이 같은 마음의 작용(혹은 의식작용)을 마음과는 별도의 존재로서 이해하고 있다. 판단을 비롯한 지각·표상·의사, 나아가 탐욕·미움·분노 등의 마음의 온갖 작용은 각기 개별적인 실체로서 마음과 동시에 생겨나는 것인가, 아니면 다만 마음의 시간적 변이일 따름인가?

상식적으로 생각할 때, 지각·표상·판단 등을 의미하는 수·상·혜 등의 작용과 마음의 인식(즉 了別) 작용은 다 같이 의식작용이라는 점에서 어떠한 차별도 인정되지 않으며, 따라서 그것들은 각기 시간을 달리하여 순차적으로 일어나는 일련의 인식과정일 뿐이다. 그런데 유부에서는 마음과 마음의 작용을 완전히 개별적인 존재로 간주하여 동시생기(이를 俱生 혹은 俱起라고 함)한다고 주장한다.

유부 제법분별론에 따르는 한, 유위 제법은 각기 개별적 실체이기 때문에 그러한 제법의 동시생기는 불가피한 일이다. 왜냐하면 제법은 각기 자기만의 고유한 특성과 작용을 지니고 있기 때문에 하나의 인식이 완전하게 이루어지기 위해서는 그것들이 동시에 생겨나야만 하는 것이다. 다시 말해 그것들이 동시생기하지 않고 계기繼起한다면, 각각의 작용은 찰나에 생멸生滅하기 때문에 산괴散壞하여 하나의 완전한 인식을 이룰 수 없게 되고 마는 것이다.15)

---

15) 이에 반해 경량부에서는 이 같은 지각·표상·판단 등의 객관적 실재성을 부정하고, 그것들은 모두 시간을 달리하는 마음의 상속이 전변하여 차별된 상태로 이해하고 있다.(졸저, 《유부 아비달마와 경량부철학의 연구》, 경서원, 1994, pp.154~160 참조)

불교에서는 이러한 마음의 작용을 심소心所라고 하는데, 이 말은 '마음에 소유된 것'이라는 뜻이다. 이에 대해 마음을 심왕心王이라고도 한다. 말하자면 신하는 왕에게 소유되어 있지만(왕 또한 신하들에게 의지하여서만 존재할 수 있다), 각각이 맡은 소임을 다함으로써 왕으로 하여금 국정을 이끌게 하는 것이다. 그리고 사실상 이 때 왕이 하는 일은 아무 것도 없으며, 신하들의 각각의 소임을 전체적으로 통괄할 뿐이다.

이와 마찬가지로 마음은 단순히 대상을 전체적으로 파악하는 인식으로만 규정될 뿐 지극히 무내용적인 것이며, 지각 등 46가지로 산정되는 온갖 마음의 작용이 그에 수반하여 각기 자신의 개별적인 작용을 행함으로써 선악의 도덕적 내용까지 포함된 하나의 완전한 인식이 이루어지게 되는 것이다.

그런데 마음의 작용은 단순히 마음에 피동적으로 소유되어 있는 것이 아니라 다섯 가지 점에서 평등하게 관계한다(이를 5의평 등義平等이라 한다). 이 같은 마음과의 평등한 관계를 '상응相應'이라고 하는데, 그래서 마음의 작용을 심상응행법心相應行法, 줄여서 상응법이라고도 한다. 따라서 심소를 마음의 작용이라고 풀이할 경우, 그것은 마음 자체의 작용이 아니라 마음과 관계하여서만 비로소 작용하는 정신적 실체 내지 힘을 말한다.

그렇다면 그것은 마음과 어떻게 관계하는가? 마음의 작용은 마음과 동일한 근거, 동일한 대상, 동일한 형상을 지니고서 동일한 시간에 생겨나며, 또한 마음이 한 찰나에 하나의 존재만 생겨나듯이 마음의 작용 역시 각기 하나의 존재만 생겨난다.

예컨대 어떤 순간에 안근과 항아리를 근거로 하여 항아리의 형상을 띤 하나의 마음이 생겨났다면, 동일한 순간, 동일한 감관과 대상을 근거로 하여 동일한 형상을 띤 하나의 지각, 하나의 표상, 하나의 판단 등이 반드시 함께 생겨난다. 따라서 온갖 마음의 작용은 결코 단독으로 일어나는 것이 아니라 마음과 함께 일어나며, 마음 역시 자신의 고유한 작용(인식 즉 了別)을 이행하기 위해서는 반드시 마음의 작용을 수반해야만 한다.

그리고 마음이 일어나기 위해 수반 상응해야 하는 최소한의 마음의 작용은, 지각·표상 등과 같이 선·악 등 어떠한 성질의 마음과도 반드시 함께하는 이른바 대지법大地法이라 일컬어지는 10가지이며, 그것이 도덕적으로 선한 마음이 되기 위해서는 10가지 대선지법大善地法과, 지각에 선행하여 뭔가를 추구하려는 의식작용인 심尋과 사伺 등 도합 22가지의 마음의 작용과 상응해야 한다. 혹은 불선의 마음이 일어나기 위해서는 반드시 10가지 대지법과 6가지 대번뇌지법大煩惱地法, 두 가지 대불선지법大不善地法, 그리고 심·사와 상응하여 함께 일어나야 한다.

뿐만 아니라 여기에 그러한 제법 각각을 생겨나게 하는 힘인 생상生相과 마음의 상속 상에 획득하게 하는 힘인 득得 등의 불상응행법을 고려한다면 그 수는 훨씬 증가하게 될 것이며, 제법의 찰나생멸을 고려하게 될 경우 문제는 더욱 어렵게 된다. 유부 비바사사는 이같이 지극히 난해한 온갖 존재양태들의 관계에 대해 이렇게 탄식하고 있다.

온갖 마음과 마음작용의 각기 다른 상은 너무나 미세하여 그 하나하나의 상속을 이해하는 것도 어렵거늘 하물며 일 찰나에 동시 생기함에 있어서랴! 구체적인 형태를 지닌 약을 감관(혀)으로 파악하여 맛의 차별을 이해하기도 어려운데 하물며 어떤 구체적 형태도 갖지 않은 추상적인 존재를 오로지 관념만으로 파악함에 있어서랴!16)

이제 여섯 부류의 46가지로 산정되는 마음의 작용에 대해 이야기해 보기로 한다. 우리말로는 그 차별을 분명하게 드러내기가 몹시 어렵기 때문에 전통적인 한역漢譯 용어를 그대로 사용하기로 한다.

① 대지법大地法 : 여기서 '대(mahā)'는 '보편적인, 두루 함께하는'의 뜻이고, '지(bhūmi)'는 의식작용의 근거가 되는 마음을 말한다. 곧 대지법이란 선·불선·무기 등 일체의 마음과 두루 함께 일어나는 의식작용을 말한다. 여기에는 수受·상想·사思·촉觸·욕欲·혜慧·염念·작의作意·승해勝解·삼마지三摩地의 10가지가 있다.

먼저 '수'란 대상에 대해 나쁘다(苦), 좋다(樂), 나쁘지도 좋지도 않다(不苦不樂)고 지각하는 감수작용을, '상'은 사물의 형상이나 언어적 개념의 차별상을 파악하는 표상작용을, '사'는 마음으로 하여금 선·불선·무기를 조작하게 하는 의지작용을 말하는데, 이 세 가지는 5온 가운데 수·상·행온에 해당한다. '행(saṃskara)'이란 넓은 뜻으로 보면 유위의 현상세계를 조작하는

---

16) 《구사론》 권제4(앞의 책), p.163 ; 《입아비달마론》 권상(한글대장경176), p.534.

일체의 유위법을 의미하지만, 좁은 뜻으로 본다면 유정의 삶을 이끌어 가는(혹은 조작하는) 의지를 말하기 때문이다.

'촉'이란 감관과 대상과 의식의 화합을 말하는 것으로, 순수감각 정도의 의미이다. 참고로 이는 신근의 대상인 촉(aprastavya)과는 그 의미가 다르다. '욕'이란 뭔가를 하고자 하는 심리작용이며, '혜'는 판단작용, '염'이란 기억작용, 다시 말해 마음으로 하여금 대상을 기억하여 잊어버리지 않게 하는 의식작용을 말한다. '작의'는 주의·경각의 작용으로, 이것이 마음을 자극함으로써 대상으로의 관심을 기울일 수 있는 것이다. '승해'는 어떤 대상에 대해 그것을 인가하고 결정하게 하는 의식작용이다. 그리고 '삼마지(samādhi, 혹은 삼매)'란 마음을 어떤 한 대상에 전념 집중하게 하는 의식작용으로, 마치 뱀이 죽통竹筒에 들어가면 바로 펴지듯이 마음도 이 같은 삼마지에 의해 산란되지 않고 한결같게 된다는 것이다.

어떠한 마음(인식)도 그것이 생겨나기 위해서는 반드시 이러한 10가지 마음의 작용과 상응해야 한다. 예컨대 어떤 한 사물에 대한 인식이 이루어지기 위해서는 반드시 감관과 대상과 의식이 전제되어야 하는데, 일단 마음이 대상을 인식하려고 욕구(욕)해야 하고, 주의(작의)를 기울여야 하고, 집중(삼마지)해야 하고, 감관과 대상과 의식의 삼자가 관계(촉)해야 하고, 지각(수)·표상(상)·기억(념)·확인(승해)·판단(혜)해야 한다. 이 중 어느 한 가지라도 결여될 경우, 혹은 시간을 달리할 경우 인식은 일어나지 않는다.

그래서 유부 아비달마에서는 이러한 마음의 작용을 어떠한 마음과도 두루 함께 일어나는 법이라는 뜻의 '대지법'이라고 이름 하였던 것이다. 아울러 이와 동시에 마음은 선·불선·무기(선도 아니고 불선도 아닌 것) 중 어느 것으로 이끌어지게 되는데, 그것이 바로 '사(의지)'의 작용이다.

② 대선지법大善地法 : 대선지법이란 선한 마음과 두루 함께 일어나는 의식작용으로, 여기에는 신信·불방일不放逸·경안輕安·사捨·참慚·괴愧·무탐無貪·무진無瞋·불해不害·근勤의 10가지가 있다.

'신'이란 마음을 청정하게 하는 의식작용으로, 마치 물을 맑게 하는 구슬(淸水珠)로 말미암아 더러운 물이 깨끗하게 되는 것처럼, 이러한 작용으로 말미암아 4제諦와 3보寶 그리고 인과의 이치를 바로 믿게 된다. '불방일'은 마음으로 하여금 온갖 선법을 닦게 하는 의식작용이며, '경안'은 마음을 편안하게 하여 능히 선법을 감당할 수 있게 하는 의식작용이다.

'사'라고 하는 것은 마음의 평등성(평정), 이를테면 혼침(무기력)과 도거(약동)의 중정을 말한다. '참'은 계·정·혜의 공덕이 있는 자를 공경하는 것, 혹은 스스로에 대해 부끄럽게 여기는 의식작용이며, '괴'는 공덕이 있는 자의 꾸짖음이나 죄과에 대해 부끄럽게 여기는 것, 혹은 남에 대해 부끄럽게 여기는 의식작용이다.

'무탐'과 '무진'은 선근善根의 하나로, 대상에 대해 애착하지 않고, 유정에 대해 미워하지 않는 의식작용이다. 참고로 여기서 선근의 나머지 하나인 무치無癡를 언급하지 않은 것은, 이것은 '혜'를 본질로 하는 것으로, 대지법 즉 일체의 마음과 함께 일어나는 의식작용에 포섭되기 때문이다. 그리고 '불해'란 다른 이를 해코지하지 않게 하는 어질고 착한 성질의 의식작용을, '근'이란 모질게 노력하게 하는 성질의 의식작용을 말한다.

③ 대번뇌지법大煩惱地法 : 대번뇌지법이란 염오染汚한 마음과 두루 함께 일어나는 의식작용으로, 여기에는 치癡·방일放逸·해태懈怠·불신不信·혼침惛沈·도거掉擧의 6가지가 있다.

'치'란 어리석음으로, 무명無明 혹은 무지無智라고도 한다. '방일'은 불방일의 반대로, 마음으로 하여금 선법을 닦지 않게 하는 의식작용이다. '해태'는 '근'의 반대로, 선법에 대해 모질게 노력하지 않게 하려는 의식작용이다. '불신'은 '신'의 반대로, 마음을 청정하지 않게 하는 의식작용이다. '혼침'은 '경안'의 반대로, 마음을 무기력하게 하는 의식작용, 또는 마음으로 하여금 혼미하고 침울하게 하여 능히 선법을 감당할 수 없게 하는 의식작용을 말한다. 그리고 '도거'란 '사'의 반대로, 마음을 이리저리 날뛰게 하여 안정되지 못하게 하는 의식작용을 말한다.

이러한 여섯 가지 의식작용은 선도 아니지만 악도 아니다. 예컨대 무지하다고 하여, 선법을 닦지 않는다고 그를 나쁜 사람이라고 할 수 없는 것이다. 선도 아니고 악도 아닌 것을 '무기'라고 한다. 여기에는 다시 순수한 무기와 올바른 지혜가 생겨나는 것을 방해하는 무기가 있는데, 전자를 무부무기無覆無記라 하고, 후자를 유부무기有覆無記라고 한다.

참고로 염오한 마음은 무기이기는 하지만, 자아(에고)에 대한 믿음을 촉진시킨다는 점에서 유부무기이다. 항상 불선(즉 악)인

것은 다음의 대불선지법의 두 가지이다.

 ④ 대불선지법大不善地法 : 대불선지법이란 불선의 마음과 두루 함께 일어나는 의식작용으로, 여기에는 무참無慚과 무괴無愧 두 가지가 있다. '무참'은 '참'의 반대로, 계·정·혜의 공덕이 있는 자를 공경하지 않는 것, 혹은 스스로에 대해 부끄럽게 여기지 않는 의식작용을 말한다. '무괴'는 '괴'의 반대로, 공덕이 있는 자의 꾸짖음이나 죄과에 대해 부끄럽게 여기지 않는 것, 혹은 남에 대해 부끄럽게 여기지 않는 의식작용을 말한다.

 그렇다면 어떠한 이유에서 무참과 무괴만이 불선인가? 그것은 바로 수번뇌隨煩惱의 하나인 무참과 무괴에 의해 인과부정의 사견邪見과 인과도리에 미혹하는 무명無明이 생겨나기 때문이다. 즉 계·정·혜의 공덕이 있는 자를 공경하지 않거나 자신의 죄과에 대해 부끄럽게(혹은 두렵게) 여기지 않음으로써 악행이 괴로움의 과보를 낳게 하는 원인이라는 사실을 부정하고, 그에 따라 온갖 불선의 악행을 범하게 되는 것이다. 말하자면 죄를 짓고도 부끄러워하지 않는 것이 (혹은 두려워하지 않는 것이) 모든 악의 근원이라는 것이다.

 ⑤ 소번뇌지법小煩惱地法 : 소번뇌지법이란 염오한 일부의 마음과 함께 생겨나는 의식작용으로, 여기에는 분忿·부覆·간慳·질嫉·뇌惱·해害·한恨·첨諂·광誑·교憍의 10가지가 있다.

 '분'은 마음으로 하여금 분노하게 하는 의식작용, '부'는 자신의 허물을 은폐하게 하는 의식작용, '간'은 재물이나 진리(法)에 대해 인색하게 하는 의식작용, '질'은 다른 이의 좋은 일에 대해 기뻐하지 않게 하는 의식작용이다. '뇌'란 나쁜 일에 집착하여 다른 이의 충고를 받아들이지 않게 하는 의식작용을 말하며, '해'란 불해의 반대로, 다른 이를 핍박하게 하는 의식작용을, '한'이란 분노의 대상에 대해 원한을 갖게 하는 의식작용을 말한다.

'첨'이란 비뚤어진 마음의 작용으로, 이에 따라 자신의 뜻을 드러내지 않고서 남의 허물을 말하여 그를 미워하는 이로 하여금 기뻐하게 하며, 혹은 아첨하기 위해 거짓을 설하여 진실을 알지 못하게 한다. 그리고 '광'이란 타인을 속여 미혹되게 하는 의식작용이며, '교'라고 하는 것은 자신의 소유물에 집착하여 오만 방자해짐으로써 자신을 되돌아보지 않게 되는 의식작용을 말한다.

즉 이러한 의식작용들은 일체의 염오한 마음과 상응하는 것이 아니라 다만 무명과 상응할 뿐이며, 오로지 제6식과 상응하여 각기 개별적으로 나타나기 때문에 '소'번뇌지법이라고 한 것이다. 예컨대 앞서 언급한 대번뇌지법, 즉 염오한 마음과 두루 함께 나타나는 의식작용은 그 밖의 탐 등의 번뇌에 따라 항상 동시에 함께 일어나지만, 이러한 소번뇌지법은 스스로의 힘으로 일어나는 번뇌로서, 무명과 상응할 뿐 다른 번뇌와 함께 일어나는 일이 없다. 이는 근본번뇌에 따라 일어나는 수번뇌隨煩惱의 하나이기 때문에 3장 4-3) '지말번뇌로서의 수번뇌'에서 다시 논의하게 될 것이다.

⑥ 부정지법不定地法 : 부정지법이란 선·불선·무기의 어떠한 마음과도 함께 생겨날 수 있는 의식작용으로, 여기에는 심尋·사伺·수면睡眠·악작惡作·탐貪·진瞋·만慢·의疑 8가지가 있다.

'심'과 '사'는 마음으로 하여금 뭔가를 추구(尋求)하게 하고 살펴(伺察)보게 하려는 의식작용으로, 전자가 전5식과 상응하는 보다 거친 것이라면, 후자는 제6의식과 상응하는 미세한 것이다. 혹은 언어작용을 가능하게 하는 거칠고 미세한 의식작용이다.

'수면'은 마음을 흐리멍덩하게 하는 의식작용이며, '악작'은 그릇되게 행해진 일에 대해 후회하는 심리작용으로, 악행을 후회하는 것은 선의 악작이며, 그 반대는 불선의 악작이다. '탐'은 마음에 드는 대상에 대해 애착하는 의식작용이며, '진'은 마음에 들지 않는 대상에 대해 미워하는 의식작용이다.

'만'은 오만한 마음의 작용으로, 소번뇌지법의 '교'가 자신의 재산이나 미모 혹은 성품에 집착하여 자신을 되돌아보지 않는 것이라면 '만'은 그것이 다른 사람에 비해 뛰어나거나 열등하지 않다고 생각하여 잘난 체하는 것을 말한다.

따라서 여기에는 자기보다 열등한 이에 대해 자기가 뛰어나다고 하거나 동등한 이에 대해 동등하다고 생각하는 만慢, 자기와 동등한 이에 대해 자기가 뛰어나다고 하거나 뛰어난 이에 대해 동등하다고 생각하는 과만過慢, 자기보다 뛰어난 이에 대해 자기가 더 뛰어나다고 생각하는 만과만慢過慢, 5취온에 대해 그것을 '자기'라거나 '자기의 것'이라고 집착하는 아만我慢, 아직 뛰어난 덕성을 얻지 못하였으면서 이미 얻었다고 생각하는 증상만增上慢, 기예나 계율 등의 덕성이 자기보다 월등히 뛰어난 이에 대해 자기가 조금 열등하다고 생각하는 비만卑慢, 아무런 덕도 없으면서 덕이 있다고 생각하는 사만邪慢의 7가지가 있다.

그리고 '의'는 4제의 진리성에 대한 의심을 말한다.

이상과 같이 유부 아비달마에서는 마음과 마음의 작용, 나아가 여기서는 언급하지 않았지만 욕계·색계·무색계의 3계에 걸친 그것들의 상호관계에 대해 극단적이라 할 정도로 자세하게 분석하고 있다. 그 까닭은 무엇인가? 다만 한가로운 철학적 사색의 결과일 뿐인가?

어떤 이에게 분노(소번뇌지법의 하나)가 생겨났다고 하자. 그럴 때 분노는 어떻게 생겨나는 것인가? 그의 분노는 마음자체에 의해 조작된 것도 아니며, 자아에 의해 생겨난 것은 더더욱 아니다. 그것은 말 그대로 찰나생멸하는 마음의 상속 상에 분노가 획득된 상태로서, 분노는 어떤 대상에 대한 인식과 동시에 일어나기 때문에 수受·상想 등 인식의 보편적 작용인 대지법과 무참·무괴의 대불선지법, 그리고 대번뇌지법의 무명과 반드시 함께 생겨난다.17) 곧 분노가 일어나는 조건을 분석 관찰함으로써 비로소 그 같은 분노의 세계는 유위제법에 의해 조작된 세계로서, 항구적이지 않고 실체적인 것도 아니라는, 따라서 진실로 '나' 혹은 '나의 것'이 아니라는 판단(慧)을 이끌어낼 수 있는 것이다.

우리는 우리가 경험하는 세계가 단일하며, 영속적인 것이라고

---

17) 따라서 분노의 속박으로부터 벗어나기 위해서는, 그같이 제법의 인연화합에 의해 드러난 분노의 세계가 항구적이지도 않고 실체적인 것도 아니라는 예리한 판단(慧)을 통해 마음과 분노를 둘러싼 온갖 작용(10가지 대지법과 두 가지 대불선지법, 그리고 무명과 심·사)들의 동시생기의 고리 즉 다음에 설할 '득'을 끊어야 한다. 이를 이계(離繫)라고 하는데, 이에 대해서는 본서 4장 3-1) '견도'에서 논의하게 될 것이다.

믿는 성벽이 있다. 분노가 일어나 극에 달하면 '나'의 세계는 오로지 분노의 세계일 뿐이며, 그것은 항구적이라고 믿는다. 누구도 그것을 다만 스쳐 지나가는 일시적 감정이라고 여기지 않는다. 이는 분노가 소멸한 다음의 생각일 뿐이다. 그리하여 분노를 밖으로 표출하거나 그렇지 못할 경우 절망하며, 그로 인해 또 다른 세계를 경험한다. 그것이 윤회이다.

유부의 제법분별은 바로 세계란 단일하지도 항구적이지도 않으며, '나' 혹은 '나의 것'이 아니라는 판단을 낳기 위한 수습修習이며, 그 실천도道 또한 이 같은 사실의 통찰과 되새김에 지나지 않는다.

3) 불상응행법 – 마음과는 상응하지 않는 힘

이처럼 제법분별을 교학의 전제로 삼는 유부에 있어 유위의 현상세계를 구성하는 여러 조건들은 이것만이 아니다. 자재신과 같은 초월적 존재나 인식과 경험의 토대가 되는 자아와 같은 실체적 존재를 인정하지 않는 초기불교의 전통에 따라, 예컨대 '마음에 분노가 생겨났다'고 할 경우, 분노를 생겨나게 하는 힘, 분노를 마음의 상속상에 획득되게 하는 힘, 그리하여 그로 하여금 범부로 불려지게 하는 힘과 같은 추상적인 힘을 존재 범주의 하나로 설정하기도 하였다.

사실상 앞에서 분별한 물질이나 마음 등의 존재도 자신만의 고유한 특성과 작용을 갖고서 유위의 현상세계를 조작하게 하는 근거가 되기 때문에 힘이라고 할 수 있지만, 이 같은 힘은 물질도 아니고, 마음과 평등한 관계로서 상응하지도 않기 때문에 불상응행법不相應行法이라고 하는 것이다.

여기에는 득得·비득非得·동분同分·무상과無想果·무상정無想定·멸진정滅盡定·명命·생生·주住·이異·멸滅·명신名身·구신句身·문신文身의 14가지가 있다. 이는 말하자면 부분적으로 존재양태에 관한 관념을 추상화시켜 얻은 개념으로, 유부에서는 이를 하나의 개별적인 실체 즉 법으로 파악하고 있는 것이다.[18]

(1) 득得과 비득非得

'득'이란 유정들로 하여금 자신이 상속한 유위제법이나 택멸·비택멸의 무위법을 획득·성취하게 하는 힘을 말한다. 즉 유부에서는 유정들로 하여금 업의 과보를 얻게 하여 3계界·5취趣 내지 범부와 성자 등의 차별을 존재하게 하는 힘으로서 '득'이라고 하는 개념을 설정하여, 이를 개별적 실체(別法)로 간주하였다. 만약 이러한 힘의 실재성을 부정할 경우, 범부와 성자의 차별은 물론 번뇌의 이단已斷·미단未斷을 구별할 수도 없게 되기 때문이다. 말하자면 번뇌단멸(즉 離繫)의 획득은 그것을 획득하게 하는 힘이 전제되어야 하는 것이다.

-----
[18] 이에 반해 경량부에서는 이를 다만 소의신(所依身)의 상속상에 나타나는 여러 상태를 개념적으로 가설한 것(prajñapti)에 불과한 것으로 이해하였고, 세친도 대체로 이에 동조하고 있기 때문에 《구사론》(권제4-5)상에서는 불상응행법의 실재·비실재의 문제에 대한 유부와 경량부 사이의 많은 양의 대론이 이루어지고 있다.

'비득'은 '득'의 반대개념으로, 획득하지 못하게 하는 힘이다. 이를테면 범부는 무루법의 비득을 본질로 하는 유정을, 성자는 유루법의 비득을 본질로 하는 유정을 말한다.

이 같은 논의는 일견 말장난같이 들릴지 모르지만, 제법의 실유와 동시생기를 주장하는 유부로서는 불가피한 일이었다. 예컨대 분노라고 하는 의식작용은 여타의 의식작용과는 다른 그 자신만의 고유한 특성을 갖는 개별적이고도 객관적 실체로서, 분노가 생겨났다고 하는 것은 미래의 그것이 마음의 상속상에 획득되었다는 말이며, 소멸하였다고 하는 것은 그 자체가 소멸한 것이 아니라 비득에 의해 마음이 그것의 속박으로부터 벗어났다는 말이기 때문이다. 그래서 우리는 보통 '번뇌를 끊었다'고 말하는 것이다.

이에 대해 경량부에서는 '득'이란 다만 유정의 다양한 차별의 상태를 가설한 것이라고 하면서 종자상속의 전변과 차별설로써 번뇌의 이단과 미단을 해명하고 있다.

(2) 동분同分

'동분(혹은 衆同分)'이란 유정을 유정이게끔 하는 동류 상사성 즉 보편성을 말한다. 온갖 유정들이 각기 유정으로 알려지는 것은 그것을 유정이게끔 하는 어떤 보편적인 힘이 작용하고 있기 때문일 것인데, 유부에서는 그것을 '동분'이라고 하는 개별적 실체로 간주하고 있는 것이다.

여기서 '분'이란 원인의 뜻이다. 예컨대 소를 축생이라 하고, 갑돌이를 인간이라고 할 때, 그들은 각에 축생과 인간으로서의 공통된 원인(즉 보편성)을 갖기 때문에 그렇게 불려지는 것이다.

동분에는 무차별동분과 유차별동분이 있는데, 전자가 일체의 유정을 유정으로서 동등하게 하는 존재라면, 후자는 일체의 유정을 각기 3계界·5취趣·범성(凡聖)·남녀 등의 유정으로 차별되게 하는 존재이다.

즉 유부에서는, 이러한 법이 존재하지 않으면 개별적인 유정을 보편적 존재로밖에 인식할 수 없으며, 따라서 한정적인 언표도 불가능하기 때문에 이를 불상응행의 개별적 실체로 간주한 것이다. 그러나 경량부에서는, 동분이라 함은 유위제법의 동류 상사성을 일시 가설한 개념에 지나지 않는 것이라고 하였다.

(3) 무상과無想果와 무상·멸진정滅盡定

'무상과'란 마치 제방이 강물의 흐름을 일시 막는 것처럼 마음의 상속을 일시(500대겁) 끊어지게 하는 힘으로, 이는 무상정無想定을 닦아 색계 제4정려의 세번째 하늘인 광과천廣果天 중에 태어날 때 획득하게 된다. 무상정과 멸진정(또는 滅受想定) 역시 마음과 마음의 작용을 소멸하게 하는 힘으로, 전자가 무상無想 그 자체를 참된 해탈로 여기는 범부와 외도들이 제4정려에서 닦는 선정이라면, 후자는 마음의 산란을 떠나 고요히 머물기를 원하는 성자들이 비상비비상처非想非非想處에서 닦는 선정이다.[19]

---

19) 무상정은 왜 제4정려에만 존재하는가? 제4정려 이하에는 희수(喜受)·낙수(樂受)·고수(苦受)·우수(憂受) 등이 거칠게 작용하여 마음을 소멸하기 어렵지만, 제4정려에는 오로지 그 행상이 미세한 사수(捨受)만이 존재하여

그런데 만약 이러한 힘의 실재성을 인정하지 않을 경우, 무엇으로써 마음의 소멸을 설명할 수 있을 것인가? 마음으로 하여금 하나의 대상에 전념하게 하는 것은 '삼마지'이지만, 그것 역시 마음의 작용(10대지법의 하나)이기 때문에 그것에 의해 무심의 상태는 끝내 획득될 수 없는 것이다.

그렇다면 이러한 무심정에서 출정出定할 때, 어떻게 다시 유심의 상태로 상속할 수 있게 되는가? 유부에 의하면, 입정전의 마음이 등무간연等無間緣이 되어 출정 후 바로 마음을 일으킨다.

이에 대해 경량부에서는 두 가지 무심정은 실재하는 것이 아니라 마음이 일시 상속하지 않는 상태를 그렇게 가설한 것에 불과하며, 출정 후의 마음은 과거 입정전의 마음에 의하는 것이 아니라 신체상에 훈습된 마음의 종자로부터 상속한다는 색심호훈설色心互熏說을 주장하였다. 한편 세우世友는 멸진정 중에서도 미세한 마음이 존재한다는 세심설細心說을 주장하기도 하였는데, 이는 대승 유식唯識의 선구로 이해되기도 한다.

(4) 명근命根

명근이란 유정들로 하여금 일생 동안 그들의 생존을 가능하게 하는 힘으로서, 바로 목숨을 말한다. 곧 목숨이 있어 체온과 의식

마음을 소멸하기가 용이하기 때문이다(본서 4장 5-3)-(1) '4정려' 참조). 또한 무색정의 경우, 무색계의 범부와 외도들은 색도 존재하지 않는데 마음마저 끊어지게 되면 바로 사멸하는 것이 아닌가하여 두려워하기 때문에 멸진정을 추구할 수 없지만, 성자는 그렇지 않기 때문에 유정계의 가장 꼭대기[有頂]인 비상비비상처에서 일체 심작용의 소멸을 추구하는 것이다.

이 능히 유지되는 것이며, 또한 목숨은 체온과 의식에 의해 유지된다.

이처럼 세 가지는 서로의 조건이 되지만, 의식은 업의 이숙과도 아니며, 또한 무색계에는 체온이 존재하지 않기 때문에 거기서 의식은 업이나 체온에 의해 유지된다고 할 수 없다. 그래서 유부에서는 의식의 상속을 가능하게 하기 위한 힘으로서 목숨이라는 개별적 실체를 인정하지 않을 수 없었던 것이다.

이에 대해 경량부에서는, 명근이란 예컨대 시위를 떠난 화살이 그 힘이 다해 떨어질 때까지 갖는 세력과 같은 것으로, 일찍이 3계에서 지었던 업에 의해 산출된 동분이 머무를 때까지의 세력을 개념적으로 가설한 것에 불과하다고 하였다.

(5) 유위 4상相

생生·주住·이異·멸滅의 4상이란 유위의 제법을 생멸 변천하게 하는 힘으로서, 능히 생겨나게 하는 힘을 '생'이라고 하며, 능히 지속하게 하는 힘을 '주', 쇠퇴하게 하는 힘을 '이', 괴멸하게 하는 힘을 '멸'이라고 한다. 곧 생성 소멸하는 현상의 세계는 바로 이 같은 특성을 갖는 유위의 제법이 인연화합한 것이기 때문에 유위이며, 반대로 이러한 네 가지 특성을 갖지 않은 것은 무위이다.

그런데 경전에서는 보통 주상을 제외한 3상을 설하고 있다. 왜냐하면 이를 설할 경우, 이에 집착하여 유위의 세계로부터 벗어나지 않으려고 할 것이며, 또한 시간적 제약을 떠난 상주常住의 무위법과 혼동되기 때문이다.

어쨌든 어떤 한 존재가 유위인 이상 거기에는 이 같은 네 가지 특성이 갖추어져 있다고 하지 않으면 안 된다. 일체의 유위법은 찰나에 생성하고 소멸하는 것이다. 그러나 상식적으로 생각할 때, 생성과 소멸은 동시에 일어날 수 없다. 이에 대해 유부에서는 4상의 작용은 서로 상반될 수 있으나 작용의 결과는 어떤 하나의 실제적인 사실로 귀결되기 때문에 동시에 존재하는 것이라고 말할 수 있다고 해명한다.

예컨대 원한을 품은 세 사람이 밀림 속에 숨어 있는 원수를 해치기 위해 한 사람(즉 生相)은 그를 밀림(즉 미래) 밖으로 나오게 하고, 한 사람(異相)은 그의 힘을 소진시켜 쇠퇴하게 하고, 또 한 사람(滅相)은 그를 죽였을 경우, 이 때 피해자(즉 법)은 소멸하기 위해 출현하는 것이고, 따라서 존재의 순간은 바로 그렇게 작용된 순간을 말한다. 다시 말해 찰나란 어떤 한 존재가 나타나 소멸하는 순간을 말한다는 것이다.

한편 이러한 유위 4상도 결국 유위법이기 때문에 그것을 생겨나게 하고 괴멸하게 하는 또 다른 4상이 요구되며, 마침내 무한 소급에 빠지게 된다. 이에 대해 유부에서는 그러한 유위 4상(이를 本相이라고 함)의 생성 내지 소멸을 가능하게 하는 힘으로서 생생生生・주주住住・이이異異・멸멸滅滅의 4가지 수상隨相을 설하여 그 같은 난점을 피하고 있다.

즉 본상인 생상은 생겨날 법과 자신을 제외한 세 가지 본상 그리고 네 가지 수상에 대해 작용하며, 수상인 생생상은 오로지 본상인 생상에 대해서만 작용한다. 다시 말해 생생상은 그것을 낳게 하는 또 다른 수상인 생생의 생상을 필요로 하지 않으며, 그것은 오로지 본상인 생상에 의해 낳아진다. 따라서 어떤 존재가 생겨날 때 거기에는 4상이 함께 생겨나며, 동시에 그러한 생·주·이·멸을 가능하게 하는 네 가지 수상도 함께 생겨나야 하는 것이다.

이 같은 논의는 제법분별에 따른 필연적 귀결이라 할 수 있다. 그러나 경량부의 견해는 보다 유연하다. 그들에 의하면 유위 4상이란 제법의 변화 상속의 상태를 일시 가설한 개념에 불과한 것으로, 심신을 구성하는 제법이 일찍이 없었다가 지금 생겨난 것을 '생'이라 하고, 있다가 없어지는 것을 '멸'이라 하며, 상속의 중간으로 전찰나에 따라 후찰나가 일어나 상속이 끊어지지 않는 것을 '주'라고 하며, 이 같은 상속의 전후차별을 '이'라고 하였다. 곧 제법을 생성하고 소멸하는 힘은 바로 인연의 힘으로, 생상이 별도로 존재하지 않더라도 인연만 화합하면 제법은 생겨나며, 인연이 결여되면 생겨나지 않는다는 것이다.

(6) 명名·구句·문文의 3신身

유부에서는 이 밖에도 말(소리)의 의미를 드러나게 하는 힘으로서 명·구·문의 3신을 설하고 있는데, 여기서 '신(kāya)'이란 집합의 뜻이다.

여기서 '명'이란 물질·소리·향기 등과 같은 명사적 단어로서, 이는 그 개념을 떠올리게 하는 힘을 갖고 있다. 이를테면 '꽃'

이라고 하는 말을 설함으로써 그 이미지를 표상하게 되는 것이다. '구'란 '제행은 무상하다'와 같은 문장을 말하는데, 이는 하나의 의미체계를 완전하게 표현한 것으로, 이것에 의해 동작·성질·시제 등의 관계가 이해된다. '문'이란 ㄱ ㄴ ㄷ 혹은 ㅏ ㅑ ㅓ 와 같은 음소를 말한다. 그리고 이러한 존재의 집합을 각기 명신 등이라고 한 것이다.

즉 유부에서는 이러한 존재가 개별적으로 실재함으로 해서 어떤 말(소리)의 의미체계가 이해될 수 있다고 하였다. 이른바 명현론名顯論으로 알려지는 유부의 논의에 따르면, 말(소리)에 의해 '명'이 생겨나며, 명에 의해 그 의미가 드러난다.

예컨대 말소리(語音, vac)에 의해 '불'이라는 말(名, 즉 단어 nāma) 등이 생겨나며, 불이라는 말 등에 의해 그 의미(義, artha)가 드러나는 것으로, 말소리가 바로 의미를 드러내는 것이 아니다. 그리고 여기서 '드러난다'고 함은 드러내야 할 의미 대상에 대해 그것과는 다른 별도의 관념이나 지식(智, buddhi)을 낳는 것을 말하며, 청자는 바로 그 같은 지식을 통해 대상의 의미를 간접적으로 획득할 수 있다.[20]

곧 '명' 등은 말소리를 통해 생겨나는 것으로, 마치 지식이 그 의미의 형상을 띠고 나타나듯이 말(소리)의 의미(대상 자체의 의미가 아님)를 드러내게 하는 것이 바로 명·구·문이다. 따라서 만약 이 같은 존재가 실재하지 않는다면, 능히 말(소리)의 의미를 드러낼 수가 없어 인식도 경험도 불가능하게 되고 만다는 것이다.

---

20) 《입아비달마론》 권하(한글대장경176), pp.548~549; (대정장28, p.987하).

그러나 경량부에서는 이 또한 개념적 존재로서만 인정한다. 단어나 문장 등은 말(소리)을 본질로 삼는 것으로, 이근耳根의 대상이다. 따라서 그것은 색법에 포섭된다. 곧 단어란 어떤 의미체계가 미리 약속되어진 음성으로 음소의 집합일 뿐이며, 그러한 음성의 특수한 배열이 문장이기 때문에 그것들은 개별적인 실체가 아니다. 예컨대 벌을 떠나 벌의 행렬이 있을 수 없듯이, 단어를 떠나 문장이 있을 수 없다. 그리고 단어는 궁극적으로 음소의 집합이며, 나아가 음소는 글자로 표기하기 위해 만들어진 기호일 뿐이라는 것이다.

4) 무위법無爲法

아비달마불교에서 세계란 궁극적으로 자재신에 의한 것도 아니며, 우연의 산물도 아니다. 그것은 다만 의식적이든 무의식적이든 자신의 의도(욕망)에 따라 경험된 세계로서, 앞서 논의한 제법이 원인과 조건(즉 인연)에 따라 화합함으로써 생겨난 것이다. 그것은 온갖 조건의 일시적 화합에 의해 생겨난 것이기에 영원하지 않으며, 영원하지 않기에 불안하다.

세계란 찰나생멸하는 제법의 끊임없는 연속이다. 문득 스쳐 지나가는 즐거움의 세계 또한 항구적이지 않기에, 그래서 불안하며 고통스러운 것이다. 오늘의 젊음은 내일을 보장할 수 없으며, 오늘의 행복 뒤에는 내일의 절망이 도사리고 있다. 우리가 경험하는 일체의 현실세계는 괴로움이다. 따라서 초기불교 이래 불교의 이상은 그 같은 괴로움이 소멸된 세계 즉 열반이며, 그것이 바로 무위이다.

무위(asaṃskṛta)의 문자적 의미는 더 이상 어떤 조건(인연)에 의해 조작(생성)되지 않은 것, 따라서 더 이상 소멸하지도 않는 것이라는 뜻이다. 그런데 부파불교 시대에 이르면, 무위의 개념이 보다 확대되어 경험의 세계를 생성시키는 온갖 존재들의 사슬이 끊어진 불사不死 감로甘露의 세계인 열반을 포함하여 생성과 소멸로부터 벗어난 존재, 인과적 제약으로부터 벗어난 존재, 아직 생겨나지 않은 존재, 경험되지 않은 존재, 말할 수 없는 존재, 나아가 이법理法의 진리까지도 포함하게 되었다.

이를테면 현실세계의 탐구를 위주로 하는 상좌부계에서는 불변의 세계인 무위를 자신들의 세계관에 주된 요소로 보지 않은 데 반해, 이상세계의 탐구를 위주로 한 대중부계에서는 무위에 이법의 진리도 포함시키고 있다. 따라서 상좌부에서는 경험세계의 근본 동인이라고 할 수 있는 탐·진·치의 소멸 자체인 열반 한 가지를, 유부에서는 여기에 그들 교학의 이론적 귀결로서 설정된 비택멸非擇滅과 허공虛空을 더한 세 가지 무위를 설한 반면, 대중부계에서는 이를 더욱 확장하여 택멸·비택멸·허공·공무변처·식무변처·무소유처·비상비비상처·연기지성緣起支性·성도지성聖道支性의 9가지 무위를 설하고 있다.[21]

---

21) 이를테면 택멸 즉 열반을 불생불멸의 무위라고 본다면, 그러한 경계와 상당히 유사한 공무변처에서 비상비비상처에 이르는 4무색정 역시 무위일 것이며, 또한 법계(法界)에 상주하는 만고불변의 진리로 논의된 연기법, 깨달음의 필연적 근거인 성도(聖道) 역시 무위라고 하지 않을 수 없었을

혹은 대승의 유식에서는 유부의 세 가지 무위에 부동不動·상수멸想受滅·진여眞如의 세 가지를 더한 6가지 무위를 설하고 있다. 그러나 이는 유위제법, 이를테면 번뇌와 공간적 점유성을 지니는 물질, 고수苦受와 낙수樂受, 상想과 수受 등의 심소를 단멸할 때 나타나는 차별일 뿐 그 본질은 진여이다.

유부의 세 가지 무위법에 대해 간단히 살펴보면 다음과 같다.

첫번째 허공虛空이란 절대공간을 말한다. 유부에 의하면, 시간은 사물(유위세간)의 변화상에 근거하여 설정된 개념에 불과하지만, 공간은 그 자신 공간적 점유성을 지니지 않아 점유성의 물질로 하여금 운동하게 하는 근거로서, 그 자체 불생불멸이기 때문에 무위라고 하는 것이다. 여기서 한 가지 유념해야 할 사실은, 지地·수水·화火·풍風·공空·식識의 6계界 중의 공계와 허공은 다르다는 점이다. 즉 무위법으로서의 허공은 절대공간이지만, 공계는 구멍이나 틈과 같은 명암을 본질로 하는 한정된 공간으로 유위법이기 때문이다.

두번째 택멸擇滅이란 초기불교 이래의 열반을 말한다. 우리는 대개 우리에게 경험된 세계를 항구적이고, 자재신이나 자아와 같은 어떤 영속적이고도 단일한 실체에 근거한 것이라고 믿는 경향이 있다. 이는 무지에서 비롯된 아집과 집착으로, 일체의 괨로움은 여기서 생겨난다.

곧 열반이란, 세계는 다수의 원인과 조건에 의해 조작된 것이

....

것이다.(木村泰賢,《소승불교사상론》, 동경 대법륜각, 1977, 4판, pp.173~176 참조)

기 때문에 궁극적으로 무상하고 괴로우며, 실체성이 없는 것이라는 존재본성에 대한 통찰을 통해 무지와 집착 등의 일체의 번뇌와 그것에서 비롯되는 존재의 속박으로부터 벗어난 상태(이를 離繫라고 한다)를 말한다. 그리고 이 같은 번뇌소멸의 열반은 4제諦의 진리성을 이해 간택簡擇하는 무루의 지혜에 의해 증득되기 때문에 '택멸'이라고 하였다. 이는 더 이상 유위제법에 의해 조작된 세계가 아니기 때문에 무위이다.

세번째 비택멸非擇滅이란 말 그대로 무루의 지혜에 의하지 않고 저절로 획득하는 열반을 말한다. 유부의 이론에 따르면, 일체의 존재는 과거·현재·미래 삼세에 걸쳐 실재하며, 미래법은 일정한 조건이 갖추어질 때 현현(현재)하지만, 그 같은 조건을 결여한 그것은 잠세태潛勢態로서 영원히 미래세에 머물게 된다. 이를 연결불생법緣缺不生法, 혹은 필경불생법畢竟不生法이라고 하는데, 이것은 생겨나지 않았기 때문에 소멸하지도 않는다. 따라서 불생불멸인 이것도 일종의 무위법으로 일컬어지게 된 것이다.

그런데 유부에서는 다른 유위제법과 마찬가지로 무위법 역시 존재론적인 의미로 해석하여 객관적이고도 개별적으로 실재하는 것으로 간주하였다. 이 같은 유부의 입장에 대해 경량부에서는, 접촉되어지는 물질의 비존재, 지혜에 의한 번뇌의 불생不生과 그로 인한 다음 생(後有)의 비존재, 자연적이고도 본래적인 생기의 비존재를 각기 허공, 택멸, 비택멸이라고 가설한 것일 뿐이라고 주장하였다. 그들은 다음과 같이 말하고 있다.

"일체의 무위는 각기 자기만의 고유한 특징과 작용을 갖는 색

色이나 수受 등과 같은 개별적인 실체가 아니니, 이것들은 그 자체로서 존재하는 것이 아니기 때문이다."[22]

4. 제법의 상호포섭 관계

이상 초기불교 이래의 일반적인 존재분석 방법이었던 12처·18계·5온과, 이를 계승하여 보다 발전시킨 유부 아비달마에서의 5위 75법에 대해 논의하였다. 이제 이러한 각각의 분별이 어떻게 서로 관계하는지에 대해 간략히 살펴보기로 하자.

앞에서 온·처·계의 세 갈래는 근기에 따른 분별이라고 언급한 바 있지만, 사실상 어떠한 갈래도 광협廣狹의 차이가 있을 뿐 그 자체로서 완전한 분별이라 할 수 있다. 다만 5온의 경우, 그것은 물질 내지 마음이 적집된 것이라는 뜻이기 때문에, 혹은 유루의 5취온取蘊은 미혹한 세계의 근거가 되고 무루의 5온은 깨달음의 세계의 근거가 되기 때문에, 적집될 수도 없고 어떠한 세계의 근거도 되지 않는 무위법과는 관계없다. 유부에 따르는 한, 무위법은 물질 내지 마음 어디에도 포섭되지 않기 때문이다.

따라서 온·처·계의 세 가지 분별이 일체법의 분류라고 할 때, 5온은 다만 일체 유위법에 대한 분류법일 뿐이며, 12처와 18계는 무위를 포함한 그야말로 일체법에 대한 분류법이라고 할 수 있다.

....
22) 《구사론》 권제6(앞의 책), p.303.

보다 발전된 분류법인 5위에 따라 일체법을 분별해 보자.

먼저 색법은 5온 중의 색온과, 12처 중의 의처意處와 법처法處를 제외한 10처와, 18계 중의 의계意界와 법계法界 그리고 6식계를 제외한 10계에 해당한다.

심법은 5온 중의 식온과 12처 중의 의처, 18계 중의 의계와 6식계에 해당한다.

심소법 중 대지법인 '수'와 '상'은 5온 중의 수·상온에 해당하지만, 그 밖의 심소법은 행온에 포섭된다. 모든 심소법은 마음과 평등한 관계로서 상응하는 존재 즉 상응행법相應行法이기 때문에 사실상 행온에 포섭되지만, '수'와 '상'은 인식과 이에 따른 번뇌 및 생사 윤회의 근본이 되기 때문에 별도로 설정한 것이라고 아비달마 논사들은 이해하였다. 그리고 '수'와 '상'을 비롯한 일체의 심소법은 12처 18계 중에서 각기 법처와 법계에 포섭된다. 즉 심소법은 마음에 수반되어 인식(了別)을 가능하게 하고 마음의 성격을 규정하는 힘으로, 비감각적 대상이기 때문이다.

마찬가지로 불상응행법은 행온과 법처와 법계에 포섭된다.

무위법은 앞서 언급한 대로 5온에는 포섭되지 않으며, 다만 법처와 법계에 포섭될 뿐이다.

참고로 색법과 색온에 포섭되는 무표색의 경우, 감관을 통해 파악되는 구체적인 물질이 아니기 때문에 법처와 법계에 포섭된다.

이상의 설명을 도표로 나타내면 다음과 같다.

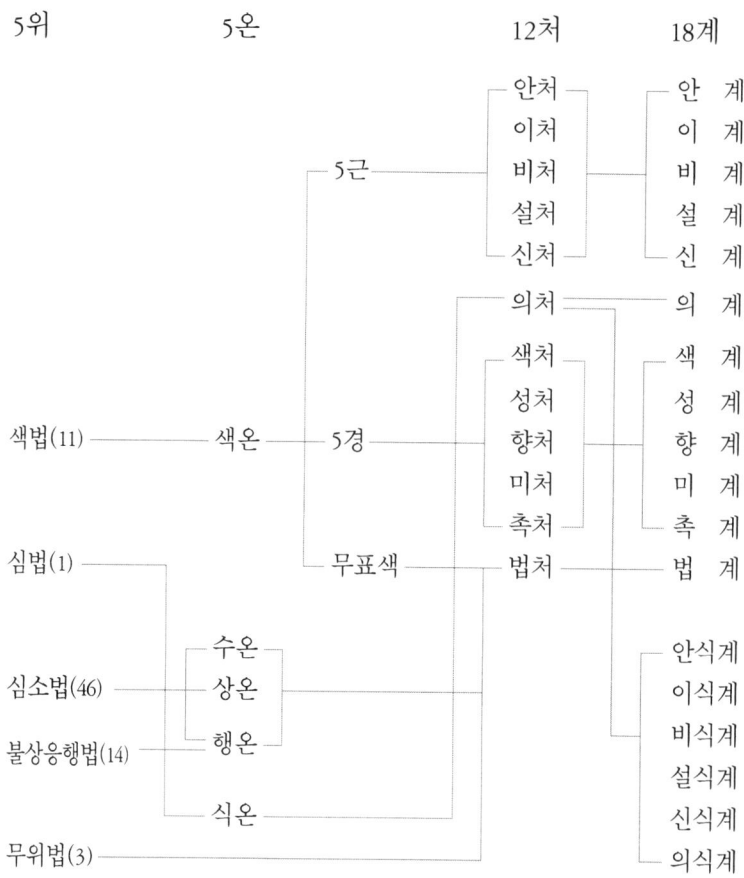

5. 제법의 삼세실유

우리가 설일체유부說一切有部의 교학과 만나게 될 때 무엇보다 먼저 당혹스러운 점은, 이미 그들의 부파 명칭에서 드러나고 있듯이 그들이 앞서 분별한 일체 제법의 삼세실유를 주장하였다는 사실이다. 흔히 이 부파의 기본명제로 일컬어지는 '삼세실유三世實有 법체항유法體恒有'는 원래 서로 이어진 대구가 아니며, 일본의 응연凝然이 편찬한《팔종강요八宗綱要》에 나타나는 말이지만, 고래로 유부교학을 규정하는 명제로 회자되어 왔다. 불타는 분명 무상과 찰나멸을 설하였는데, 어째서 삼세가 실유이고 법체가 항유라는 것인가?

여기서 잠시 유부교학에서의 시간관에 대해 살펴보면, 시간(kāla)이란 객관적으로 독립된 실체, 이른바 '법'이 아니라 다만 생멸변천하는 유위제법에 근거하여 설정된 개념일 뿐이다. 이것은 아비달마불교 뿐만 아니라 불교일반의 일관된 시간관이다. 시간은 어디에 존재하는가? 우리는 무엇을 통해 시간의 존재를 확인하는가? 시계인가? 그렇다면 시계가 생겨나기 전에는 시간이 존재하지 않았는가? 우리는 다만 해가 뜨고 짐에 따라, 달이 차고 기움에 따라, 나뭇잎이 움트고 낙엽이 짐에 따라 시간이 흘러감을 안다.

《구사론》〈세간품〉에서는 시간의 단위로서 찰나刹那(kṣaṇa)・달찰나怛刹那(tatkṣaṇa; 120찰나)・납박臘縛(lava; 60달찰나)・모호율다牟呼栗多(muhūrta; 30납박)・하루(30모호율다)・한달(30일)・일년(12달), 나아가 우주가 생겨나 소멸하여 허공이 되는 시간인 대겁大劫을 설하기도 하지만, 그것은 다만 세간의 변화를 규정한 개념에 불과하다. 다시 말해 그것들은 모두 5온을 본질로 한다.[23]

....
23)《구사론》권제12(앞의 책), p.559.

이처럼 세간에서의 시간은 유위제법을 근거로 한 것이기 때문에 세로世路라고 하는데, 그것은 바로 유위의 이명異名이다.[24] 따라서 삼세실유는 바로 과거·현재·미래로 변이하는 유위제법의 실유를 의미하며, 그것은 결국 법체항유와 다른 말이 아니다.

그렇다면 유부에서는 어떠한 근거에서 앞서 분별한 일체 제법이 실유라고 주장하게 된 것인가? 그들은 네 가지 근거를 들고 있는데, 두 가지는 경전상에서의 근거이고, 두 가지는 이론적 근거이다.

첫째, 부처님께서 "과거의 색에 대해 집착하지 말고, 미래의 색에 대해 즐겨 추구하지 말라"고 말씀하였기 때문이다. 이는 즉 과거와 미래의 색이 존재하기 때문에 그렇게 말한 것으로, 만약 그것이 존재하지 않는다면 집착하고 즐겨 추구하는 일도 없어야 하기 때문이다.

둘째, 또한 역시 "인식은 반드시 두 가지 조건(감관과 대상)에 의해 생겨나기 때문이다"고 말씀하였기 때문이다. 앞에서 언급한 것처럼 안식은 안근과 색경을 근거로 하여 생겨나며, 의식은 전 찰나의 마음인 의근과 비감각적 대상인 법경을 근거로 하여 생겨난다. 따라서 만약 과거나 미래의 법이 존재하지 않는다고 한다면, 인식의 필수조건인 대상이 결여되어 그것에 대한 인식은

---

[24] 일반적으로 유부 아비달마에서는 실재적 시간을 의미하는 kāla(時)라는 말을 피하고 변천 변이의 뜻인 adhvan(世, 혹은 世路)이라는 말을 사용한다.(Th. 체르바스키,《소승불교개론(*The Central Conception of Buddhism and the Meaning of the Word "Dharma"*)》, p.102, 경서원, 1986) 즉 유위법은 무상 변천하여 시간[世]의 근거[路]가 되기 때문에 '세로'라고 한 것이다.

일어나지 않아야 한다.

　셋째, 인식이 일어나기 위해서는 반드시 그 대상이 존재해야 하기 때문이다. 이는 두번째의 경증을 이론화한 것으로, 유부교학의 전제라고 할 수 있다. 그들에 의하면 대상 없는 인식은 존재하지 않는다. 세계란 알려진(경험된) 것이고, 앎의 근거가 이른바 '법'이었다. 따라서 그것은 객관적으로 실재하는 것이라야 한다. 예컨대 사랑하는 마음은 사랑하는 어떤 대상 없이는 일어날 수 없으며, 미워하는 마음 또한 그러하다. 마찬가지로 과거의 법은 이미 지나가 버렸기 때문에, 미래의 법은 아직 오지 않았기 때문에 존재하지 않는 것이라고 한다면, 과거를 추억하고 미래를 예측하는 마음은 생겨나지 않아야 한다는 것이다.

　넷째, 선행된 행위는 반드시 그 결과를 산출하기 때문이다. 만약 현재의 법만이 실재하고 과거와 미래의 법이 존재하지 않는다면, 업의 인과설에 모순이 생겨나게 된다. 즉 과거의 법이 실재하지 않는다면, 과거로 지나가 버린 선악업은 이미 소멸해 버렸으므로 현재 아무런 결과도 산출하지 못할 것이며, 현재 감수하고 있는 괴로움 등의 결과도 그 원인이 되는 선행된 행위가 없이 생겨났다고 해야 할 것이다.

　또한 미래의 법이 실재하지 않는다면, 현재의 행위 역시 바로 소멸할 것이므로 미래에 어떠한 결과도 산출하지 않아야 하는 것이다. 따라서 괴로움과 즐거움으로 표상되는 현재의 세계를 결과로 본다면 그 원인이 되는 선행된 행위는 반드시 과거에 존재해야 하며, 현재의 행위를 원인으로 보면 그 결과는 반드시 미래에 생겨나야 하는 것이다.

유부에서는 이상과 같은 이유에서 일체법의 '삼세실유'를 주장하였고, 그로 인해 설일체유부說一切有部 즉 '일체법의 실유를 주장하는 부파'라고 하는 자신의 부파 명칭을 얻게 되었다. 그리고 이후 아비달마의 모든 논서상에서 유부교학의 제1명제로 규정되기에 이르렀다.

그러나 만약 일체의 제법이 삼세에 실유한다면, 그것의 시간적 차별은 어떻게 설명될 수 있을 것인가? 다시 말해 일체의 제법이 과거 · 현재 · 미래라는 시간에 관계없이 실재한다고 하면, 우리들 경험상에 나타나는 삼세의 차별은 무엇인가? 그것이 만약 생성 소멸하지 않는 무위법이라면 모르지만, 유위법의 경우라면 실유의 법인 그것이 어떻게 생멸 변천의 현상으로 나타나게 되는 것인가? 이에 대해서는 《바사婆沙》의 4대 평자評者로 일컬어지는 법구法救(Dharmatrāta) 묘음妙音(Goṣa) 세우世友(Vasumitra) 각천覺天(Buddhadeva)의 네 학설이 주장되고 있다.

첫번째로 법구는 마치 금으로 만든 그릇이 깨어지면 그 형태는 변할지라도 금 자체는 변하지 않는 것처럼, 현상의 존재가 동일하지 않기 때문에 삼세의 차별이 있다는 유부동설類不同說(bhāva pariṇāma)을 주장하였다. 즉 제법이 미래순간을 지나 현재에 나타나면 그것은 미래존재를 상실(소멸)하고 현재의 존재를 획득(생성)하며, 현재에서 과거가 되면 그것의 현재존재는 소멸하지만 본질 자체는 변화하지 않는다는 것이다.

두번째로 묘음은 마치 어떤 한 남자가 어떤 한 여인과 사랑에 빠져 있다 할지라도(현재상) 다른 여인에 대한 사랑의 능력(과거·미래상)을 상실하지 않는 것처럼, 드러난 양상이 동일하지 않기 때문에 삼세의 차별이 있다는 상부동설相不同說(lakṣaṇa pariṇāma)을 주장하였다. 즉 제법이 서로 다른 시간대에 나타나는 것은 각기 그 양상을 달리하기 때문이지만, 과거의 법은 그것의 미래나 현재의 양상을 여의지 않은 채 과거의 양상을 유지하며, 미래의 법은 그것의 과거나 현재의 양상을 여의지 않은 채 미래의 양상을 유지하며, 현재의 법은 그것의 과거나 미래의 양상을 여의지 않은 채 현재의 양상을 유지한다는 것이다.

세번째로 세우는 작용하는 상태가 동일하지 않기 때문에 삼세의 차별이 있다는 위부동설位不同說(avasthā pariṇāma)을 주장하였다. 이를테면 동일한 주판알이라고 할지라도 일의 자리에 있으면 일이라고 일컬어지고, 백이나 천의 자리에 있으면 백이나 천으로 일컬어지듯이, 어떤 법이 아직 작용하지 않는 상태에 있을 때 그것을 미래라 하고, 지금 작용하고 있는 상태를 현재라고 하며, 이미 작용을 마친 상태를 과거라고 하지만 법 자체로서는 동일하다는 것이다.

마지막으로 각천은 관계가 변화함에 따라 삼세의 차별이 있다는 대부동설待不同說(apekṣā pariṇāma)을 주장하였다. 이를테면 어떤 한 여인을 그녀의 딸은 어머니라고 부르며, 그녀의 어머니는 딸이라 부르는 것처럼, 어떤 법은 그것에 선행한 법(과거와 현재법)에 대해서는 미래법으로 일컬어지고, 선행한 법이나 다음에 나타날 법(미래법)에 대해서는 현재법으로 일컬어지며, 다음에 나타나는 법(현재와 미래법)에 대해서는 과거법으로 일컬어진다. 그러나 그것은 다만 관계에 따른 변화일 뿐 법 자체로서는 동일하다는 것이다.

그런데 유부에서는 이상의 네 가지 학설 가운데 세번째 세우의 학설을 정설로 받아들이고 있다. 왜냐하면 법구의 설은 획득과 상실에 의한 현상적 존재의 변화를 설함으로써 외도인 수론數論(saṃkhya)학파의 전변설轉變說을 옹호하는 것이 되며, 묘음의 설은 결국 제법이 동일한 시간에 과거·현재·미래의 모든 양상으로 공존함을 뜻하므로 시간의 혼란을 야기시키기 때문이다.

그리고 각천의 설은 삼세법 각각에 삼세의 상이 있을 수 있기 때문에 삼세의 차별이 불가능하다. 다시 말해 과거법 역시 전후 찰나를 구분하여 과거와 미래라 하고, 그 중간을 현재라고 할 수 있으며, 그 같은 과거 역시 다시 전후 찰나로 구분될 수 있기 때문에 결국 묘음의 설과 마찬가지로 시간의 혼란을 야기시키는 것이다.

그래서 유부에서는, 제법이 작용하는 상태에 따라 삼세를 구분한다는 세우의 설을 정설로 채택하게 되었던 것이다. 즉 어떤 법이 아직 작용하지 않은 상태를 미래의 법이라 하고, 지금 작용하고 있는 상태를 현재의 법이라고 하며, 이미 작용을 끝낸 상태를 과거의 법이라고 하지만, 법 자체로서는 어떠한 차별도 없으며 항상 실재한다. 이른바 '법체항유'인 것이다.

그러나 일체의 제법이 실재한다는 주장은 바로 '제행諸行은 무상하다'는 불교의 기본명제와 모순되며, 이는 바로 이 부파가 다른 부파로부터 비판받고 논란의 대상이 되었던 문제일 뿐더러 대승의 일차적인 비판대상이 되었던 문제이기도 하다.[25] 모든 유위법은 무상하며, 찰나생멸한다는 것은 초기불교 이래 불교의 기본입장이었다. 찰나생멸이라고 하는 것은 무상의 보다 구체적 표현으로, 한 찰나에 생성과 소멸을 되풀이한다는 뜻이며, 시간적 지속성을 갖지 않는다는 말이다. 그래서 유부에서는 생·주·이·멸의 유위 4상이 한 찰나에 동시 존재한다고까지 말하였던 것이다.

제법의 삼세실유론과 찰나멸론은 얼핏보면 서로 모순되는 것 같지만, 이 두 문제는 모순없이 함께 성립하며, 나아가 일체 존재의 무상성은 바로 제법의 실유성을 통하여 비로소 확실하게 해명될 수 있다고 유부 비바사사는 생각하였다. 말하자면 유부의 법유론法有論은 무상(혹은 찰나멸)의 이론을 보다 적극적으로 해명하기 위한 이론이라 할 수 있다.

필자가 생각하는 불교철학의 중심이론은 궁극적으로 상속의 이론이다. 즉 철저하게 생성의 철학인 불교에서 소멸과 생성 사이의 비단절적 연속을 어떻게 해명할 것인가? 다시 말해 찰나생멸하는 세계가 어떻게 인과상속의 지속적 현상으로 나타나는 것인가? 유부의 법의 이론에 따르면, 우리가 경험하는 현상세계는 찰나생멸하는 유위제법의 끊임없는 연속에 불과하다.

---

[25] 반야바라밀다에 기초한 대승공관에서 볼 때 5온·12처·18계도 무자성 공이며, 다음 장에서 설할 12연기의 유전(流轉)과 환멸(還滅), 나아가 세속의 고(苦)도, 열반의 고멸(苦滅)도 역시 그러하다. 이것이 바로 270자 《반야심경》의 내용이다.

이를테면 지금 책상 위에 놓여 있는 컵은 한 시간 전이나 지금이나 변함없이 동일한 컵으로서 지속적으로 존재하고 있다. 그런데 각각의 제법이 찰나멸적인 것임에도 불구하고 이처럼 다음 찰나에도 그대로 존재하는 것처럼 보이는 것은, 선행한 제법을 상속하여 그것과 동류의 법이 동일한 장소에서 동일한 관계를 가지고서 계속 생기하기 때문이다. 다시 말해서 찰나생멸적인 제법의 연속적 비단절적인 생기 위에서 '컵의 존재'라고 하는 시간적 지속 현상이 우리들 경험세계의 사실로서 존재하게 되는 것이다.
　그러나 이 경우 법이 생기한다고 하여도 무無로부터 생겨나는 것은 아니며, 소멸한다고 해도 무로 돌아가는 것이 아니다. 생기라고 하는 것은 법이 미래의 영역으로부터 현재로 현현하는 것이며, 소멸이라고 하는 것은 그것이 현재로부터 과거의 영역으로 사라지는 것이다. 만약 그렇지 않고 무에서 생겨나 무로 사라지는 것이라고 한다면, 그것은 바로 단멸斷滅의 사견邪見이 아닌가?
　따라서 현재에 나타나기 이전의 법은 미래의 영역에 존재하며(엄밀히 말하면 미래의 법으로서 존재하며), 현재에서 과거로 사라진 이후의 법은 과거의 영역에 존재한다. 그렇지만 현재는 법이 미래로부터 나타나 과거로 사라지는 한 찰나만 존재하며, 그래서 이 부파에 있어 법(dharma)과 찰나(kṣaṇa)는 동일한 개념이었다.26)
　이 같은 유부의 상속의 이론은 영화의 메커니즘을 통해 보다 잘 이해될 수 있다. 우리는 하나의 지속된 현상으로서 영화를 보고 있지만, 사실상 스크린에 나타난 영상은 일초에 24장의 개별

─────────────
26) Th. 체르바스키, 앞의 책, p.96.

적인 필름이 생성하고 소멸한 현상이다. 즉 위의 릴에 감겨 있던 필름은 한 장 한 장 광원 앞에 나타나 스크린에 비쳐지며, 비쳐지는 순간 바로 아래의 릴로 사라진다. 다시 말해 스크린에 비친 영상은 각기 개별적인 필름의 연속으로, 우리는 항상 인과적 관계로서 상속하는 현재의 순간만을 경험할 뿐이다. 그러나 사실상 필름 자체는 위의 릴에 감겨 있을 때(미래)나 광원에 비쳐 작용할 때(현재)나 아래의 릴로 감겨 들어가 있을 때(과거)에도 각기 개별적인 존재로서 어떠한 변화도 갖지 않지만, 그것이 찰나찰나 간단없이 스크린에 비쳐짐으로써 생멸 변화하는 시간적 지속현상으로서 나타나게 되는 것이다.

우리는 일반적으로 유부의 법유론을 '삼세에 걸친 제법의 실유'로 이해하고 있지만, 보다 엄격히 말하면 제법이 이미 작용하였고, 지금 작용하며, 아직 작용하지 않은 변이의 상태가 바로 삼세이기 때문에 삼세라는 시간의 흐름은 제법의 생멸에 의해 가능하다. 따라서 지금 작용하고 있는 현재는 오로지 제법의 생성과 소멸의 순간일 따름이다. 다시 말해 유위제법이 비록 실재한다고 하지만, 그것이 현상하여 세계를 구성하는 것은 오로지 현재의 한 찰나에 불과하며, 그러한 현재의 한 순간 한 순간이 쌓여 경험세계에서의 시간의 흐름을 이루는 것이다.

경량부가 지적하고 있듯이 유부의 삼세실유설에는 많은 문제가 있지만,[27] 법유론이야 말로 유부교학의 정체성을 나타내는 이론이라 할 수 있다. 불교가 생성의 철학이라는 것, 일체의 유위제

---

[27] 이에 대해서는 졸저, 앞의 책, pp.190~200을 참조할 것.

법은 끊임없이 생성과 소멸을 되풀이한다는 '무상의 찰나멸론'은 초기불교 이래 너무나도 자명한 전제였기 때문에 이에 대해서는 논의의 여지가 있을 수 없지만, 그렇다면 소멸과 생성 사이의 비단절적인 연속을 어떻게 이해해야 할 것인가? 이 같은 상속의 변화에 관한 이론은 불교의 여러 학파에 있어 중요한 테마 중의 하나였고,[28] 이에 대해 유부는 법유론을 제출하였던 것이다.

6. 제법의 인과관계

경량부가 지적하고 있듯이, 만약 제법이 실재한다면 그 작용 역시 항상 존재한다고 해야 할 것인데, 무엇이 그것을 방해하여 어느 때는 일어나고, 어느 때는 일어나지 않는 것인가? 전후가 결정되지 않은(결정되어 있다면 결정론에 빠지게 됨) 무수한 미래의 법은 어떻게 현상(혹은 작용)하는 것인가?

---

[28] 이 같은 상속의 문제에 봉착하여 일종의 존재의 지속을 가능하게 하는 개념으로 정량부에서는 부실법(不失法, 혹은 暫住滅說)을, 대중부에서는 섭식(攝識, 일체의 심·심소를 낳는 근본식)을, 상좌부에서는 유분식(有分識, 존재의 근거가 되는 식)을, 독자부에서는 비즉온비리온(非卽蘊非離蘊)의 보특가라(補特伽羅)를, 설전부에서는 일미온(一味蘊)을, 경량부에서는 종자설(種子說)의 이론을 제출하였으며, 그 밖에도 수계(隨界)·훈습(熏習)·공능(功能)·증장(增長)과 같은 개념을 설정하기도 하였다. 그리고 이들 중 몇몇은 대승유식의 선구로 알려지지만, 전통적 입장에서 볼 때 무아설에 정면으로 배치되는 것이었다. 세친은《구사론》〈파아품(破我品)〉에서 독자부의 보특가라설을 비판하고 있지만, 중현에 의하는 한 그의 종자 상속설 또한 불교의 정의(正義)를 교란시키는 이론일 따름이다. (《순정리론》권제12, 대정장29, p.397중~398상)

앞서 우리는 제법을 생성하게 하는 힘 내지 소멸하게 하는 힘으로서 생·주·이·멸이라는 유위 4상에 대해 논의하였다. 그러나 유위 4상 역시 실유의 법이기 때문에 유위제법은 모두 생상의 힘에 의해 항상 작용하여 동시에 단박에 생겨나야 할 것이며, 궁극적으로 불생의 유위법이란 있을 수 없게 될 것이다.

그렇다. 유부에 있어 법은 그 자체 단독으로서는 결코 현상하지 않으며, 다른 법과의 관계를 통해, 다른 법을 원인과 조건으로 삼아서 비로소 결과로서 나타나게 된다. 따라서 원인과 조건을 갖는 법만이 생상과 관계하여 생기하며, 그렇지 않는 법은 생상과 관계하지 않기 때문에 미래의 제법이 모두 동시에 단박에 생겨나지 않는 것이다.

우리가 경험하는 세계란 무엇인가? 그 근거는 무엇인가? 이슈바라와 같은 자재신의 조작인가, 아니면 원인 없이 우연히 생겨난 것인가? 우리는 흔히 불타의 교법을 인과법 혹은 인연법이라고 한다. 모든 존재는 인연에 의해 생겨나며, 그것은 또 다른 존재에 인연이 되기도 한다.

여기서 '인(hetu)'이란 직접적 혹은 일차적인 원인을 말한다면, '연(pratyaya)'이란 간접적 혹은 이차적인 원인을 말한다. 말하자면 '인'이 원인이라면, '연'은 원인으로 하여금 결과를 낳게 하는 조건이다. 예컨대 싹은 씨앗으로부터 생겨나지만, 씨앗이 바로 싹이 되는 것은 아니다. 그것은 수분이나 광선 온도 등의 일정한 조건 하에서만 비로소 싹을 낳게 된다.

우리들 경험의 세계가 이처럼 인연에 의해 생겨난다고 하는 것을 연기緣起라고 한다. 연기란 인연생기의 준말이다. 곧 '이것이 있으므로 저것이 있고, 이것이 생겨나므로 저것이 생겨난다.' 이것이 연기의 공식이다.[29] 이것은 바로 불타 깨달음의 본질이라고 한다. 그는 세계의 존재근거를 그 어떤 초월적 실재에서 구하거나 혹은 부정한 것이 아니라 이것과 저것의 관계성에서 구하고 있는 것이다.

그렇다면 우리는, '씨앗과 광선 온도 등이 있으므로 싹이 있다'고 하는 경우처럼 '이것'과 '저것'에 무엇을 대입시키면 좋을 것인가? 한 가지 분명한 사실은, '저것'은 바로 우리가 경험하는 결과로서의 현실세계가 될 것이다. 그렇다고 한다면 우리의 현실세계를 가능하게 하는 조건인 '이것'은 무엇인가? 그것은 바로 제법이었고, 그래서 아비달마불교에서는 제법분별을 그들 교학의 일차적 과제로 삼았던 것이다.[30]

그렇다면 그러한 제법의 인과관계는 어떠한가? 인과적 제약에

---

[29] 연기 특히 12연기에 대해서는 본서 3장 3-3) '12연기의 유전'에서 상세히 논의한다
[30] 불교사상사는 바로 '이것'과 '저것'을 어떻게 규정하고, 무엇을 대입시킬 것인가 하는 사유의 도정이었다고 해도 과언이 아닐 것이다. 저것(세계)의 근거를 의미하는 '이것'에 아비달마불교에서는 번뇌와 업을 대입시켰기 때문에 그들의 연기설을 업감연기설(業感緣起說)이라고 하는 것이며, 중관에서는 세계를 다만 분별의 언어에 의해 구성된 것으로 보아 '이것'에 일체의 언어를 대입시켰기 때문에 공(空)과 가명(假名)의 중도연기설(中道緣起說)이라고 한 것이며, 유식에서는 마음 즉 아뢰야식을, 여래장에서는 진여를 대입시켰기 때문에 아뢰야식연기설, 진여연기설이라고 하는 것이다. 결국 문제는 '세계'를 어떻게 해석할 것인가? 하는 점이며, 이에 따라 '이것'의 성격이 결정된다고 할 수 있겠다.

서 벗어난 무위법을 제외한 유위의 제법은 동시적으로 관계하기도 하고 시간을 달리하여 관계하기도 하는데, 유부 아비달마에서는 제법분별론에 따른 필연적 귀결로서 6인因 4연緣 5과果라고 하는 그들 특유의 인과론을 제출하기에 이르렀다. 즉 다수의 법이 동시에 관계할 때 비로소 작용하고 현상한다고 주장하는 한, 자재신이나 자성自性과 같은 단일 보편의 원인은 결코 인정할 수 없기 때문에 그같이 다양한 인과관계의 설정이 필요하였던 것이다.

이제 유부가 제시하는 다양한 인과관계에 대해 살펴보기로 하자.

1) 6인因과 4과果

유부 비바사사들은 그들이 분석한 제법의 양태에 따라 원인에 능작인能作因・구유인俱有因・동류인同類因・상응인相應因・변행인遍行因・이숙인異熟因의 여섯 가지 유형을 설정하였다. 이는 그것이 적용되는 범위가 넓은 것에서부터 좁은 것에 따른 순서이지만,[31] 여기서는 편의상 이해하기 쉬운 순서에 따라 설명하기로 한다.

앞서 '마음의 작용'에서 언급한 것처럼 마음은 반드시 마음의

---

[31] 예컨대 능작인은 일체법에 적용되고, 구유인과 동류인은 각기 결과와 동시생기하고 시간을 달리하는 일체법에 적용된다. 그리고 상응인과 변행인은 각기 구유인과 동류인의 협의로 마음과 번뇌에 한정된 것이며, 이숙인은 결과와 시간을 달리하는 법으로서 현실의 괴로움과 즐거움을 낳는 구체적인 법(즉 선악업)에 적용된다.

작용과 함께 일어나며, 마음의 작용 역시 그러하다. 예컨대 '분노하는 마음'이라고 하였을 경우, 이 때 마음은 인격적인 것이든 비인격적인 것이든 어떤 대상에 대한 인식과 동시에 일어나기 때문에 10가지의 대지법 등과 동시에 일어나며, 분노 등의 작용도 역시 마음에 수반되어 동시에 일어난다. 이는 즉, 마음과 마음의 작용은 상응하기 때문으로, 이같이 상응의 관계로서 결과와 동시 생기하는 원인을 상응인相應因이라고 한다.

그러나 동시 생기하는 것은 이 뿐만이 아니다. '분노하는 마음'의 조건이 되는 그 같은 온갖 존재(心·心所)는 유위 4상의 하나인 생상과 동시 병존함으로써 비로소 생겨나게 된다. 즉 상과 다리는 서로가 서로에 의존하여 동시에 존재하듯이 유위 4상과 그것에 의해 생겨나고 소멸하는 유위법도 역시 서로에 대해 원인이 되며, 4대종 또한 각각의 대종 자체로서는 현현하지 않기 때문에 어떤 한 가지 대종과 다른 세 가지 대종은 서로가 서로에 대해 원인이 되고 결과가 된다.

그러나 유위 4상이나 대종은 마음과 상응하는 것이 아니기 때문에 상응인과는 다른 인과유형으로 설정되어야 하는데, 이를 구유인俱有因이라고 한다. 여기서 '구유'라고 하는 말은 결과와 동시 병존한다는 뜻이다. 곧 구유인이란 서로가 서로에 대해 원인이 되고 결과가 되는 것을 말하는 것으로, 상응인은 구유인의 협의라고 할 수 있다. 이러한 양자의 관계에 대해 《구사론》에서는 구유인을 상인들이 서로에 의지하여 험난한 길을 가는 것에, 상응인을 각기 평등한 입장에서 함께 식사하고 사업을 하는 것에 비유하고 있다.

한편 구유인과 상응인의 결과를 사용과士用果라고 한다. 즉 상인들의 카라반이나 사업은 다같이 그들을 떠나 존재하는 것이 아니라 바로 그들에 의해 수행되는 작용이듯이, 이는 바로 인간(士夫)에 의해 획득되는 작용이기 때문에 사용과라고 한 것이다.[32] 곧 인간의 작용이라 할 수 있는 한 찰나의 마음이 구체적으로 드러났다고 할 경우, 그 때 마음은 최소한으로 10가지 대지법과 그것의 40가지 유위상과, 마음의 본상 네 가지와 수상 네 가지 도합 58가지 법에 대해 구유인이 되며, 생생 등의 수상隨相은 생 등의 본상本相에 대해서만 구유인이 될 뿐이기 때문에 네 가지 수상을 제외한 54가지 법은 마음에 대해 구유인이 된다. 그러나 분노하는 마음이 드러나기 위해서는 여기에 다시 대번뇌지법 등과 그것의 4상이 더해져야 할 것이다.

참고로 '득'은 그것에 의해 획득되는 법과 반드시 함께하지 않으며, 먼저 생겨나기도 하고 혹은 뒤에 생겨나기도 하기 때문에 구유인이 아니다.

그렇다면 '분노'라고 하는 마음의 작용은 어떻게 생겨나는가? 그것은 자신의 세계가 손상되었을 때 일어나는 심리작용이다. 말하자면 자아 혹은 에고의 관념에서 비롯된 것이다. 그러나 자아

---

[32] 그럴 경우 그 밖의 다른 원인의 결과 역시 사용과라고 할 수 있겠지만, 그것들은 원인과 무간(無間)이거나 시간을 달리하는 결과이기 때문에 그 작용이 뛰어나지 않으며, 또한 그것을 사용과라고 할 경우 그에 따른 유형의 결과와 혼동되기 때문에 구유인과 상응인의 결과만을 사용과라고 말한 것이다.(《현종론》 권제9, 한글대장경200, p.243 참조)

란 경험을 근거로 하여 알려지는 것일 뿐 그 자체로서 실재하는 것이 아니다. 자아가 실재한다고 하는 것은 무지의 소산이다.

즉 분노 등 일체의 번뇌는 그것에 대해 두루 작용하는 5가지 그릇된 견해와 4제의 진리성에 대한 의심(疑), 그리고 이와 상응하는 무명 등에 의해 생겨난 것이다.33) 이 같은 번뇌를 변행혹遍行惑이라고 하는데, 일체의 염오법의 원인이 된다는 점에서 변행인遍行因이라고 한다.34) 따라서 변행인은 결과와 유사한 법이면서 그것에 선행하거나 무간無間인 원인이라 할 수 있다.35)

이처럼 결과와 유사한 성질을 지녔으면서 그것과는 시간적으로 선행하거나 무간으로 존재하는 원인을 동류인同類因이라고 한다. 예컨대 '유위의 모든 존재는 무상하다'고 하는 말은 시간적으로 지속하지 않는다는 말이며, 시간적으로 지속하지 않는다는 말은 시간의 최소 단위인 찰나에 걸쳐 변화한다는 말이며, 찰나에 걸쳐 변화한다는 말은 전 찰나의 존재와 후 찰나의 존재가 다르다는 말이다. 그러함에도 책상이라든지 우리들의 몸과 마음은 전 찰나는커녕 어제와 변함없이 동일하게 보이는 것은 무슨 까닭인가?

앞에서 설명하였듯이 그것은, 전 찰나의 법과 서로 유사한 동류의 법이 동일한 장소에서 동일한 관계를 가지고 계속 생기하

---

33) 5가지 그릇된 견해란 유신견(有身見)·변집견(邊執見)·사견(邪見)·계금취(戒禁取)·견취(見取)를 말하는데, 이에 대해서는 본서 3장 4-1) '근본번뇌'에서 설명한다.
34) 변행혹에 대해서는 본서 3장 4-2) '98수면으로의 전개'에서 다시 설명한다.
35) 여기서 무간(nirantara)이란, 시간과 물질의 최소 단위인 찰나와 극미조차도 개입될 수 없는 시간적인 혹은 공간적인 절대적 근접을 말한다. 이를테면 '무간지옥'의 경우가 그러하다.

기 때문인데, 이 때 전 찰나의 법을 동류인이라고 하며, 후 찰나의 법을 등류과等流果라고 한다. 동등한 성질로서 상속한 결과라는 뜻이다. 즉 이러한 인과의 연쇄가 계속되는 한 경험세계에서의 책상은 거기에 그대로 계속 존재하며, 그 연쇄가 또 다른 조건에 의해 단절될 때 책상의 존재는 변화하든가 소멸한다.

마찬가지로 선한 5온은 선한 5온에 대해, 염오의 5온은 염오의 5온에 대해 동류인이 된다. 이 같은 선인선과善因善果 악인악과惡因惡果의 인과유형이야말로 다음에 설할 선인낙과善因樂果 악인고과惡因苦果의 이숙인・이숙과와 함께 세간상식에 통하는 인과설이라고 할 수 있다.

이처럼 변행인과 동류인은 결과에 선행하며, 결과와 동류의 성질을 지닌다는 점에서 동일하지만, 전자가 일체의 번뇌와 염오심에 두루 작용하는 변행혹에 한정되는 것이라면, 후자는 일체 유위법에 통하는 것이다. 따라서 변행인은 말 그대로 3계의 모든 부류의 염오법에 대해 두루 작용하는 것인 반면,[36] 동류인은 단지 그것이 속한 세계와 부류에 대해서만 작용한다. 이를테면 욕계의 법은 욕계의 법에 대해서만 동류인이 될 수 있으며, 욕계의 법이라 하더라도 선행한 법만이 후 찰나의 법에 대해 동류인이 될 수 있다. 따라서 미래법은 동류인이 되지 않는다.

동류인과 마찬가지로 결과와는 시간을 달리하지만 그 성질이

---

[36] 여기서 '모든 부류'란 번뇌가 생겨나는 다섯 갈래(고・집・멸・도에 미혹한 이지적인 번뇌와 정의적인 번뇌)를 말하는데, 이에 대해서는 본서 3장 4-2) '98수면으로의 전개'에서 설명한다.

유사하지 않은 원인을 이숙인異熟因이라고 하며, 그 결과를 이숙과異熟果라고 한다. 여기서 '이숙'이란 결과와는 그 성질을 달리한다는 뜻이다. 이를테면 선업을 행하여 즐거움의 과보를 받고, 악업을 행하여 괴로움의 과보를 받는다고 할 때, 즐거움과 괴로움을 감수하는 지각 자체는 선도 아니고 악도 아닌 무기이기 때문에 이숙이라 한 것이다. 따라서 동류인·등류과와는 달리 이숙과가 다시 이숙인이 되어 결과를 낳는 일은 없다.

다시 말해 이숙인·이숙과의 관계는 일회에 한정될 뿐 계속하여 인과의 연쇄가 이루어지지 않는다. 이숙과가 원인이 되어 또 다른 결과를 낳기 위해서는 다른 유위제법과 관계해야만 한다. 만약 그렇지 않다고 한다면 괴로움은 다음 순간에도 괴로움과 유사한 성격의 결과를 낳아야 하기 때문이다. 그러나 괴로움 그 자체는 선도 아니고 악도 아닌 무기로서, 어떤 또 다른 조건에 의해 절망을 낳기도 하지만 새로운 도약의 원인이 되기도 한다. 즉 이숙인은 오로지 선·불선의 유루법에만 적용되는 것이라면, 이숙과는 무기로서 힘이 미약하기 때문에 그 자체로서는 또 다른 결과를 낳지 않는 것이다.

나아가 제법이 생겨나기 위해서는 반드시 다른 법과 관계하여야 하지만, 여기에는 앞에서 설명한 것처럼 직접적이고도 적극적으로 관계하는 경우가 있는 반면 소극적으로 관계하는 경우도 있다. 유부에서는 상식적으로 보면 아무런 인과관계도 없는 것, 예컨대 달과 책상 사이에도 인과관계가 성립한다고 생각하였다. 달은 책상에 대해 적극적으로 작용하지는 않지만 적어도 그 생기를 방해하지 않는다는 점에서 소극적인 원인의 일종으로 간주되었는데, 이를 능작인能作因이라고 하고, 그 결과를 증상과增上果라고 하였다.

능작(karāṇa)은 '조작한다' '낳는다', 증상(adhipati)은 '군주' '뛰어난 힘'이라는 정도의 의미이다. 이 같은 뜻으로 본다면 앞의 다섯 가지 원인도 역시 능작인이라고 할 수 있지만, 그것들은 별도의 명칭이 있기 때문에 능작인이라고 하지 않았다는 것이다.(이에 대해 능작인은 별도의 명칭이 없으며, 총명이 바로 별명이다.)

곧 일체의 유위법은 그 자신을 제외한 유위와 무위의 다른 모든 존재를 능작인으로 삼는다. 따라서 능작인은 적용범위가 가장 넓다. 이처럼 하나의 존재가 생겨나기 위해서는 그 자신을 제외한 일체의 존재와 관계해야 한다고 하는 사상은 여기서 비롯된 것이라고 할 수 있다.

2) 4연緣

이상과 같은 6인설은 유부 특유의 이론으로, 원래 《증일아함경》〈증육경增六經〉에서 설해진 것이지만 산일散逸되어 전승되지 않던 것을 가다연니자가 《발지론》을 편찬하면서 정리한 것이라고 한다.[37] 이에 반해 인연因緣·등무간연等無間緣·소연연所緣

---

37) 《현종론》 권제8(앞의 책), p.213. 혹은 계경에서 설해지지 않은 것이라고도 하며, 혹은 여러 계경에서 설해진 것을 정리한 것이라고도 한다.(《대비바사론》 권제16, 한글대장경118, p.359)

緣·증상연增上緣의 4연설은 대승불교에서도 채용하고 있는 학설로서, 그 전부터 논의되어 왔던 인과설이다.

앞에서 '인'은 직접적인 원인을, '연'은 간접적인 원인을 의미한다고 하였지만, 인이든 연이든 결과에 대한 원인이라는 점에서 동일하며, 6인과 4연은 사실상 원인을 다른 측면에서 분별한 것에 지나지 않는다. 즉 6인설은 4연 중의 인연을 구유인·상응인·동류인·변행인·이숙인으로 나눈 것이고, 4연설은 6인 중의 능작인을 증상연·등무간연·소연연으로 나눈 것이다.

인연因緣이란 '원인으로서의 조건'이라는 정도의 의미로, 일체의 유위법을 낳게 하는 직접적인 원인을 말한다. 그래서 여기에는 앞의 6인 중 결과 생기를 방해하지 않는 소극적인 원인인 능작인만이 제외되는 것이다. 그리고 그 결과는 두말 할 필요도 없이 사용과·등류과·이숙과로 분류된다. 이런 까닭에 6인설은 다만 이 같은 유위 4과를 보다 분명하게 규정하기 위해 설정된 것이라고 《대비바사론》에서는 설하고 있다.[38]

그렇다면 능작인으로 분류되는 등무간연과 소연연, 그리고 증상연은 무엇인가? 앞서 마음과 마음의 작용은 반드시 단독으로는 일어나지 않으며, 서로는 서로를 상응인으로 삼아 일어난다고 하였지만, 다른 한편으로 전 찰나의 마음과 마음의 작용을 근거로 하지 않으면 안 되는데, 이를 등무간연等無間緣이라고 한다. 이를테면 현재찰나 작용하고 있는 6식은 전 찰나의 마음인 의근意根을 등무간연으로 삼아 생겨난 것이다.

---

38) 《대비바사론》 권제16(앞의 책), p.358.

여기서 '등무간'이란 전 찰나의 마음과 후 찰나의 마음 사이에 또 다른 마음이 개입되지 않는 시간적 상태를 말한다. 강물은 항상 거기에 머물러 있는 것처럼 보이지만 흘러 내려간 강물에 따라 새로운 강물이 흘러 내려오고 다시 흘러 내려가듯이, 마음 역시 전 찰나의 마음을 원인으로 하여 나타남과 동시에 다시 후 찰나 마음의 원인이 되어 그것을 낳게 하는 것이다. 마음이 찰나찰나에 걸쳐 끊임없이 이어지는 이러한 인과관계의 연쇄를 심상속心相續, 줄여서 '상속'이라고 하는데, 일상에 있어서는 이 같은 마음의 상속을 인간존재의 주체 또는 자아로 간주하기도 한다.

이 같은 인과관계는 일견 앞서 언급한 동류인·등류과의 관계와 유사하지만, 마음의 인과는 반드시 동류로서 상속하는 것은 아니다. 사랑하는 마음이 어느 순간 증오하는 마음으로 바뀌기도 하기 때문이다. 참고로 일체의 마음 중 더 이상 후 찰나의 마음을 낳지 않는 아라한의 최후찰나 마음(즉 반열반에 들기 직전의 마음)은 등무간연이 되지 않는다.

또한 마음과 마음의 작용은 소연所緣을 통해 나타난다. 여기서 소연이란 마음이 생겨나는데 조건이 되는 대상이라는 뜻으로, 사랑하는 마음은 사랑하는 어떤 대상 없이 결코 일어나지 않는 것이다. 따라서 일체의 법은 마음의 소연연이 된다. 설혹 어떤 법이 현재 마음의 소연이 되지 않을지라도 소연이 될 수 있는 가능성을 갖고 있기 때문에 일체법은 소연이 된다고 할 수 있다. 다만 어떤 마음과 동일찰나에 함께 존재하는 마음의 작용과 4상相, 득得 등은 소연이 되지 않는데, 만약 그것들이 소연이 될 경우 동일

찰나에 또 다른 마음이 생겨나야 하기 때문이다.

그리고 이 같은 법을 포함한 일체법은 그 자신을 제외한 다른 일체의 유위법에 대해 증상연增上緣이 된다. 증상연은 바로 능작인이기 때문에 그 범위가 소연연보다 넓으며, 그래서 증상연이라고 이름하는 것이다.

나아가 이러한 세 가지 연의 결과를 모두 증상과라고 한다. 그러나 앞서 살펴본 것처럼 증상연을 제외한 등무간연과 소연연은 능작인과는 의미가 조금 다르다. 그래서 후대 주석가들은 본래의 능작인을 부장不障(혹은 無力) 능작인으로, 등무간연 등을 여력與力(혹은 有力) 능작인으로 해석하기도 하였다.

3) 유위 4과와 이계과離繫果

이미 설명한 것처럼 6인·4연에 의해 낳아진 결과의 유형에는 사용士用·등류等流·이숙異熟·증상增上의 네 가지가 있는데, 이는 유위의 경험세계에 속한 인과관계이다. 다시 한 번 요약하면, 사용과는 상응인과 구유인의 결과로서 원인과 동시에 존재하는 것이며, 등류과는 변행인과 동류인의 결과로서 원인과 무간 혹은 계시이면서 유사한 성격을 지닌 것이다. 그리고 이숙과는 유루의 선악업의 결과(이숙인)이고, 증상과는 그 적용범위가 가장 넓은 능작인의 결과이다.

그렇다면 무위법인 택멸(열반)은 무엇의 결과이고, 무엇의 원인이 되는 것인가?

일반적으로 인과관계는 생성 소멸하는 유위세계에 한정되며, 상주常住 불생법인 무제약의 열반 즉 택멸무위에는 적용되지 않는다. 열반은 유위제법이 인연화합하여 생겨나는 것이 아니다. 그러나 상식적으로 생각할 때 택멸무위는 분명 실천 수행도에 의해 생겨난 결과로서 당연히 그 원인을 가질 것이고, 또한 다른 법이 생겨나는 것을 장애하지 않는다는 점에서 광의의 원인 즉 부장不障 능작인이 된다고 해야 할 것이 아닌가? 혹은 마음의 대상이 된다는 점에서 소연연 즉 여력與力 능작인이 된다고 해야 하지 않겠는가?

이에 대해 유부에서는 택멸무위는 유루의 속박으로부터 벗어난 경지로서, 이계과離繫果이기도 하고, 또한 능작인이 되기도 하지만, 그것은 원인에 의해 생겨난 결과가 아니고, 결과를 낳지 않는 원인이라고 하였다. 즉 택멸무위는 물론 무루성도聖道에 의해 획득된 결과이지만, 이 때 도의 작용은 다만 택멸의 '득'을 낳게 하는 원인이 되기 때문에 이계과는 무루도에 의해 생겨난 결과가 아니라 증득된 결과이다. 다시 말해 무루도는 택멸이계의 직접적인 원인이 아닐지라도, 택멸은 도의 결과라고 설할 수 있다는 것이다. 또한 택멸무위는 삼세의 제약에서 벗어난 존재로서 결과를 낳는 작용을 갖지 않기 때문에 더 이상 결과(증상과)를 낳지 않는 능작인이라는 것이다.

이 같은 논의는 한편으로 볼 때 궁색한 변명 같지만, 택멸의 객관적 실재성을 인정하는 유부로서는 불가피한 것이다. 만약 그것이 온갖 인연에 의해 생겨난 결과라면 무상한 것이 되어야 할 것이며, 또한 다만 인식의 대상(소연연)으로서 알려지는 것은 아니기 때문이다. 그것은 오로지 무루의 지혜를 일으킨 성자들만이 각기 개별적으로 내증內證한 것으로, 언어로 규정할 수 없는 것이기 때문이다.

이상의 인과관계를 도표로 정리해 보면 다음과 같다.

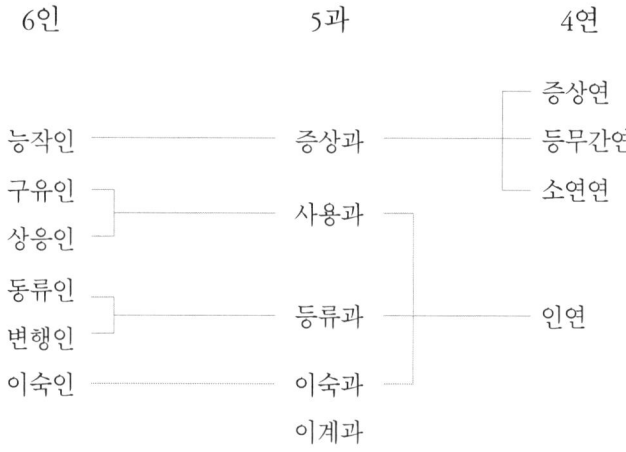

이처럼 유위의 세계는 수많은 존재들의 다양한 인과관계 상에서 나타난다. 다시 '분노하는 마음'에 대하여 이야기해 보자. 분노하는 마음은 마음의 온갖 작용인 상응인과 생상 등의 구유인에 의한 사용과이기도 하고, 염오한 5온의 동류인과 무명 등의 변행인에 의한 등류과이기도 하며, 그 밖의 일체 제법인 능작인에 의한 증상과이기도 하다. 또한 전 찰나 마음인 등무간연과 그 대상인 소연연, 그리고 그 밖의 일체법인 증상연에 의한 증상과이기도 하며, 온갖 인연에 의한 사용과이자 등류과이기도 하다.

나아가 이 같은 분노의 마음은 또 다른 존재에 대해 상응인이 되기도 하고 구유인이 되기도 하며, 등무간연과 소연연과 증상연이 되기도 하는 것이다.

이처럼 다양한 인과관계의 사슬이 무수한 법 사이에서 서로 얽히고 설켜 유위의 세계를 성립시킨다. 그같이 찰나생멸하는 제법의 인연에 의해 드러난 유위의 세계는 무상하며, 괴로우며, 실체성이 없는 세계이다. 그러나 범부의 눈에 비친 자신의 세계는 인과의 사슬로 얽힌 유전 변천하는 무상의 세계가 아니라 단일하고도 굳건한 불변의 세계로 투영된다. 그러기에 거기에 집착하고, 또한 절망한다. 그것은 미혹의 세계이다.

그러나 다른 한편 그 같은 유위세계의 실상을 참답게 관찰함으로써 인과의 사슬을 끊고 열반의 세계로 나아가는 깨달음의 세계도 있다.

이제 우리들의 미혹한 세계가 구체적으로 어떻게 이루어지며, 무엇으로써 존재하는지 살펴보기로 하자.

3장

미혹한 세계

번뇌란 종자와 같고 용과 같으며, 잡초의 뿌리와 같고 나무의 줄기와 같으며, 벼를 싸고 있는 겨와도 같도다.

세간의 모든 고락苦樂은 업으로부터 일어나며, 업은 번뇌로부터 일어난다. 마치 종자로부터 싹과 잎이 생겨나듯이 번뇌로부터 업과 고락이 생겨나며, 용이 못을 지키면 물이 마르지 않듯이 번뇌가 업을 지키게 되면 생은 끊임없이 흘러 다함이 없으며, 잡초는 그 뿌리를 뽑지 않으면 베어도 베어도 돋아나듯이 번뇌도 그 뿌리를 뽑지 않으면 생의 싹은 다시 생겨나며, 나무의 줄기로부터 가지와 꽃과 열매가 생겨나듯이 번뇌로부터 번뇌와 업과 고락이 생겨나며, 겨가 벼를 싸고 있어 능히 싹을 틔울 수 있듯이 번뇌가 업을 싸고 있어 능히 다음의 생을 초래하게 된다.

《구사론본송》 III-36과 그 해설

1. 세간世間과 유정

1) 3계界 5취趣

앞장에서 아비달마불교에 있어 세계란 경험된 세계라고 하였다. 그리고 그 같은 경험은 의식적 언어적 신체적 행위라는 생명활동을 통해 일어난다고 하였다. 현실적으로 우리가 경험하는 세계에는 어떠한 세계가 있는가? 즐거움의 세계, 괴로움의 세계, 기쁨의 세계, 슬픔의 세계, 분노의 세계, 욕망의 세계, 그것은 다만 인간의 감정이 투영된 세계일 뿐인가? 아마도 그럴 것이다.

그러나 절망과 비탄에 사로잡힌 한 인간의 삶을 생각해 보자. 누가 자신에게 드러난 그 같은 세계를 의식이 꾸며낸, 덧없이 스쳐 지나가는 꿈이라고 여기겠는가? 그에게 있어 그 같은 세계는 다만 주관적인 세계가 아니라 객관적으로 실재하는 엄연한 현실의 세계이다. 그리고 그것은 순간일 수도 있고, 영겁에 걸친 것일 수도 있다.

물질적 세계, 순수한 정신적 세계, 남극보다 더 추운 극한의 세계, 사하라의 사막보다 더 뜨거운 극열의 세계, 굶주린 아귀의 세계, 항상 싸움질만 하는 아수라의 세계, 약육강식의 축생의 세계, 나아가 환희와 열락으로 충만한 천상의 세계, 세계는 그야말로 천차만별이며 삼라만상으로 존재한다.

불교에서는 이러한 세계를 3계界 5취趣로 정리한다. 3계란 욕계欲界·색계色界·무색계無色界이다. 앞의 두 가지가 물질적 세계라면, 무색계는 물질이 존재하지 않는 순수 정신적 세계이다. 그리고 물질적 세계 중에서도 특히 욕망이 지배하는 세계를 욕계라고 하며, 욕망이 배제된 세계를 색계라고 한다. 욕계보다는 색계가, 색계보다는 무색계가 보다 뛰어난 세계로 생각되어 욕계가 가장 아래에 위치하며, 무색계가 가장 위에 위치하는 것으로 간주된다.

욕계에는 다시 지하의 세계가 있고, 지표와 천상의 세계가 있다. 지하의 세계에는 지옥이 존재하며, 지표의 세계에서는 아귀와 축생과 인간의 삶이, 천상의 세계에서는 신들의 삶이 영위된다. 이를 5취라고 한다.(혹은 여기에 아수라를 더하여 6취라고도 한다) 물론 천상의 세계가 보다 뛰어난 세계이며, 지옥과 아귀 축생의 세계는 인간의 세계보다 열등하기에 3악취惡趣(혹은 惡道)라고 한다. 그리고 천상의 세계는 하나가 아니라 여섯 층급의 하늘이 있는데, 이는 천계 중에서도 하층에 속한다.

보다 높은 색계에는 네 단계의 17층급의 하늘이 있으며(카슈미

르 정통 유부학설은 16층급임), 무색계에는 네 종류의 하늘이 있다.[1]

이처럼 세계는 다양한데, 그곳의 환경과 거기서 감수하는 고통과 욕락 또한 각기 다르다. 인간의 삶이 천차만별이듯이 지옥 또한 그러하며, 천계 역시 그러하다.

지옥의 경우를 살펴보자. 우리네 인간세계(남섬부주) 아래로 2만 유선나踰繕那 떨어진 곳에 어떠한 찰나의 즐거움도 존재하지 않는 무간지옥이 있으며,[2] 그 위로 불길에 휩싸여 서로가 서로를 태워 해치는 극열지옥, 뜨거운 고통을 참기 어려운 염열지옥, 혹독한 고통에 핍박되어 비탄하고 절규하는 대규지옥, 원한에 사무쳐 절규하는 호규지옥, 온갖 도구에 의해 핍박당하는 중합지옥, 검은 쇠사슬에 묶여 사지가 절단되는 흑승지옥, 죽을 듯하다가도 다시 살아나 고통받는 등활지옥이 있다.

그리고 각각의 지옥 네 문 밖에는 뜨거운 재가 무릎까지 차는 당외증煻煨增, 송장의 똥오줌이 가득차 침과 같이 날카로운 입을 지닌 벌레가 뼛속까지 파고드는 시분증屍糞增, 칼날로 이루진 봉

---
1) 그러나 사실상 무색계는 물질이 존재하지 않아 그로부터 추론되는 공간이 존재하지 않으며, 따라서 상하의 차별 또한 없기 때문에 여기서의 4천은 공간적인 상하의 층급이 아니라 다만 이숙업의 승열(勝劣)에 따른 것이다.
2) 유선나(yojana)에 대해서는 이설이 많다. 보통 유행자가 하루에 가는 거리, 혹은 마을로부터 유행자들이 머무는 숲까지의 거리인 크로사(krośa)의 8배. 《구사론》권제12(앞의 책, pp.550~551)에 따르면, 극미의 7^{11}이 1지절(支節, 손가락의 한 마디)이며, 3지절이 1지(指)이며, 24지가 1주(肘, 양팔을 벌린 길이)이며, 4주가 1궁(弓, 혹은 尋, 8자 혹은 10자의 한길)이며, 500궁이 1크로사이다. 손가락 한 마디를 3cm로 보았을 때, 1요자나는 34.56km. 곧 인간세계에서 지옥까지의 거리는 69만 1,200km이다.

인증鋒刃增, 뜨거운 잿물로 가득 찬 열하증烈河增이 있으며(여기서 '증'은 지옥에 부속된 별도의 정원이라는 뜻), 다시 그 옆으로는 너무나 추워 살이 터지고 절규하는 8한지옥이 있다.

천계의 경우는 어떠한가? 모든 하늘을 일일이 설명할 수는 없지만, 수미산에 꼭대기에 존재하는 삼십삼천(혹은 도리천이라고도 함, 욕계 제2천)의 경우, 네 귀퉁이에는 금강수金剛手라고 이름하는 팔부八部의 천중들이 이 하늘을 수호하며, 중앙에는 선견궁善見宮이라 이름하는 금으로 된 성이 있다.(여기에 제석천이 산다) 역시 순금으로 이루어진 지면에는 형형색색의 보배로 장식되어 있고, 그 감촉은 비단보다 부드럽다. 성밖에는 인간의 온갖 욕락을 낳게 하는 물건으로 채워진 네 정원이 있으며, 8공덕수로 가득 찬 연못이 있어 원하는 바에 따라 꽃과 배와 새들로 장식되어 있다.

즉 이 하늘을 비롯한 욕계 6천의 삶은 원하는 대로 살아가기 때문에 욕생欲生이라 한다면, 색계의 아래 9천(혹은 8천)에서의 삶은 원하는 일도 없이 오로지 기쁨과 즐거움만이 존재하기 때문에 낙생樂生이다.(그 위의 8천은 즐거움마저 사라진 不動의 세계이다)

그들의 수명은 어떠한가? 욕계 최하천인 사대왕중천의 하루 밤낮은 인간세계의 5십 년에 해당하는데, 그들의 수명은 이러한 계산에 따라 500년이다.(인간의 수명으로 900만 년) 그 위의 5천은 순서대로 두 배씩 증가한다. 즉 삼십삼천의 하루 밤낮은 인간세계의 100년에 수명은 천 년이며, 나아가 제6천인 타화자재천의 하루 밤낮은 인간세계의 천 6백 년에 수명은 만 6천 년이다.(인간의 수명으로 92억 천 6백만 년) 참고로 색계에는 밤낮의 차별이 없기 때문에 겁劫으로서 수명의 길이를 논의한다.

이처럼 천계에서의 삶은 위로 올라가면 갈수록 복락과 수명 면에서 뛰어나기는 하지만, 지복의 세계는 아니다. 그곳 또한 유위세계인 이상 무상 변천을 면할 수는 없다. 지옥에서 천계에 걸쳐 삶을 영위하는 모든 이를 유정有情(혹은 衆生)이라고 하는데, 그들이 나아가는 세계는 이전에 행한 업에 따라 결정된다. 죽음은 종말이 아니며, 일찍이 지은 업에 따라 5취 중 어느 한 곳으로 끝없는 생사生死의 유전을 되풀이한다. 생사 윤회한다는 점에서 천계의 유정도 지옥의 유정도 동일하다. 그곳은 다같이 미혹한 세계이다.

이러한 미혹한 세계의 유정은 태어나는 형태에 따라 다시 네 가지의 생, 즉 태생胎生・난생卵生・습생濕生・화생化生으로 나누기도 한다. 일반적으로 인간은 태생이며, 아귀는 태생 혹은 화생, 축생은 태생과 난생과 습생, 하늘과 지옥은 화생이다. 특수한 경우로서 인간 중에도 난생과 습생과 화생이 있을 수 있으며, 가루다나 용과 같은 축생은 화생이다.

그렇다면 도대체 이러한 분류는 어떠한 의미를 지니는가? 자, 어떠한가? 이러한 온갖 세계는 실재하는가? 우리 인간의 세계는 어디쯤 존재하는 것인가? 인간의 세계는 적당한 고통도 있고, 적당한 쾌락도 있다. 가장 뛰어나다는 화생은 아니지만, 난생이나 습생도 아니다. 적당한 고통이 있기에 그것을 두려워하여 천상에 태어날 수도 있고, 적당한 쾌락이 있기에 그것에 더욱 탐닉하여

지옥으로 떨어질 수도 있다.

3계 5취의 분류는 인간을 중간자적인 성격으로 규정한다. 인간은 어디로든 갈 수 있다. 지옥으로도 갈 수 있으며, 천계로도 갈 수 있다. 다른 뭇 종교와 철학에서도 인간을 물성과 천성의 중간자로 규정하지만, 그것들은 궁극적으로 '하늘'을 지향한다. 그것들이 인간을 중간자로 규정한 것은 하늘을 지향하기 때문이다.

그러나 앞서 언급한 것처럼 불교의 경우, 하늘 역시 유위의 세간인 이상 무상 변천을 면할 수 없다. 하늘과 지옥 등은 다만 인간행위에 따른 생사윤회의 궤도일 뿐이다. 그곳들은 오로지 즐거움과 고통만이 감수되는 곳이기 때문에 자발적인 업을 지을 수 없다. 그곳에서의 삶은 모두 이숙異熟의 과보일 따름이다.

아비달마불교의 목적은 궁극적으로 3계 5취의 윤회에서 벗어나는 것이며, 그것은 오로지 인간만이 가능하다. 따라서 3계 5취의 분류는 인간을 본질적으로 열반을 지향하는 존재로 규정하는 것이라고 이해해야 할 것이다.

그 같은 3계 5취의 세계는 객관적으로 실재하는 세계일 수도 있으며, 현실에서 경험하는 관념의 세계일 수도 있다. 그러나 관념의 세계일지라도 그것은 유식불교에서의 논의처럼 '외계대상은 실재하지 않으며 오로지 관념만이 존재한다'는 뜻이 아니다. 깨어나지 못한 미망의 유정에게 있어 그것은 마치 객관적으로 실재하는 것처럼 인식되기 때문에 결코 객관적인 세계와 다르지 않다. 꿈은 다만 깨어난 자에게 있어서만 꿈일 따름이며, 깨어나지 못한 자에게 있어 그것은 결코 꿈이 아니기 때문이다. 그것은 생생한 현실이다. 더욱이 욕계가 두말 할 필요도 없는 현실의 세계라면, 색계와 무색계는 선정(명상)의 세계라는 점이다. 그곳은 선정을 통해 이를 수도 있고, 그 공덕에 의해 다음 생에 태어날 수도 있는 곳이다.

불교에서의 세계는 이처럼 다만 인간의 세계에 한정되지 않는다. 현실의 경험을 토대로 하여 인간의 사유가 미치는 삼라만상의 세계를 포괄한다. 따라서 세계에 대해 해명한다고 할 경우, 이 모든 세계에 적용되어야 하며, 그래서 아비달마의 모든 문제는 지극히 난해하다. 다시 말해 아비달마불교 특히 설일체유부에서는 그들의 일체의 논의 ― 존재의 분석과 번뇌와 업, 그리고 수행 실천에 관한 일체의 논의를 3계 9지(욕계와 색계 4정려와 무색계 4무색정의 단계)와 관련시켜 논의함으로써 대단히 복잡한 이론 체계를 구성하게 되었던 것이다.

앞으로 설명할 '미혹한 세계'에 대한 술어의 이해를 돕기 위해 3계 5취의 세계를 도표로 나타내면 다음과 같다.

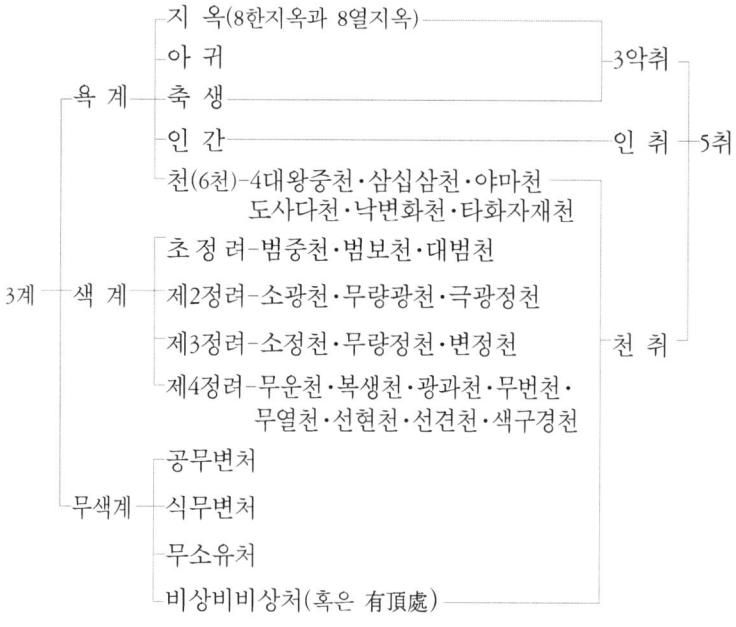

2) 불교의 우주관

앞서 누누이 아비달마불교에 있어 세계란 경험된 세계라고 하였으며, 3계 5취에 대해서조차 현실에서 경험하는 관념의 세계일 수도 있지만, 우리 인간은 자신의 경험을 객관적 사실로 여기는 성벽을 갖기 때문에 이 세계와는 다른 어떤 세계로 간주하는지도 모른다고 하였다. 그렇다. 불교에서의 세계는 모두 주체적이고도 능동적으로 이루어진 경험 즉 업의 소산이다. 그것은 분노의 세계와 마찬가지로 신에 의해 조작된 것도 아니고, 우연적으로 생겨난 것도 아니다.

그렇다면 우리가 경험하는 행·불행의 세계는 그렇다 할지라도 산하대지나 일월성신과 같은 자연의 세계를 어떻게 다만 업의 소산이라고 하겠는가? 불교는 이 물음에 대답하여야만 하였다. 그것은 물론 불타의 일차적인 관심사가 아니었다고 할지라도 세간의 호기심에 대답하지 않으면 안 되었던 것이다.

유정은 각자가 지은 업에 따라 3계 5취를 윤회하지만, 그들의 삶의 토대가 되는 세계(이를 器世間이라고 한다)는 어떻게 이루어지게 된 것일까? 유정의 업에는 크게 유정 각각의 개별적인 업(別業)과 그들 공동의 업(共業) 두 가지가 있는데, 전자가 유정 각자의 삶을 결정짓는 업이라면, 후자는 객관의 세계를 형성하는 업으로, 말하자면 우주적 에네르기라고 할 수 있다.

세계 기원설에 대해서는《장아함경》에 수록된《세기경世記經》과 이것의 별역別譯인《대누탄경大樓炭經》《기세인연경起世因緣經》등에서 설해지고 있지만, 아비달마의 여러 논서를 거쳐《구사론》에 이르러 마침내 구체적으로 집대성된다. 그러나 이것은 불교의 고유한 학설이 아니라 인도 재래의 우주관이 불교의 업설과 관련지어져 정리된 것이라고 해야 할 것이다.

이제 세계가 어떻게 생겨나게 되는 것인지에 대해 그 개요만을 이야기해 본다.

화火·수水·풍風의 크나큰 재앙에 의해 유정과 세간이 모두 멸하는 괴겁壞劫과 더 이상 아무 것도 존재하지 않는 공겁空劫의 시기를 거쳐 어느 시기 마침내 유정의 공업共業에 의해 허공에 미풍이 일기 시작한다. 이 바람은 점차 밀도가 단단해져 급기야 원반 모양의 견고한 대기의 층을 형성하는데, 이를 풍륜風輪이라고 한다. 그 너비는 무한이고 두께는 160만 유선나로,[3] 아무리 힘센 장사라도 이를 부술 수 없다고 한다. 여기에 다시 구름이 일고 비가 내려 수륜水輪을 형성하며, 다시 바람이 물의 층을 후려쳐 응고시킴으로써 금륜金輪을 형성한다.

바야흐로 그 위로 금 은 에머럴드 수정으로 이루어진 수미산이 융기하고, 여덟 산이 그 주위를 에워싸게 되는데, 그 사이는 바다이다. 안쪽의 일곱 바다에는 8공덕수로 가득 차 있으며, 바깥 바다는 짠물이다. 바로 이 바깥 바다에 수미산을 중심으로 하여 남·동·서·북쪽에 각기 섬부주贍部洲(Jambu-dvīpa)·승신주勝身洲(Purvavideha-dvīpa)·우화주牛貨洲(Avaragodānīya-dvīpa)·구로주俱盧洲(Uttarakuru-dvīpa)라는 큰 대륙이 있으며, 그 옆에는 각기 두 곳의 중간 크기의 대륙이 있다.

남섬부주가 바로 우리 인간들이 사는 세계이다. 이 남섬부주의 북쪽에는 세 겹의 흑산이 있고, 흑산 북쪽에는 대설산大雪山과 향취산이 있으며, 그 사이에 아뇩달(Anotatta, 無熱惱)이라고 이름하는 큰 못이 있어 여기서 갠지즈 등의 네 강이 흘러나와 동·남·북·서의 바다로 흘러 들어간다. 그리고 이 못 북쪽에는 섬부贍部라고 이름하는 과실나무의 숲이 있는데, '섬부주'라고 하는 명칭은 바로 여기서 유래한 것이다.

---

[3] 이를 주 2)에 따라 계산하면 5,529만 6천km이다.

다시 남섬부주 아래로 2만 유선나를 지나면 8열지옥과 8한지옥이 있으며, 수미산의 중턱에는 해와 달과 별들이 역시 온갖 유정들의 공업共業에 의해 낳아진 바람에 의지하여 돌고 있다. 그래서 4대주의 일몰과 일출시간이 다른 것이며, 행도行道를 달리하기 때문에 낮과 밤의 길이가 변화한다. 그리고 수미산 중턱에는 4대왕중천, 그 꼭대기에는 삼십삼천, 그 위로는 욕계의 야마·도솔·낙변화·타화자재 등의 4천과 색계 17천의 세계가 있다.[4]

《구사론》 권제11에서는 이 같은 각각의 세계에 대해 매우 자세하게 묘사하고 있는데, 수미산의 높이는 8만 유선나이며, 바다에서 색계 제17천인 색구경천까지의 거리는 1677억 7천 2백 16만 유선나이다.

유정의 공업에 의해 이러한 기세간의 세계가 이루어지면 이제 바야흐로 개별적인 업에 따라 천계로부터 지옥에 이르기까지 유정이 생겨나게 되는데, 이상 세계와 유정이 생겨나는 시기를 성겁成劫이라고 한다. 그리고 남섬부주의 유정들은 태초 그 수명이 이루 헤아릴 수 없을 만큼 길었지만 그들의 업에 따라 10세로 감소하고, 다시 8만세로 증가하기를 되풀이하다가 마침내 괴겁을 맞이하게 된다. 이 같은 성·주·괴·공의 기간을 1대겁大劫이라고 한다.

나아가 수미산을 중심으로 한 이 같은 세계가 각기 일천 개가 있는 것을 일 소천세계小千世界라 하고, 천 개의 소천세계를 일 중

---

[4] 무색계는 앞서 말한 대로 공간적 부피를 갖지 않기 때문에 구체적인 위치를 갖지 않는다.

천세계中千世界라고 하며, 천 개의 중천세계를 일 대천세계大千世界라고 한다. 다시 말해 이 우주에는 10억 개의 이 같은 수미산의 세계가 있으며, 1대겁에 걸쳐 생성과 소멸을 되풀이한다. 이 세간은 참으로 광대 무변하며, 그것의 생성과 소멸 또한 시작도 끝도 없이 억겁을 두고 이어지고 있다. 이것이 불교의 우주관이다.

2. 업

이처럼 세계와 유정의 모든 차별 및 그것의 생성과 소멸은 유정의 업력에 따른다. 우리의 삶을, 세계를 결정짓는 것은 우리의 업이다. 초기경전에서 누누이 설하고 있는 것처럼 "태어남(즉 종성)에 의해 바라문이 되는 것이 아니며, 태어남에 의해 천민이 되는 것이 아니다. 오로지 고귀한 업에 의해 바라문이 되고, 비천한 업에 의해 천민이 된다."5) 그렇다고 할 때 이렇게 단언할 수 있으리라. '오로지 업만이 존재할 따름이다.'

업에 의해 세계가 드러나며, 자아 또한 업에 의해 드러나는 가설적 존재일 뿐이다.6) 중국의 불교사상가들은 이 같은 점에서 아비달마불교의 사상(연기설)을 업감연기설業感緣起說이라고 하였다.

업(karman)이란 '짓다' '행하다' '낳다'는 뜻의 어원 $\sqrt{kr}$에서 파생된 말로서, 일차적으로는 활동 일 행위를 의미한다. 그러나

---

5) 《잡아함경》권제4 제102경(대정장2, p.29상); 《별역잡아함경》권제13 제268경(동 p.468상).
6) 본서 3장 3-2) '무아론과 윤회상속'을 참조할 것.

인과의 관념과 결합되어 결과를 낳게 하는 힘으로 간주되기도 한다. 즉 선악의 모든 행위는 반드시 즐겁거나 괴로운 과보를 초래한다는 것이다. 이에 따라 업은 현생에서뿐만 아니라 전생으로부터, 혹은 내생으로까지 이어진다고 생각하게 되었고, 바야흐로 윤회라고 하는 관념을 낳게 되었다. 업의 존재를 인정하는 한 윤회는 필연적인 것이다. 이 같은 관념은 불교 이전부터 존재하였던 인도의 보편적 사유로서, 이것이 불교에 도입되었던 것이다.

그런데 업이 결과를 낳게 하는 힘으로 규정될 때, 그것은 결정론적이고도 숙명론적인 것으로 간주되기도 한다. 과거(전생)의 업이 현재의 자신의 존재방식을 결정짓는다고 생각하는 이상, 그것은 이미 결정된 것으로서 현재로서는 어떻게 할 수 없다는 체념을 수반하기도 하는 것이다. 이 같은 체념은 현재의 어떠한 의지도 노력도 부정하는 어두운 모습으로 나타나기도 하며, 그래서 불교는 부정적이고 비관적이며, 회의적이고 염세적인 종교로 비쳐지기도 한다.

그러나 불교의 업설은 결코 비관적이거나 체념적인 인생관은 아니다. 인도의 저명한 철학자 라다크리슈난은 이렇게 말하고 있다. "불행하게도 업의 이론은 인간의 마음이 약해지고 최선을 다하고자 하는 열정이 상실될 때, 숙명론과 혼동되었다. 그것은 타성과 나태의 구실이 되었으며, 절망의 말이 되어버렸다. 결국 희망을 전하는 메시지로서의 의미를 상실해버렸던 것이다."[7]

---

[7] S. 라다크리슈난, 《인도인의 인생관(*Hindu View of Life*)》(허우성 역, 서광사, 1994), pp.75~76.

불교의 업설은 결코 숙명론이 아니다. 앞서 '제법의 인과관계'에서 언급하였던 것처럼 싹은 씨앗으로부터 생겨나지만, 씨앗이 바로 싹이 되는 것은 아니다. 그것은 수분이나 광선 온도 등의 일정한 조건에서만 비로소 싹을 틔우게 된다. 그리고 그 조건은 항상 현재의 몫이다.

뿐만 아니라 인간행위(즉 이숙인)에 의해 산출되는 그 과보(이숙과)는 무기로서, 그 자체로서는 또 다른 결과를 낳지 않는다. 예컨대 악취나 천계는 이숙과일 뿐, 거기서는 미래를 향한 새로운 업을 지을 수 없다. 따라서 업의 과보는 결코 피할 수 없지만, 그것이 미래의 존재를 규정짓지는 않는다. 미래는 항상 현재의 행위에 따라 결정되며, 인간의 행위는 그것이 선이든 악이든 항상 순간순간 현재의 의지에 따라 일어난다. 업은 항상 창조적이다.

이렇듯 업은 불교에 있어 세계창조의 원동력이라 할 수 있다. 그렇다면 업이란 무엇인가? 우리에게 경험되는 세계가 그러하듯이 인간의 행위 역시 일견 단순한 것 같지만, 그것은 결코 그렇지 않다. 무릇 하나의 행위는 수많은 조건에 의해 행해지며, 그것은 또 다른 행위를 낳는 원인이 된다. 그럴 때 행위의 조건은 무엇이고, 그 본질은 무엇인가? 선악의 기준은 무엇이며, 선악의 행위는 어떻게 이루어지는가? 나아가 행위 결과와의 관계, 다시 말해 그것의 인과적 순환고리는 어떠한가? 《대비바사론》에서는 두 번에 걸쳐 이렇게 탄식하고 있다.

업과 그 과보(5趣의 삶)의 양상은 참으로 심오하고 참으로 미세하여 관찰하기도 어렵고 깨달아 알기도 어렵다. 그 까닭이 무엇인가? 여래가 설한 일체의 경전 중에서 업과 그 과보의 차별상을 밝힌 업경業經(즉 율장)만큼 심오한 것이 없으며, 12전轉(연기) 가운데 업(즉 '行'과 '有')만큼 심오한 것이 없으며, 부처의 10력力 가운데 업력(즉 業異熟智力)만큼 심오한 것이 없으며, 《발지론》의 8품 가운데 〈업품〉만큼 심오한 것이 없으며, 4부사의不思議 가운데 업부사의만큼 심오한 것이 없기 때문이다.8)

그런 까닭에 알고자 하기만 하면 모든 것을 다 아시는 부처님께서도 방에 들어가 오로지 골똘히 생각해 보아야 하였다고 논설하고 있다. 곧 업을 알아야 유정의 삶을 바로 이해할 수 있다는 것이다.

1) 업의 종류와 본질

일반적으로 행위는 이른바 신身·어語·의意라는 신체적 언어적 의식적인 세 가지 형태로 분류된다. 아비달마의 전통적 해석에 따르면, 신업은 몸을 근거로 하여서만 드러나기 때문에 소의所依에 따른 분류이고, 몸이나 마음은 그 자체가 업이 아니지만 말은 바로 그 자체가 업이기 때문에 어업은 자성自性에 따른 분류이며, 의업은 앞의 두 업의 동기가 되기 때문에 등기等起에 따른 분류이다. 이 가운데 앞의 두 가지는 밖으로 표출된 행위 즉 표업表業이고, 후자는 내적인 의지작용 즉 사업思業이다. 따라서

---

8) 《대비바사론》 권제113(한글대장경122, p.297); 동 권제41(한글대장경119, p.374).

앞의 두 가지 행위를 의지의 발로에 의해 드러난 업 즉 사이업思 已業이라고도 한다.

그럴 경우 표업의 본질을 의지로 볼 것인가, 아니면 그 결과로 서 드러난 행위의 구체적 형태나 말소리로 볼 것인가? 이는 동기 론과 결과론의 문제이기도 하다. 또한 어떤 한 행위는 시간적으 로 일정한 길이를 갖고 성립하는 것으로, 행위를 시작할 때 그 끝은 아직 나타나지 않았고, 행위의 마지막 형태가 나타났을 때 그 최초의 부분은 이미 사라져 버렸는데, 행위의 본질(결과를 낳 는 유효한 행위)을 어느 찰나에 둘 것인가?

나아가 행위의 인과상속을 어떻게 해명할 것인가? 다시 말해 유위제법이 찰나생멸한다고 할 때, 행위 역시 이루어지자마자 바 로 소멸하는데, 소멸된 행위가 어떻게 그 결과를 산출할 수 있는 것인가? 선인선과(아비달마적으로 말하면 善因樂果) 악인악과, '콩 심은 데 콩나고 팥 심은 데 팥난다'는 사실은 다만 정서적인 믿 음의 대상일 뿐인 것인가?

일반적으로 생각할 때 표업은 이미 의지의 발로에 의한 것이 기 때문에 그 본질은 당연히 의지 즉 '사思'일 것이고, 따라서 의 업은 모든 행위 중에서 가장 본질적인 것이 된다. 그러나 표업은 의지의 발로에 의해서만 이루어지지 않는다.

예를 들어 어떤 도둑이 금 덩어리라고 생각하고 훔쳐간 것이 돌덩이였을 경우, 의식상으로는 도둑질이 되지만 훔친 물건과 관 련해 볼 때 그것은 도둑질이 아니다. 혹은 어떤 사람에 대해 원 한을 가진 자가 그의 집에 불을 질렀을 경우, 그 불은 방화자의 의사와 관계 없이 마을 전체를 태우기도 한다. 이처럼 행위가 어떤 구체적인 대상과 관련될 때 그것은 행위자의 의사와는 전혀 다른 형태로 표출될 수도 있는 것이다.

나아가 살인을 하려고 하였으나 기회가 닿지 않아 뜻(思)을 이루지 못했을 경우와 다른 이를 도와 주려고 하다가 그만 살인이라고 하는 결과를 낳았을 경우, 양자는 엄격히 구별된다. 즉 전자의 경우는 회개하여 그 사람과 계속 친분을 유지할 수 있지만, 살인이라고 하는 구체적인 행위는 그 같은 사태 이전으로 결코 환원될 수 없다. 왜냐하면 그것은 의지의 발로에서가 아닌 물리적인 특성을 갖는 것이기 때문이다. 다시 말해 의식은 어쨌든 전후 간단없이 상속하기 때문에 언제든지 회개가 가능하지만, 물리적인 행위의 경우 오로지 일회적인 것으로서 일단 행해져 끝나게 되면 결코 돌이킬 수 없는 것이다.

유부에 의하는 한, 사업思業에 의해 낳아진 신·어표업의 본질은 신체적 형태와 말소리이다. 그것은 앞에서 분별한 바와 같이 물질적 존재(色法)의 하나이다. 이를테면 표업은 예비적인 행위(이를 加行이라고 한다)와 본격적인 행위(이를 根本業道라고 한다), 그리고 그에 따른 부수적인 행위(이를 後起라고 한다) 등으로 구성되어 일정한 시간에 걸쳐 일어나기 때문에 그 전체를 하나의 행위로 볼 수 없고, 오로지 근본업도가 성취되는 순간, 예컨대 살인의 경우 상대방의 목숨이 끊어지는 순간, 거짓말의 경우 상대방이 속아넘어가는 순간 하나의 행위가 완성되며, 이 때 행위자의 신체적 형태와 말소리가 바로 행위의 본질이 된다.

즉 경험의 현상세계를 온갖 존재로 분석하여 그것의 찰나성만을 인정하는 유부로서는, 근본업도가 성취되는 순간의 극미로 이루어진 신체의 구체적 형태와 말소리를 표업의 본질로 보지 않을 수 없었던 것이다.9) 따라서 그들에게 있어 의지(즉 思業)는 다만 예비적 행위의 순간을 구성하는 존재일 뿐이다. 이 같은 업의 이해는 다음에 설할 무표업과 함께 다른 부파의 학설과는 대비되는 매우 독특한 주장이라고 할 수 있다.

이를테면 형태(形色)란 다만 색채(顯色)의 차별로써 드러나는 가설적 존재라고 주장하는 경량부에서는, 신표업은 다만 의지 즉 사思가 신체를 매개로 하여 밖으로 표출된 것(그래서 경량부에서는 어표업과 함께 이를 動發勝思라고 한다)일 뿐이기 때문에 그 본질은 신체적 형태와 같은 물질적 존재가 아니라 마음의 작용인 의지이며, 나아가 미래의 결과 역시 다음에 설할 무표업에 의해서가 아니라 바로 이 같은 의지의 변화에 의해 낳아진다고 주장하고 있다. 또한 상좌부에서도 업은 모두 의지의 발로에 의한 것이라고 하여 의지와 신身·어語·의意 3업을 구분하고 있는 것이다.

그렇다면 근본업도가 성취되는 순간의 신체적 형태와 말소리가 어떻게 그 과보를 낳게 되는 것인가? 유부에 따르면, 표업은

---

9) 이에 반해 정량부(正量部)에서는 일련의 행위 전체를 신표업의 본질이라는 '행동설(行動說)'을 주장한다. 그들에 따르면 유위법 중에 심·심소나 소리, 빛 등은 찰나멸이기 때문에 '행동'이라 할 수 없지만, 불상응행법이나 신표업·색신·산천초목 등의 색법은 찰나에 생멸하는 것이 아니라 결과를 낳기까지 지속[暫住滅]한다. 그래서 색신은 일련의 전체적인 하나의 행동을 조작할 수 있으며, 신표업의 인과상속도 그래서 가능하다.

행위된 순간 눈에 보이지 않는 또 다른 업을 낳는데, 그것은 우리가 행위할 때의 마음과 다른 상태에 있든지 혹은 무념의 상태에 있든지 간에 항상 잠재 상속하여 이숙의 과보를 초래함으로써 우리의 현실적 삶을 규정한다. 유부에서는 선행된 행위로 하여금 그에 상응하는 과보를 낳게 하는 이 같은 눈에 보이지 않는 형태의 업을 무표업無表業이라고 하였는데,[10] 4대종으로 이루어진 물질적 존재인 신체적 형태와 말소리에 근거한 것이기 때문에 무표색이라고도 한다. 이는 불교의 여러 학파 중에서도 오직 유부만이 주장하는 교설로서, 그들은 다음의 8가지 논거로써 이것의 실재성을 논증하고 있다.

첫째와 둘째, 경에서 색에는 유견유대有見有對・무견유대無見有對・무견무대無見無對의 세 종류가 있다고 설하고 있으며, 또한 무루색의 존재를 설하고 있기 때문이다. 그런데 만약 무표색이 존재하지 않는다면, 무엇을 볼 수도 없고 공간적 점유성도 지니지 않은 색이라고 할 것이며, 무엇을 번뇌를 수반하지 않는 색이라고 할 것인가?

셋째, 경에서 세간의 복이나 출세간의 복은 상속 증장增長한다고 설하고 있기 때문이다. 그런데 만약 무표업이 존재하지 않는다면, 그 때의 마음은 이미 소멸하고 다른 마음이 생겨났는데 어떻게 그것이 단절되지 않고 증장할 수 있을 것인가?

---

[10] 의업 즉 사(思) 역시 외부로 표출되지 않기 때문에 무표라고 할 수도 있겠지만, 유부의 무표는 신・어의 표업과 마찬가지로 대종소조로서 철저하게 표업의 성질을 갖는 것이다. 즉 의업은 표업의 성질을 갖지 않기 때문에 무표업이라고 할 수 없다.

넷째, 만약 무표업이 존재하지 않는다면 타인을 시켜 사람을 죽이게 하였을 경우, 교사자는 마땅히 그 업을 성취하지 않게 될 것이다. 왜냐하면 다른 사람에게 시키는 표업(즉 어표업)은 그가 한 살인이라는 행위에 포함되지 않으며, 또한 그것이 살인을 행할 수 없기 때문이다. 다시 말해 그것은 다만 예비적인 행위이지 본격적인 행위는 아닌 것이다. 그럼에도 교사자가 살인의 업을 성취하게 되는 것은 바로 무표업이 존재하기 때문이다.

다섯째, 경에서 법처를 외처外處이고, 11처에 포섭되지 않는 법이며, 무견무대라고 설하고 있는데, 여기에 '무색법'이라는 말을 언급하지 않은 것은 색법인 무표색이 법처에 포섭되기 때문이다.

여섯째, 만약 무표색이 존재하지 않는다면 무루정려에서는 말하지 않고 몸을 움직이지도 않으며, 세속의 현실생활로부터 벗어나기 때문에 8정도正道 중의 정어正語·정업正業·정명正命이 배제되어야 하겠지만, 그러한 상태에서도 그것의 무표가 여전히 존속하기 때문에 8성도지聖道支가 이루어질 수 있는 것이다.

일곱째, 만약 무표색이 존재하지 않는다면 계계戒를 받더라도 그 힘이 상속될 수 없으며, 그럴 경우 악심이나 무기심을 일으킬 것이므로 비구라고 이름할 수도 없어야 한다. 그러나 수계 이후 그를 비구라고 하는 것은 계의 무표 즉 별해탈율의가 상속하기 때문이다.

여덟째, 경에서 '계는 강물을 막는 제방처럼 항상 상속하여 범계犯戒를 막기 때문에 제당계堤塘戒라고 이름한다'고 하였으니, 그것은 제방에 상응하는 실체 즉 수계의 무표색이 존재하기 때문에 그렇게 말한 것이다.

이에 대해 유부의 가장 강력한 대론자對論者였던 경량부에서는 무표색의 실재성을 부정하고 있다. 왜냐하면 예컨대 계 즉 율의 律儀를 수지하고 목숨이 다할 때까지 살생 등을 범하지 않게 되는 것은, 서원이라는 어표업語表業에 근거한 무표업 때문이 아니라 계를 받는 순간의 의식작용인 의지와 그것의 잠재세력(思種子)이 상속하기 때문이라는 것이다. 또한 유부의 무표색은 과거 대종에 근거하여 설정된 것이지만, 그들에 의하는 한 과거의 법은 실재하지 않으며, 나아가 모든 무표는 색법의 특성, 이를테면 공간적 점유성을 지니지 않기 때문이다.

아무튼 이상에서 설명한 업의 종류를 도표로 나타내면 다음과 같다.

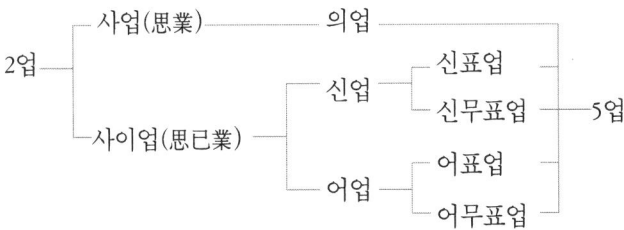

2) 율의·불율의와 선악의 기준

(1) 율의律儀와 불율의

그런데 무표업은 모든 표업에 의해 낳아지는 것은 아니다. 오로지 그 세력이 강성한 표업만이 무표업을 낳을 수 있다. 그렇다면 어떠한 표업이 강성한 것인가? 그것은 필경 강력한 의지에 의해 표출된 업일 것으로, 예컨대 수계식과 같은 맹서의 의식儀式을 통한 행위나 선악의 성격이 분명한 행위가 그러할 것이다.11)

이를테면 다른 이들 앞에서 어떤 이를 죽이기로 맹서하고 죽이는 것과 다만 탐욕의 결과 죽이는 것, 그리고 우발적으로 죽이는 것은 동일한 살인이라 하더라도 그 세력의 강도가 다를 수밖에 없다. 반대로 불살생을 선언하고서 살아 있는 것을 죽이지 않는 것과 가엾은 마음에서 죽이지 않는 것, 그리고 무의식적으로 죽이지 않는 것 사이에는 작용하는 힘의 강도가 다를 수밖에 없다.

맹서를 지키는 것을 계戒(śila)라고 한다. 맹서에 따른 행위 즉 계는 편안함을 낳기 때문에 청량淸凉이라고도 하며, 그에 반한 행위를 막는다는 뜻에서 율의律儀(saṃvara)라고도 한다. 혹은 이 같은 힘으로 인해 여섯 감관을 능히 제어할 수 있기 때문에 조복調伏(vinaya)이라고도 한다. 그러나 악의 집단이 아닌 이상 우리의 맹서는 대개 선善에 관한 것이므로 이를 다만 계(혹은 善戒) 또는 율의라 하고, 악과 관련된 맹서만을 악계惡戒 또한 불율의라고 한다. 그리고 맹서와 관계 없이 이루어진 선악의 행위는 선계도 아니고 악계도 아니기 때문에 비율의비불율의(혹은 處中)라고 한다.

---

11) 그래서 행위일반을 의미하는 '업'이라는 말은 이미 의지에 의해 조작되어 표출된 것이므로 '과보를 낳게 하는 힘' 혹은 '의식(儀式)'이라는 세 가지 의미를 지니게 된 것이다.(《대비바사론》권제113, 한글대장경122, p.301 ; 대정장27, p.587중, "由三義故名爲業. 一作用故, 二持法式故, 三分別果故.") 후자의 경우는 특별히 갈마(羯磨)로 음역된다.

사실상 유부에 있어 무표업은 바로 이 같은 율의의 지속을 해명하기 위한 이론이라 할 수 있다. 그것이 해명되지 않는 한 열반을 향한 수행의 의미 또한 상실되기 때문이다. 불교에 있어 율의에는 그가 닦는 수행도에 따라 세 가지로 나누어진다. 욕계에서의 계 즉 방비지악防非止惡의 힘을 별해탈율의別解脫律儀라 하고, 색계 정려와 무루도를 닦을 때 생겨나는 그 같은 힘을 정려율의靜慮律儀(또는 定共戒)와 무루율의(혹은 道共戒)라고 한다.

별해탈율의(prātimokṣa saṃvara, 혹은 波羅提木叉로도 음사함)란 수계受戒할 때 각각의 계법戒法에 대해 획득하는 무표로서, 각각의 계법에 따라 각기 별도의 해탈을 얻기 때문에 '별해탈'이라고 이름하였다. 예컨대 불살생계는 살생으로부터 벗어나게 하며, 불투도계는 도둑질로부터 벗어나게 한다. 여기에는 그가 소속된 집단의 유형이나 신체적 형태에 따라 8가지가 있는데, 다음과 같다.

첫째, 출가남성이 수계하여 획득하는 비구율의(혹은 비구계).

둘째, 출가여성이 수계하여 획득하는 비구니율의.

셋째, 비구니가 되기 위한 1년간의 시험기간 동안 획득하는 정학율의正學律儀(혹은 式叉摩那戒).

넷째, 20세의 비구가 되기 전까지 획득하는 근책율의勤策律儀(혹은 사미계).

다섯째, 20세의 비구니가 되기 전까지 획득하는 근책녀율의(혹은 사미니계).

여섯째, 재가남성이 획득하는 근사율의近事律儀(혹은 우바새계).

일곱째, 재가여성이 획득하는 근사녀율의(혹은 우바이계).

여덟째, 재가의 남녀가 단기 출가하여 하루 밤낮을 기한으로 하여 수지하는 근주율의近住律儀(혹은 우파바사계).

이 중의 앞의 5가지 율의는 일체의 악행과 성적性的 행위를 떠난 이의 율의이고, 근사와 근사녀율의는 악행만을 떠난 이의 율의이며, 근주율의는 악행과 욕행欲行을 완전히 떠날 수 없는 자의 율의이다. 그러나 8가지 율의는 출가·재가와 남녀의 신체적 형태에 따라 분류된 것이기 때문에 실제적으로는 비구와 근책과 근사 그리고 근주로 분류될 수 있으며, 이 네 가지는 다음의 행위를 떠날 때 획득된다.

첫째, 근사율의는 살생과, 주지 않는 것을 취하는 것과, 사음과, 거짓말과, 술을 마시는 것 등의 5가지 일을 떠날 때 획득된다.

둘째, 근주율의는 살생과, 주지 않는 것을 취하는 것과, 성적 행위와, 거짓말과, 술을 마시는 것과, 향을 바르고 꽃다발로 몸을 장식하거나 춤추고 노래하며 그것을 보고 듣는 것과, 높고 넓으며 아름다운 평상이나 의자에서 자거나 앉는 것과, 먹을 때가 아닌데 먹는 것 등의 8가지 일을 떠날 때 획득된다.

셋째, 근책율의는 앞의 근주율의 중 여섯번째를 '향을 바르고 꽃다발로 몸을 장식하는 것'과 '춤추고 노래하며 그것을 보고 듣는 것'으로 나누고, 여기에 다시 금은 등의 보배를 받거나 축적하는 것 등의 10가지 일을 떠날 때 획득된다.

넷째, 비구율의는 마땅히 떠나야 할 일체의 세속적 신·어업을 떠날 때 획득된다.[12]

---

12) 이른바 비구 250계, 비구니 348계가 바로 그것이다. 그러나 이는 법장부

이와 같은 율의는 맹서의 말을 발하여 계를 받는 순간 그에 상응하는 각각의 악업으로부터 벗어나기 때문에 '별해탈'이라고 한 것이며, 그것은 의지에 의해 조작되어 발성된 것이기 때문에 표업이지만 다음 순간부터 그것을 버리기 전까지 눈에 보이지 않는 힘으로서 작용하기 때문에 오로지 '율의' 즉 무표업이라고 하는 것이다.

그렇다면 반대로 선계善戒의 획득을 막는 불율의란 무엇이고, 어떻게 성취되는가? 불율의란 항상 해코지하려는 마음(害心)을 갖는 것으로, 이를테면 양이나 닭 등을 죽이고, 도둑질을 하고 사형을 집행하는 따위의 악업을 말한다. 이는, 불율의를 생업으로 삼는 집에 태어난 자가 처음으로 살생 등의 가행加行을 일으킬 때와 불율의를 생업으로 하지 않는 집에 태어난 이가 '나는 살생 등의 일로써 생계를 유지하리라'고 맹서할 때 획득된다.

그리고 율의도 아니고 불율의도 아닌 무표는 다만 스스로의 의지적 결단에 의해 행해진 선·악업을 말하는 것으로, 예컨대 사원에 보시하거나 공양을 베푸는 일과 같은 비계율적인 선업이나 생활의 수단으로써나 맹세에 의한 것이 아닌 상황에 따른 악업을 말한다.

(法藏部)의 소속으로 알려지는 《사분율(四分律)》에서의 경우이고, 설일체유부에 소속되는 《십송율(十誦律)》의 경우 비구 263계, 비구니 354계이며, 유부의 《신율(新律)》(완전한 명칭은 《근본설일체유부비나야》와 《근본설일체유부필추니비나야》)에 따르면 비구 249계, 비구니 358계이다.

(2) 선악의 기준

그렇다면 무엇이 선이고, 무엇이 악인가? 이는 철학사에 있어 지극히 난해하고도 오래된 문제이다. 선이란 타율적인 것인가, 자율적인 것인가? 경험적인 것인가, 선험적인 것인가? 아비달마불교에서의 선은 일종의 공리주의적인 성격을 지닌다. 즉 참으로 애호愛護할 만한 안온한 과보를 초래하여 유정을 이익되게 하는 것을 선업(혹은 福業)이라 하고, 이와 반대되는 업을 불선업(혹은 비복업)이라고 한다. 또한 그것은 제법분별에 따른 존재론적인 성격을 지닌다.

그러므로 아비달마불교에 있어 최고의 선(이를 勝義善이라고 한다)은 두말 할 것도 없이 열반이다. 열반은 모든 괴로움이 영원히 적멸된 최고의 안온이기 때문이다. 또한 더 이상 무상 변천하지 않는 무위법이기 때문에 참된 의미의 선은 오로지 이것뿐이다. 열반은 선 중의 선이며 복 중의 복이다. 이에 반해 미혹의 유위세계는 생멸 변천의 세계로서, 어떠한 안온도 영원히 지속하지 않기에 본질적으로 불선(勝義不善)이다.

그렇다고 할지라도 덕 있는 자를 공경하고 자신의 죄과를 부끄럽게 여기는 것과, 탐욕이 없고 미워함이 없으며 어리석음이 없는 무탐無貪·무진無瞋·무치無癡의 의식작용은 그 자체로서 선(自性善)이다. 그리고 이러한 의식작용과 상응하여 일어나는 그 밖의 마음과 그 작용도 역시 선(相應善)이며, 이것에 의해 일어난 신·어의 표업과 무표업 또한 선(等起善)이다. 비록 최고선인 열반의 경지에서 본다면 이 같은 유위법은 모두 불선으로 볼 수 있지만,

그것이 초래하는 현실적인 과보에 따라 선으로 규정되는 것이다.

한편 이와 반대로 덕 있는 자를 공경하지 않고 자신의 죄과를 부끄러워하지 않는 등의 의식작용은 그 자체로서 불선이며, 이와 상응하는 그 밖의 마음과 이에 따라 일어난 신·어의 표업과 무표업 또한 불선이다.

이 같은 선악의 분별은 제법분별에 따른 필연적인 것으로, 예컨대 열반이 병이 없는 상태라면, 그 자체로서 선인 무탐 등의 의식작용은 양약에, 이와 상응하는 마음과 그 작용은 양약이 섞인 물에, 이에 따라 일어난 표업과 무표업은 양약이 섞인 물을 마신 소의 젖에 비유된다. 혹은 반대로 유루의 유위세간이 고질병에 걸린 상태라면, 그 자체로서 불선인 탐 등의 의식작용은 독약에, 이와 상응하는 마음과 그 작용은 독약이 섞인 물에, 이에 따라 일어난 신·어업은 독약이 섞인 물을 마신 소의 젖에 비유되기도 한다.

3) 10업도業道와 그 과보

행위는 일 찰나에 이루어지지 않으며, 전후 찰나에 걸쳐 연속적으로 일어난다. 우리는 이 같은 일련의 행위에 있어 어느 찰나를 행위의 본질이라고 할 것인가? 다시 말해 어느 순간에 그 행위의 성격을 규정하는 무표업이 존재한다고 해야 할 것인가? 이 같은 물음에 따라 아비달마불교에서는 행위를 세 단계로 나눈다. 예컨대 소를 죽이는 행위의 경우, 최초로 살의를 일으켜 소를 끌고 와 몽둥이나 칼로 치고 베어 목숨이 끊어지기 전까지의 업은 가행加行 즉 예비적 단계의 행위이며, 목숨이 끊어지는 찰나의 업은 근본업도根本業道 즉 본격적인 행위이며, 목숨이 끊어진 후 가죽을 벗기거나 살을 자르는 등의 업은 후기後起 즉 부수적인 행위이다.

따라서 그 같은 일련의 행위의 성격은 근본업도에 따라 결정되며, 이 때 살생의 무표업이 생겨난다. 물론 예비적 단계의 행위와 부수적인 행위에도 역시 세 가지 요소를 모두 갖추고 있기 때문에 업도라고 할 수 있지만 가행은 근본을 위해, 후기는 근본에 의해 비로소 일어나며, 또한 가행과 후기는 근본에 비해 거칠게 나타나지 않기 때문에, 다시 말해 그 과실이 막중하지 않기 때문에 업도라고 하지 않는 것이다.

이처럼 행위는 결코 찰나적이거나 일회적이지 않으며, 중첩되어 일어난다. 행위는 그것이 초래하는 과보의 성질과 종류, 과보가 초래되는 시기나 세계 혹은 적용되는 범위에 따라 여러 형태로 분류되지만, 기본적으로 10악업도와 10선업도로 분류된다. 즉 앞서 언급한 선법에 의해 일어나는 신·어·의 3업은 지자智者가 찬탄하고 참으로 애호할만한 과보를 초래하기 때문에 묘행妙行이라 하고, 불선법에 의해 일어나는 3업은 그렇지 않기 때문에 악행惡行이라 하는데, 불교에서는 이 같은 악행과 묘행 가운데 그 성격이 보다 구체적이고도 분명하게 드러나는 것, 다시 말해 그 결과(과실과 공덕)가 막중한 것을 10악업도와 10선업도로 분별하고 있는 것이다.

살아 있는 것을 죽이고(殺生) 주지 않은 물건을 취하며(不與取), 그릇된 방식으로 여인을 취하는 것(欲邪行)은 신체적인 악업도이고, 자신의 생각과는 다르게 하는 말(虛狂語, 구역에서는 妄語), 남을 허물어뜨리려고 하는 말(離間語, 구역에서는 兩舌), 남을 헐뜯기 위해 발하는 아름답지 못한 말(麤惡語, 구역에서는 惡口), 진실이 아닌 온갖 더러운 말(雜穢語, 구역에서는 綺語)은 언어적인 악업도이며, 탐욕(貪)과 미워함(瞋)과 어리석음(邪見)은 의식적인 악업도이다. 그리고 이상의 악업도에서 떠나는 것이 선업도이다.

참고로 유부의 경우, 탐욕과 탐욕에서 떠나는 것(즉 무탐) 등의 악행과 묘행은 그 자체로서는 업이 아니지만 의업意業 즉 사思가 드러나는 통로(道)가 된다는 점에서 '업도'라고 하였다.13) 그 밖의 7가지는 그 자체 업이면서 '사'가 드러나는 통로가 되기 때문에 업의 도 즉 업도이다.

《구사론》에서는 이러한 10업도와 그 가행이 이루어지는 조건에 대해 상세하게 분별하고 있다.14) 이를테면 살생의 가행은 고기와 가죽을 얻고자 하는 등의 탐욕에 의해, 원수를 제거하려는 진에에 의해, 하늘에 태어나기 위해 짐승을 희생犧牲하려는 등의

---

13) 앞서 언급한 것처럼 제법분별을 그들 교학의 선행조건으로 삼는 유부에서는 이처럼 탐·진·사견과 사(思) 즉 의업을 개별적인 존재로 이해하고 있지만, 경량부의 경우 '사' 등의 모든 심소는 다만 마음의 상속이 전변 차별된 상태에 지나지 않기 때문에 탐·무탐 등이 바로 의업이다. 이에 대해 유부 비바사사는 이같이 힐난하고 있다. "탐·진·사견이 바로 업 즉 사업(思業)이라면, 번뇌와 업이 동일한 것이라고 해야 할 것이다."(《구사론》권제16, 앞의 책, p.732)
14) 《구사론》권제16(앞의 책), p.745이하.

어리석음에 의해 일어난다. 즉 이러한 3불선근에 의해 죽이려고 하는 의지를 일으키고, 다른 유정에 대해, 다른 유정이라는 생각을 갖고, 칼로 죽여야겠다는 등의 살생의 가행을 일으켜, 착오없이 그를 죽일 때 살생업도를 성취하게 된다.

나아가 유부 인과론상에서 볼 때 이러한 업도는 결과와 동시적 관계가 아니기 때문에 사용과를 제외한 이숙·등류·증상의 세 가지 과보를 낳게 된다. 그렇다면 그들은 업도와 세 가지 과보 사이의 관계를 어떻게 규정하고 있는가?

예컨대 살생의 경우 가행의 단계에서 상대방을 괴롭게 하였기 때문에 지옥에 태어나는 이숙과를 받고, 그 후 숙세의 선업(이를테면 순후수업; 뒤에 설함)에 따라 인간으로 태어나는 등류과를 받을지라도 다른 이의 목숨을 끊은 업도로 말미암아 수명이 짧아지며, 후기에서 상대방의 위엄(이를테면 활동의 근원이 되는 정기)을 허물어뜨렸기 때문에 외적인 물자가 궁핍하게 되는 증상과를 받게 된다고 하였다.15)

---

15) 그 밖의 다른 업도에 따른 등류과의 차별은 다음과 같다. 불여취를 행한 자는 물자가 궁핍해지고, 욕사행을 행한 자는 아내가 정숙하지 않게 되고, 허광어를 행한 자는 많은 비방에 시달리게 되고, 이간어를 행한 자는 친구와의 화목함이 깨어지게 되고, 추악어를 행한 자는 항상 좋지 못한 소리를 듣게 되고, 잡예어를 행한 자는 말에 위엄이 없어 다른 이로부터 신뢰를 받지 못하며, 탐욕자는 탐욕이 치성하고, 진에자는 미워함이 증가하고, 사견자는 어리석음이 증가한다. 증상과의 경우, 불여취로 인해 많은 서리와 우박을 만나 농사가 황폐하고 과실이 적어지며, 욕사행으로 인해 진애(塵埃)가 많아지며, 허광어로 인해 악취의 더러움이 많아지며, 이간어로 인해 사는 곳이 험난해지며(그래서 친구의 왕래가 끊긴다), 추악어로 인해 악촉(惡觸)이 많아지고, 밭에는 가시나 자갈과 염분이 많아진다. 또한 잡예어로 인해 시

이처럼 우리의 삶(생)을 구체적으로 드러내고, 또한 그 내용을 규정하는 업은 찰나 찰나 꼬리에 꼬리를 물고 이루어진다. 그것은 단일하지 않으며, 복합적이고도 중첩적이다. 그렇다면 어떤 한 유정의 생은 하나의 업에 의해 산출되는 것인가, 다수의 업에 의해 산출되는 것인가? 혹은 하나의 업에 의해 단지 한 번의 생만이 낳아지는 것인가, 여러 번의 생이 낳아지기도 하는 것인가?

유부 제법분별에 따르면 유정은 유정으로서의 보편성 즉 동분을 갖기 때문에 유정이라 불리는 것으로,[16] 그 같은 동분을 획득할 때 비로소 유정의 생이 낳아지게 된다. 따라서 한 유정의 생을 현상시키는 보편적 동분(무차별동분)은 하나의 업에 의해 초래된다. 즉 유부의 이론상 후생後生을 초래하는 업은 이숙과와 그 시기가 결정된 정업定業인데, 만약 하나의 업이 여러 생을 초래한다면 그 과보는 어느 생에서 낳아지게 될 것인가 하는 혼란이 야기된다. 또한 하나의 업은 한 가지 결과만을 산출하기에 다수의 업이 한 번의 생을 낳는다고 한다면 한 번의 생에 몇 번의 생사生死가 있어야 하기 때문이다.

그리고 남녀·빈부·귀천 등 어떤 한 생의 내용을 구성하는 개별적 동분(유차별동분)은 다수의 업에 의해 초래된다. 다시 말해 한번의 생이라는 보편적 동분은 하나의 업에 의해 초래되지만, 그의 다양한 삶의 내용인 개별적 동분은 다수의 업에 의해

절·기후에 이변이 생겨나며, 탐욕으로 말미암아 과실이 작아지며, 진에로 말미암아 과실이 몹시 맵게 되며, 사견으로 말미암아 과실이 적게 달리거나 혹은 달리지 않게 된다.(《구사론》권제17, 앞의 책, pp.783~784)
16) 본서 2장 3-3)-(2) '동분' 참조.

산출된다.

 이같이 일생 즉 하나의 동분을 인기引起하는 하나의 업을 인업引業(구역에서는 總報業)이라고 하며, 한 번의 생을 여러 내용의 성질로 원만하게 장엄하는 다수의 업을 만업滿業(구역에서는 別報業)이라고 하는데, 이는 마치 그림을 그릴 때 한 가지 색으로 윤곽을 잡은 후 다수의 색을 칠하여 그림을 완성하는 것과 같다.

 그러나 동분을 포함한 제법의 개별적 실재성을 부정하는 경량부에서는, 마치 씨앗이 상속 전변하면서 그 세력의 차별에 따라 싹 줄기 등의 온갖 형태로 나타나듯이 업은 그 세력에 따라 상속 전변하며 차별됨으로써 결과로 나타나기 때문에, 하나의 업에 의해 다수의 생이 낳아진다고 주장하였다. 그리고 그 논거로써 아나율존자가 그 옛날 수행자에게 한 번 먹을 것을 베푼 공덕으로 삼십삼천에 일곱 번 태어나고, 일곱 번 인간으로 태어나 전륜왕이 되었으며, 마침내 석가족으로 태어나 온갖 쾌락을 향수하게 되었다는 경설을 들고 있다.[17]

4) 과보를 낳는 시기

 그렇다면 업은 언제 그 과보를 낳게 되는 것인가? 과보가 나타나는 시기는 업의 성질과 그것을 낳게 하는 인연에 따라 각기 다르다. 한 나무에 맺힌 씨앗이라 할지라도 견실하고 열등한 차이가 있기 때문에 동일한 시간에 싹트지 않으며, 설사 그 같은 차

---

17)《구사론》권제17(앞의 책), p.797.

이가 없다고 할지라도 또 다른 조건, 이를테면 습도나 온도에 따라 일찍 싹트기도 하고 늦게 싹트기도 하는 것이다. 혹은 아마는 심은 지 세 달 반이면 그 결실을 맺지만, 보리는 여섯 달이 지나야 결실을 맺는 것처럼 업도 그 성질에 따라 과보를 초래하는 시기가 일정하지 않다는 것이다.

업에는 그 과보를 낳는 시기가 결정적인 정업定業과 그렇지 않은 부정업不定業이 있다. 이를테면 무거운 번뇌나 맑고 깨끗한 마음에 의해 일어난 업, 즉 극악과 극선의 마음에 의해 조작된 업이나 습관적으로 행해진 업, 불·법·승이나 번뇌를 끊은 성자 등에 대해 일으킨 업, 그리고 부모를 해코지하는 등의 업이 정업이다. 그리고 부정업은 강력한 세력의 업이 아니기 때문에 과보를 받는 시기뿐만 아니라 이숙과의 내용도 결정되지 않은 업으로서, 이는 전적으로 또 다른 조건에 의해서만 나타나는 유동적인 업이다.

정업에는 다시 그 과보가 현생에 바로 나타나는 순현법수업順現法受業(또는 順現業)과, 다음 생에 나타나는 순차생수업順次生受業(또는 順生業)과, 다음 생 이후에 나타나는 순후차수업順後次受業(또는 順後業)의 세 가지가 있다. 이 같은 논의는 대개 그들 교학의 필연적 귀결이거나 전설상의 에피소드에 기초하여 정리한 것으로 볼 수 있다.

이를테면 어떤 성자(아라한과와 불환과)가 욕계의 번뇌를 모두 끊어 더 이상 그곳에 태어나지 않을 경우, 이전에 지었던 업은 현생에 그 과보를 모두 받아야 하는 것이다. 또한 어떤 비구가 대중스님들에 대해 여인이라는 말을 하여 모욕을 줌으로써 그는 바로 여인의 몸으로 변화하였다는 전설과 성불구자가 거세되는 소를 구해줌으로써 남근을 회복하였다는 전설을 통해 볼 때 뛰어난 복전福田 – 이를테면 부처를 상수上首로 하는 승가와 멸진정·무쟁정無諍定·자비정으로부터 출정出定한 유정과 견도見道와 수도修道의 성자 – 에 대해 행해진 업과 강력한 염원에 의해 지어진 업은 현생에 과보를 초래한다는 것이다. 따라서 순현법수업이 '생'의 동분을 낳는 인업引業이 되지 못하는 것은 당연한 일이다. 하나의 업은 한 가지 과보만을 초래하기 때문이다.

3. 윤회와 12연기

이처럼 아비달마불교에서의 업은 객관의 기세간과 주관의 유정세간을 조작하여 성립시키는 원동력이다. 그리고 우리들의 세계가 전후의 찰나로 간단없이 상속하는 것은 사실상 업의 상속일 따름이다. 우리는 선행된 행위를 근거로 하여 새로이 행위하며, 그 행위를 근거로 하여 다시 행위하는 것이다. 그것은 나 개인의 삶의 조건인 동시에 한 시대, 한 사회를 이끌어 가는, 나아가 한 세계의 방향을 결정짓는 조건이 된다.

업은 죽음과 함께 끝나지 않는다. 새로운 생의 원동력이 된다. 만약 죽음과 함께 끝난다고 하면 어제와 오늘, 전 찰나와 후 찰나의 인과적 관계 또한 인정할 수 없게 될 것이며, 결국 허무주의 내지 찰나주의의 단견斷見에 떨어지게 될 것이다. 어제는 다만 어제였고, 오늘은 다만 오늘일 뿐인 것인가? 그리고 양자 사이는 어떠한 인과적 관계도 확인할 수 없으며, 다만 우연의 소산일 뿐인가?

만약 그렇지 않다고 한다면 오늘과 내일, 현세와 내세는 무엇에 의해 상속되는가? 우리는 대개 '나'를 통해 세계의 연속성을 확인한다. 어제의 행복했던 삶도 나의 삶이었고, 오늘의 절망스러운 삶도 나의 삶이다. 그리고 이 때의 '나'는 그 같은 온갖 경험을 향수享受하는 토대로서, 사실상 어제의 기쁨과 오늘의 절망, 어제의 젊음과 오늘의 늙음, 어제의 태어남과 오늘의 죽음과는 관계 없는 개별적인 실체이다. 그것은 바야흐로 불생불멸의 존재이다. 그러나 그럴 경우 그것에 덧씌워진 기쁨과 절망의 현실은 다만 꿈과도 같은 무지의 환상일 뿐이기에 궁극적으로 그 같은 현실을 인정할 수 없게 될 것이며, 결국 초월주의 내지는 영속주의의 상견常見에 떨어지게 될 것이다.

유정의 세계는 다만 업의 유전流轉 상속일 따름이다. 그것은 죽음으로 끝나지 않고 또 다른 탄생으로 이어진다. 이같이 죽음과 탄생의 끊임없는 순환을 윤회輪廻라고 한다. 우리는 그 순환을 통해 수많은 세계, 이를테면 3계 5취의 세계를 경험한다.

그러나 그 같은 윤회의 세계는 양면성을 지닌다. 앞서 언급한 것처럼 업을 통해 태어나는 객관의 세계일 수도 있고, 업(경험)에 의해 드러나는 관념의 세계일 수도 있다. 불교에서의 윤회는 우리가 알 수 없는, 그리고 또한 숙명처럼 받아들여야 하는 초월의 세계가 아니라 현실에 바탕을 둔 업설의 연장일 뿐이다. 우리는 현생과 내생을 윤회할 뿐만 아니라 이 생 안에서도 윤회한다. 천상과도 같았던 어제의 열락은 오늘 문득 절망의 나락(지옥)으로 뒤바뀌기도 하는 것이다. 윤회의 세계는 바로 미혹(번뇌)에서 비롯된 업의 산물이다.

1) 유전의 네 단계

현실적으로 우리 인간의 경험은 태어나서부터 죽음에 이르는 동안에 한정된다. 좀더 소급한다면 어머니의 뱃속에 잉태되는 순간부터라고도 할 수 있을 것이다.[18] 그렇다면 잉태의 의미는 무엇이고, 그것은 어떻게 이루어지는 것인가? 다만 정자와 난자라는 물질적 존재의 지극히 우연적인 결합일 뿐인가? 아니면 그것과는 별도의 자아(혹은 영혼)가 존재하여 필연적으로 그것에 의탁하게 됨으로서 살아 있는 유기체로 나타나게 되는 것인가?

전자에 따를 경우, 인간의 정신현상은 결국 물질의 부산물일 것이며, 자아라고 하는 것 역시 지성의 속성을 더한 육신에 다름 아닐 것이다. 그럴 경우 육신의 소멸과 더불어 자아라고 하는 것

---

18) 《구사론》 권제9(앞의 책, p.419)에 의하면, 우리 범부들은 이미 전도된 마음으로 입태하기 때문에 그 순간을 알지 못하지만, 숙세 광대한 복덕을 닦은 전륜왕은 그 순간을 알며, 오랫동안 수행하여 지혜가 뛰어난 독각은 이와 함께 탯집에 머무는 것도 알며, 3승지겁 100겁 동안 지혜와 복덕을 닦은 부처는 출태(出胎)하는 것까지도 안다. 여기서 전륜왕 등의 명칭은 물론 태어난 이후 획득되는 명칭이다.

또한 사라진다. 그러나 만약 후자의 경우라면, 육신의 탄생이나 죽음과는 관계 없이 그 자체로서 존재하는 것이어야 할 것이다. 결국 전자가 유물론적 경향의 단멸론斷滅論이라면, 후자는 영속적인 자아가 5화火 2도道에 걸쳐 윤회한다는 《우파니샤드》의 상주론常住論이라 할 수 있다.19) 그들은 각기 다음과 같이 말하고 있다.

모든 유정은 지地·수水·화火·풍風이라는 네 가지 물질적 요소에서 생겨났기에 죽으면 지의 요소는 땅으로, 수의 요소는 물로, 화의 요소는 불로, 풍의 요소는 바람으로 돌아가며, 모든 감관은 허공으로 돌아간다. 사람이 죽어 상여에 싣고 화장터에 이르러 화장하면 한줌의 재만 남을 뿐이다. 어리석은 이든 지혜로운 이든 죽으면 모두 괴멸하여 아무 것도 남기지 않는다.20)

마치 풀벌레가 풀잎 끝에 다다르면 문득 다른 풀잎으로 옮겨가듯이, 아트만(자아)도 무명을 지닌 채로 이 육신을 떠나 다른 육신으로 옮겨간다. 마치 대장장이가 금붙이를 가지고서 이러저러한 온갖 장신구를 만들어내듯이 아트만도 무명을 지닌 채 온갖 존재의 모습을 취한다.21)

---

19) 사자(死者)가 화장되면 그가 생전에 성취한 업과 지식에 따라 조상의 길을 따라 달의 세계에 이르기도 하고, 신의 길을 따라 태양(브라흐만)의 세계에 이르기도 하는데, 전자의 경우 달의 세계에 이르렀다가, 비가 되어, 지상으로 떨어져 식물(食物)이 되고, 누군가에게 먹혀져 정자가 되고, 이것이 모태로 들어가 태아가 된다. 그리고 누구에게 먹히고, 어떤 모태로 들어가는가는 전적으로 전생에 행한 업에 의한다. 여기서 '5화'란 이 같은 윤회의 다섯 단계를 다섯 가지 공희(供犧)의 제화(祭火)에 빗대어 그렇게 말한 것이다.
20) 《장아함경》 권제17 《사문과경》(대정장1, p.108중하).
21) 《브리하드아란야카 우파니샤드》 Ⅳ.4.3-4.

이 같은 문제는 생명현상의 시작을 어디에 둘 것인가 하는 문제와 직결되며, 오늘날 새로운 윤리적 문제로 떠오른 낙태나 인공수정의 문제, 나아가 죽음이라는 현상을 무엇으로 규정할 것인가에 따른 안락사의 문제와도 관련된다.

유부아비달마에서 생명현상은 '목숨'을 의미하는 이른바 명근命根이라고 하는 불상응행법이 현상함으로써 시작된다.22) 그것은 의식과 체온을 유지하게 함으로써 어떤 유정이 일생 동안 유정으로서의 보편성(즉 동분)을 지니게 하는 힘이다. 곧 인간의 보편성은 잉태되는 순간 획득되기 때문에 생명현상도 잉태로부터 시작된다. 그러나 생명 자체는 '나(자아)'도 '나의 생명'도 아니다. 그것은 개별적인 실체로서 존재할 뿐이며, 전생에 지어진 업(즉 引業)에 따라 구체적 존재(사람 혹은 개의 동분)의 생명으로 현상한다.

유부에서는 유정의 생사유전의 사이클을 네 가지 단계로 분류하였다. 즉 생명이 현상하는 첫 순간을 생유生有라고 하였고, 현생의 최후순간을 사유死有, 그 사이를 본유本有, 그리고 사유와 생유의 중간을 중유中有 혹은 중간유中間有라고 하였다. 여기서 논란의 대상이 될 수 있는 것은 아마도 중유일 것이다. 중유란 어떠한 존재인가?

중유는 의식으로 이루어진 것이기 때문에 의성意成이라고도 하며, 항상 생유를 추구하기 때문에 구생求生, 향을 먹고 생존하기 때문에 식향신食香身(혹은 尋香, 혹은 간달바 gandharva)이라고도 하는데, 유부 비바사사들은 죽음과 새로운 잉태 사이를 이어주는

---

22) 본서 2장 3-3)-(4) '명근(命根)' 참조.

매개로서 이 같은 존재를 요청하였고, 경전상에 설해진 사례를 논거로 삼아 그들 자신의 교학체계로 편입시켰던 것이다.23)

그들에 따르면, 가을에 죽은 식물은 씨앗에 의해 상속되어 봄에 다시 발아하듯이, 유정 역시 이 생에서 죽은 후 다음 생에 태어나기 위해서는 중간에 어떤 존재에 의해 찰나에 걸쳐 상속하지 않으면 안 되는데, 그것이 바로 중유이다. 그리고 경전상에서도 중유를 5취유趣有·업유業有와 더불어 7유有의 하나로 설하고 있으며, 또한 부모의 교합과 어머니의 정수精水와 더불어 잉태의 한 조건으로,24) 또한 5종불환不還의 하나로, 5종불환을 다시 세 종류 일곱 갈래로 분류한 7선사취善士趣의 하나로 설하고 있기 때문에 그것은 실재한다는 것이다.25)

이러한 중유는 미래에 태어날 본유와 동일한 업에 의해 생겨나기 때문에 그 형상은 본유의 그것과 동일하지만 지극히 미세하기 때문에 공간적 점유성을 지니지 않으며, 그들의 눈과 천안

---

23) 우리나라에서는 이를 보통 중음신(中陰身)이라고 한다. 이것의 본질이 유루의 5취온(색온은 무표색 즉 무표업)이기 때문에 그렇게 말한 것으로, 다양한 이설이 있지만 7·7일 즉 49일간 지속하다가 결생(結生)한다.(그러나 유부의 정설에 따르면 오래 머무는 일 없이 바로 결생한다) 망자(亡者)의 49재 역시 이에 따른 것이다. 이로 볼 때 다음에 설할 '12연기의 삼세양중의 인과설'과 더불어 대승불교에서 타기하는 유부의 아비달마사상이 우리나라 불교에 얼마나 뿌리가 깊이 박혀 있는지 미루어 짐작할 수 있다. 이는 화지부의 지파도 주장한다고는 하나 사실상 설일체유부의 독자적인 교설이다.
24) 본장 주 46) 참조.
25) 즉 욕계에서 몰하여 색계에 이르는 중유의 상태에서 반열반하는 중반열반(中般涅槃). 5종불환과 7선사취에 대해서는 본서 4장 3-3)-(3) '불환향과 불환과'를 참조 바람.

天眼에 의해서만 보인다. 또한 업의 힘이 매우 강성하여 세존이라 하더라도 능히 그 행을 막을 수 없다. 그렇기 때문에 태생과 난생의 경우, 아무리 멀리 떨어져 있는 곳일지라도 미래 자신이 태어날 곳에서 부모가 교합하는 것을 보고는 전도된 마음을 일으켜 바로 달려갈 수 있다.

즉 남성의 중유라면 어머니에 대해서는 애욕을, 아버지에 대해서는 진에를 일으켜 부모의 정자와 난자가 결합하는 순간 미워하는 이의 그것을 자신의 존재로 여기고 기뻐한다. 이 때가 바로 중유가 몰하고 생유가 일어나는 잉태(이를 結生이라 함)의 순간인데, 이에 따르는 한 부모의 정혈精血은 다만 생유의 조건이 될 뿐이다.[26]

2) 무아론과 윤회상속

이처럼 유정은 네 단계의 사이클을 통해 끝없이 윤회 전생한다. 죽음은 끝이 아니며, 새로운 생으로의 출발이다. 우리는 일반적으로 '삼세실유 법체항유'라는 유부의 교학을 글자 뜻대로만 이해하여 과거·현재·미래라는 시간이 실재하며, 그 사이로 제법이 관통하여 유전 상속한다고 생각하듯이, 윤회 또한 인간이 죽으면 육체는 소멸하지만 자아(혹은 영혼)는 계속 존재하여 이전 생에 쌓은 업에 따라 지옥에서 천계에 이르는 3계 5취를 관통

---

26) 중유에 대해 보다 자세한 내용을 알기 원하는 독자는 《구사론》 권제8-9 (앞의 책, pp.392~420)를 참조하기 바람.

하며 유전한다고 생각한다.

그러나 누누이 언급하였듯이 초기불교 이래 무아의 이론은 무상의 이론과 함께 교학의 전제였다. 실체로서의 시간이 존재하지 않듯이 자아 또한 존재하지 않는다. 오로지 찰나에 생성 소멸하는 5온만이 존재할 따름이다. 5온의 변화가 시간이라 일컬어지는 것이며, 그 같은 존재를 다만 자아라고 가설한 것일 뿐이다.

그렇다고 할 때 다시금 소박하게 이같이 물어볼 수 있을 것이다. 만약 진실의 자아가 존재하지 않는다면, 누가 태어나고 누가 죽으며, 누가 이 세간으로부터 중유의 온을 타고 저 세간으로 가 어머니의 탯집 속으로 들어가는 것인가? 나아가 누가 행위하며, 누가 그 과보를 받는 것인가? 마땅히 그 같은 생사윤회의 주체로서, 행위하고 향수하는 주체로서 영속적인 자아가 존재해야 하며, 그것이 5온의 상속을 가능하게 하는 것이라고 해야 할 것이 아닌가?

불교에 있어 윤회란, 마치 풀벌레가 이 풀에서 저 풀로 옮겨가듯이 고정불변의 자아가 존재하여 이 생에서 저 생으로 옮겨가는 것이 아니라 5온이 찰나에 생성 소멸함으로써 전이轉移하는 현상을 말한다.

앞(2장 5절 '제법의 삼세실유')에서 비유한 것처럼 스크린에 비친 영상의 변화는 한 장의 필름이 전이함으로써 나타나는 것이 아니라 수많은 필름(1초에 24장)이 찰나 찰나에 걸쳐 생성 소멸함으로써 나타나는 현상이다. 그리고 우리는 그러한 일련의 현상에 대해 하나의 제목, 이를테면 '미워도 다시 한번'이라고 이름짓지만 사실상 그 어떠한 필름에서도 그 같은 명칭은 확인되지 않는다. '미워도 다시 한번'은 어디에 존재하는가? 그것은 다만 그 모든 필름들에 대해 일시 설정한 제목일 따름이다.

이와 마찬가지로 윤회는 자아에 의한 것도 아니지만 5온 자체가 전이함으로써 이루어지는 것도 아니다. 5온은 찰나에 소멸하기 때문에 후세에 이를 수 없다. 전 찰나의 5온을 상속하여 후 찰나의 5온이 일어나고, 다시 이를 상속하여 새로운 5온이 일어난다.27) 이같이 각각의 5온이 찰나에 생성 소멸함으로써 이 생에서 저 생으로의 일련의 전이가 이루어지며, 자아란 그 같은 5온에 대해 세간의 언어적 관습에 따라 일시 칭명한 것에 불과하다. 따라서 어떠한 순간의 5온에도 자아는 존재하지 않는다.

《구사론》에서는 등불의 예를 들고 있다.28) 등불의 불꽃은 단일하며 또한 지속하는 것처럼 보이지만 찰나 찰나에 소멸과 생성을 되풀이하며 끊임없이 타오르고 있다. 혹은 이 등불에서 저 등불로 옮겨가기도 한다. 그러나 등불의 불꽃이 그렇게 상속 전이하는 것은 '등불'이라는 영속적인 실체가 존재하기 때문이 아니다. 불꽃의 타오름을 다만 등불이라고 이름한 것일 뿐이다. 불꽃과는 다른 별도의 등불은 존재하지 않는다.

---

27) 이에 반해 설전부(說轉部)에서는 오온 자체(즉 一味蘊)가 전세(前世)로부터 전이 상속하며 후세에 이른다고 주장하였으며, 그로 인해 자신의 부파 명칭을 얻게 되었다. 이는 대중부의 근본식, 상좌부의 유분식, 독자부의 보특가라 등(2장 주28참조)과 함께 모두 무아의 윤회 상속을 해명하기 위한 시도였다.
28) 《구사론》 권제9(앞의 책), p.422.

이름으로 일컬어지는 강은 단일하고 지속적이지만 — 예컨대 진주의 남강은 5백 년 전 논개가 몸을 던질 때에도 남강이었고 지금도 남강이지만 — 현실에서의 강은 한 순간도 머물러 있지 않다. 강은 찰나 찰나에 걸친 강물의 흐름일 뿐으로, 그 같은 흐름을 배제한 강은 존재하지 않는다. 그렇다고 등불이나 강이 존재하지 않는다는 것은 아니다. 다만 불꽃의 타오름을 가능하게 하고, 강물의 흐름을 가능하게 하는 영속적이고도 실체적인 존재로서의 그것을 부정할 따름이다. 마찬가지로 생의 흐름(5온의 상속)을 떠나 그것을 가능하게 하는 실체로서의 자아는 존재하지 않는다.

이른바 《제일의공경第一義空經》이라 일컬어지는 《아함》의 한 경에서는 다음과 같이 설하고 있다. "업과 그 과보는 존재하지만 그 작자는 존재하지 않는다. 다만 이 온이 멸하고 다른 온이 상속할 뿐이니, 일시 개념적으로 칭명된 자아는 예외로 한다."29)

세친世親은 《구사론》 〈파아품破我品〉에서 유아론자인 승론勝論 (Vaiśeṣika)학파의 논사와 더불어 다음과 같이 대론對論하고 있다.

　승론: 만약 자아가 존재하지 않는다면 무엇 때문에 업을 짓는 것인가?
　세친: 내가 응당 고락苦樂의 과보를 향수하기 때문이다.
　승론: 그 때 '나(我)'의 본질은 무엇인가?

---

29) 《잡아함경》 권제13 제355경 (대정장2, p.92하); 《구사론》 권제9 (앞의 책), p.421; 동 권제30, p.1364, "有業報而無作者. 此陰滅已 異陰相續, 除俗數法." 여기서 '속수법(dharma saṃketa, 혹은 法假)'이란 개념적으로 구상된 가설적 존재라는 뜻이다.

세친: 그것은 객관적으로 실재하는 것이 아니라 말하자면 자아관념 즉 아집我執의 대상일 뿐이다.

승론: 무엇을 자아관념의 대상이라고 일컬은 것인가?

세친: 이를테면 제온諸蘊의 상속이다.

승론: 어떻게 그러함을 아는 것인가?

세친: '나'라고 하는 관념은 제온에 대한 애탐의 결과이며, 또한 반드시 '희다' 등의 지각과 더불어 동일한 공간에서 일어나기 때문이다. 이를테면 세간에서 '나는 희다' '나는 검다' '나는 늙었다' '나는 젊었다' '나는 야위었다' '나는 뚱뚱하다'고 말한다. 즉 현실적으로 '희다'는 등의 지각과 자아관념은 동일한 공간에서 생겨나는 것으로, 그대가 주장하는 자아 또한 결코 지각과 차별되어 존재하는 것이 아니다. 따라서 자아관념은 다만 제온을 조건으로 하는 것임을 알아야 하는 것이다.(중략)

승론: 만약 자아 자체가 존재하지 않는다면 '나'라고 하는 관념은 누구의 것인가?

세친: 이에 대해서는 앞에서 이미 해석하였다. 즉 이 때 '누구의'라고 하는 소유격은, 이를테면 내 마음대로 부릴 수 있기 때문에 '나의 소'라고 하듯이 다만 관념을 부리는(일어나게 하고 일어나지 않게 하는) 원인으로서의 의미를 갖는다. 그렇다면 관념을 낳는 원인(즉 제법)이 관념의 주인이 되기에 충분한데, 어찌 수고스럽게 구태여 자아를 설정하여 관념의 주인이라고 할 것인가?30)

자아란 다만 경험을 통해 확인되는 것으로서, 그 같은 경험의 조건인 5온과는 별도로 존재하는 것이 아니다. 자아란 다만 5온의 상속을 일시 가설한 것일 뿐이다. 따라서 비록 무아이지만 번뇌와 업에 의해 중유의 제온이 상속하여 어머니 탯집으로 들어

---

30)《구사론》권제30(앞의 책), pp.1388~1390.

가게 되는 것이다.

그러나 사실 불이 존재하기 때문에 타는 것이 아니라 타는 그 것을 일컬어 불이라 하며, 강이 존재하기 때문에 강물이 흐르는 것이 아니라 흐르는 강물을 강이라고 한다는 사실은 응당 그러한 것으로 여겨지지만, 자아의 경우는 잘 이해되지 않는다. 그것은 주체의 문제이고, 기나긴 윤회의 세월을 거치면서 이기성에 따른 탐욕과 집착, 그리고 언어적 습관에 길들여져 있기 때문일 것이다. 그것을 알기 위해서는 예리한 통찰과 그에 따른 강력한 인식의 전환이 필요하다. 그러나 설사 안다고 하여도 그것은 다만 개념적 이해일 뿐 그에 따른 삶의 질적 변화는 초래되지 않는다.[31]

'내'가 존재하기 때문에 생각하는 것이 아니라 생각하기 때문에 내가 존재한다. 내가 존재하기 때문에 사랑하는 것이 아니라 사랑하기 때문에 내가 존재한다. 우리 범부들은 대개 드러난 현실만을 알며, 거기에 묶여 있을 뿐이다. 때문에 지금의 나의 생각과 사랑을 나의 모든 것이라 여긴다.

또한 '나의 것'이기 때문에 그 자체로서 진실하다고 여긴다. 또한 세친의 예리한 분석대로 여기서 '나'란 그 같은 생각과 사랑을 일으키는 원인의 의미를 갖는 존재이다. 그렇다면 생각과 사랑을 일으키는 원인은 '나'인가? 우리는 차마 생각하기 싫은 것도 생각

---

31) 자아관념 즉 아견은 바야흐로 모든 번뇌와 업의 원천으로, 이를 유신견(有身見, 5온의 집적을 실재하는 자아로 간주하는 견해)이라 하고, 삶의 질적 변화를 초래하는 각성을 견도(見道, 존재본성에 대한 통찰)라고 하는데, 이에 대해서는 본장 4-5) '번뇌의 단멸'과 4장 1절 '4제에 대한 통찰' 이하에서 자세히 설명하게 될 것이다.

하며, 사랑하고 싶어하면서도 사랑하지 못하기도 한다. 왜일까? 그것은 생각의 조건이 갖추어져 있기 때문이며, 사랑의 조건이 갖추어지지 않았기 때문이다. 생각과 사랑은 수많은 조건 즉 제법諸法의 산물이다.

    파구나가 부처님께 물었다. "세존이시여, 누가 사랑하는 것입니까?" 부처님께서 파구나에게 말씀하셨다. "나는 사랑(愛)하는 자에 대해 설하지 않았다. 내가 만약 사랑하는 자가 존재한다고 설하였다면 그대는 마땅히 '누가 사랑하는가?'라고 물어야 하겠지만, 그러나 그대는 마땅히 '무엇을 조건(인연)으로 하여 사랑이 있게 된 것인가?'라고 물었어야 할 것이다. 그러면 나는 응당 느낌(受)을 조건으로 하여 사랑이 있으며, 사랑을 조건으로 하여 집착(取)이 있다고 대답할 것이다."[32]

따라서 생각과 사랑에 실체성은 없으며, 나의 생각도 나의 사랑도 아니다. 또한 영속적이지도 않으며 단일하지도 않다. 어제의 행복하였던 마음은 오늘 절망의 마음으로 변하기도 하며, 어제의 사랑은 오늘 미움으로 바뀌기도 한다. 그것은 궁극적으로 나의 생각, 나의 사랑이라고 할 수 없음에도 우리는 거기에 집착하고 또한 절망한다. 그리고 그에 따른 또 다른 번뇌와 업을 야기하고, 이에 따라 또 다른 세계로 윤회한다.

  세친은 《구사론》〈파아품〉 첫머리에서 그것이 어떤 형태이건 유아론有我論에 따르는 한 결코 해탈에 이를 수 없다고 단언하고 있다.[33] 자아가 존재한다고 주장하는 한 그에 집착함으로써

---

32) 《잡아함경》 권제15, 제372경; 《구사론》 권제30(앞의 책), p.1364.

온갖 번뇌와 업이 생겨나고, 그에 따라 끝없이 유전할 것이기 때문이다.

세상의 거의 모든 철학과 종교들이 한편으로는 인간이 구원되어야 할 영원한 자아(혹은 영혼)를 갖고 있다고 가르치면서 다른 한편으로는 자비와 관용이라는 비이기성을 가르치고 있다. 자아를 갖는 한 이기성은 필연적인 것이다. 혹자는 말한다. 전자는 대아大我이며, 후자는 소아小我라고. 혹은 전자는 보편적인 자아이고 후자는 개별적인 자아라고. 그렇다면 이같이 모순된 두 자아가 어떻게 서로 양립될 수 있을 것인가? '존재론과 윤리학은 양립될 수 없는 것인가?' – 고래로 철학의 관심은 온통 여기에 집중되어 왔지만, 그러나 적어도 불타에 의하는 한 그것은 희론이다.

유부 아비달마에서는 그것이 어떤 형태이건 영속 단일 보편의 존재를 인정하지 않는다. 우리가 세계를 보편적으로 인식하는 것은 보편성(同分) 내지 언어(名)라고 하는 개별적 존재(즉 법)가 관계하기 때문이다. 자아를 비롯한 그 같은 보편의 존재는 다만 미망의 산물일 뿐이다.

> 인간(중생)은 어떻게 생겨났으며, 그 작자는 누구인가?
> 인간은 어디로부터 생겨났으며, 죽어 어디로 갈 것인가?
>
> 그대는 인간이 존재한다고 말하지만 이는 바로 악마의 견해
> 그것은 다만 몇 가지 허망한 요소의 집합일 뿐, 거기에 인간은 존재하지

---

33) 《구사론》 권제29(앞의 책), p.1340.

않는다.

　　마치 여러 부품이 화합한 것, 세간에서는 그것을 일컬어 수레라고 하듯이 온갖 온이 인연에 따라 화합한 것, 그것을 일시 인간이라 이름할 뿐이다.34)

3) 12연기의 유전

(1) 생리적 과정으로서의 유전

　그렇다면 자아로 일컬어지는 5온의 상속은 구체적으로 어떤 과정을 통해 어떻게 이루어지는 것인가? 불교에서는 그러한 과정을 생·노·병·사로 규정하기도 하고, 앞서 언급한 생유·본유·사유·중유의 4유로 규정하기도 한다.

　오늘날 우리 일반 범부들의 삶은 사실상 사회제도를 통해 규정된다. 태어나 초 중 고등학교의 과정을 거친 다음 대학에 진학한다. 오늘날 대학은 어떤 한 사람의 생을 결정짓는 중요한 조건이 되기도 한다. 그리하여 그것은 심각한 사회문제로까지 비화된다. 그러나 찰나찰나에 행해지는 모든 업은 그 사람의 생을 결정짓는 조건이 된다. 한 찰나의 생각이, 한편의 비디오가 그의 인생을 결정지을 수도 있는 것이다.

　그리고 취업을 하고 결혼을 하며, 이후 생의 대부분을 경제적 활동으로 영위하다가 은퇴하게 된다. 그리하여 노년을 거쳐 죽음을 맞이한다. 우리는 그 같은 각각의 과정을 거치면서 행과 불행,

----

34)《잡아함경》권제45 제1202경(대정장2, p.327중).

고통과 즐거움을 경험하며, 그것을 통해 미래의 또 다른 세계를 맞이하는 것이다.

아비달마불교에서는 그러한 생의 과정을 생리적 단계로 구분하기도 한다. 물론 경설經說에 따른 것으로, 단계의 첫번째는 잉태로부터 시작한다. 즉 모태 속에서는 잉태 후 첫 7일간의 응혈의 단계(羯邏藍, kalalam, 凝滑), 그것이 엉키기 시작하는 두번째 7일간의 단계(頞部曇, arbuda, 胞), 피와 살이 응키게 되는 세번째 7일간의 단계(閉尸, peśī, 血肉), 살이 굳어지는 네번째 7일간의 단계(鍵南, ghana, 堅肉), 사지의 마디가 형성되는 다섯번째 7일부터 38번째 7일까지의 단계(鉢羅奢佉, praśākhā, 支節)로 나누어지는데, 이를 태내胎內 5위라고 한다.

그리고 출생 후에는 6세까지의 어린이(嬰孩)의 단계, 15세까지의 청소년(童子), 30세까지의 젊은이(少年), 40세까지의 중년(盛年), 그리고 41세 이후의 늙은 이(老年)라는 다섯 단계로 상속 증장하는데, 이를 태외胎外 5위라고 한다.

이 같은 유전의 과정은 물론 당시 의학적인 상식과 사회적 관례에 따른 분류이겠지만, 보다 본질적인 문제는 이같이 변화 상속하는 과정상에서 그에 따른 번뇌와 업을 일으켜 또 다른 단계로 나아가게 된다는 점이다. 이는 이루 헤아릴 수 없는 생을 거쳐오면서 쌓아온 업력으로 인해 범부로서는 결코 피할 수 없는 유전이라 할 수 있다.

나아가 이 같은 생의 과정을 통해 산출한 번뇌와 업에 따라 또 다른 생이 낳아지고, 그 생에서 다시 번뇌와 업을 일으키며 끝없는 생사를 윤회하게 되는 것이다. 따라서 번뇌와 업을 소멸하지 않는 한 윤회의 굴레에서 벗어날 수 없다.

(2) 12연기의 유전

그런데 아비달마불교에서는 불타의 12연기설 역시 이 같은 5온 상속의 한 형태로 이해하였다. 즉 그들은 12연기를 앞서 언급한 4유설과 태내胎內 태외胎外의 5위설과 결부시켜 번뇌와 업에 따라 과거 생으로부터 현재 생을 거쳐 미래 생에 이르는 윤회의 과정으로 해석하였던 것이다.

일반적으로 연기緣起는 불타 깨달음의 본질로 설해지고 있다. 연기법은 '여래가 세상에 출현하든 출현하지 않든 법계에 상주하는 것으로, 여래는 그것을 깨달아 정등각正等覺을 이루었다.' 따라서 '연기를 보는 자 법을 보는 자이고, 법을 보는 자 연기를 보는 자이다.' 혹은 여래는 12연기의 유전流轉과 환멸還滅을 관찰하여 정등각을 성취하였다고도 하며, 정등각을 성취하고 나서 법락을 즐기며 이를 관찰하였다고도 한다.

연기(pratītya samutpāda)란 '~을 연緣으로 하여 일어난다'는 뜻으로, 일체의 세계는 다양한 원인과 조건을 인연으로 하여 성립한다는 말이다. 인간존재나 그를 둘러싼 세계는 다같이 어떤 원인과 조건에 근거하여 생겨난다는 것이다.

> 이것이 있으므로 저것이 있고, 이것이 생겨남으로 저것이 생겨난다. 곧 무명無明을 조건으로 하여 행行이 있으며, 행을 조건으로 하여 식識이 있으

며, 식을 조건으로 하여 명색名色이 있으며, 명색을 조건으로 하여 6처處가 있으며, 6처를 조건으로 하여 촉觸이 있으며, 촉을 조건으로 하여 수受가 있으며, 수를 조건으로 하여 애愛가 있으며, 애를 조건으로 하여 취取가 있으며, 취를 조건으로 하여 유有가 있으며, 유를 조건으로 하여 생生이 있으며, 생을 조건으로 하여 노사老死가 있으며, 나아가 근심과 슬픔과 고통과 번민이 있다.[35]

이것이 초기경전상에서 설해지는 12연기의 기본형식이다. 혹은 때에 따라 '생을 조건으로 하여 노사가 있으며, 유를 조건으로 하여 생이 있으며, 나아가 무명을 조건으로 하여 행이 있다'는 식으로 현실사태의 조건을 소급해 올라가는 방식을 취하기도 한다.

우리는 이 같은 12연기설을 어떻게 이해해야 할 것인가? 각각의 지분支分 사이의 인과적 관계는 어떠한가? 아니 도대체 여기에 무슨 중차대한 의미가 있기에 이를 불타 깨달음의 본질이라고 하는 것인가? 이 같은 의문은 당시에도 있었던 모양이다. 어느 날 부처님께서 12인연법을 널리 설하고 나자 아난다가 말하였다.

"여래께서는 비구들을 위하여 깊고도 깊은 인연법을 설하였습니다. 그러나 제가 관찰하건대 그렇게 깊은 뜻이 있는 것 같아 보이지 않습니다."

그러자 세존께서는 다음과 같이 말하고 있다.

그렇게 생각해서는 안 된다. 12인연은 너무나도 깊고도 깊어 일상의 인간

---
35) 《잡아함경》 권제12 제293경 등.

들로서는 능히 밝게 깨달아 알 수 없는 것이다. 그리고 인연법이 깊지 않다고 하는 것은 비단 오늘의 너뿐만이 아니다. 옛날 수염須焰이라고 이름하는 아수라의 왕이 있어 저 바다 밖으로 나아가 해와 달을 붙잡고자 하였다. 그리하여 몸을 변화시켜 바다로 들어가니 물이 허리에 찼다. 그것을 본 그의 아들 구나라拘那羅도 함께 따라 들어가고자 하였다. 그러자 왕이 말하였다. "바다에 들어오려 하지 마라. 이 바다는 너무나도 깊고도 깊어 너는 결코 목욕할 수 없다. 바다에서 목욕할 수 있는 자는 오직 나뿐이다." 그렇다. 그 때의 왕은 바로 나였고, 아들은 너였다. 그런데 지금 다시 12인연의 깊고도 깊은 법을 그렇지 않다고 하는구나! 결국 중생이 생사윤회에 빠져 허덕이는 것은 12인연법을 알지 못하기 때문이니, 그것은 너무나 깊고도 깊어 보통 사람으로서는 능히 선창宣暢할 수 없는 것임을 알아야 한다. 그러니 아난다여, 그 깊이를 능히 잘 헤아려 12인연법을 받들어 지녀라.(필자초역)36)

흔히 '심심甚深'으로 번역되는 gambhīra는 이를테면 투명한 호수의 깊이를 말하는 것으로, 그것은 바다처럼 깊고도 깊지만 너무나 투명하기 때문에 바닥이 손에 닿을 듯이 떠올라 보이고, 그래서 얕게 보이는 것이다. 대저 진리란 투명한 것이며, 그러기에 또한 참으로 그 뜻을 헤아리기 어려운 것이다.

'이것이 있으므로 저것이 있다'는 연기원리의 법설法說에 대해 의설義說로 일컬어지는 각 지분의 뜻에 대해서는 대체로 초기경전상에서 다음과 같이 정의되고 있다.

'무명'은 과거·현재·미래, 내외, 업과 그 과보, 불·법·승의 3보, 고·집·멸·도의 4제, 원인과 원인에 의해 일어나는 법, 그리고 선·불선 등에 대해 알지 못하는 것이다.

---

36) 《증일아함경》 권제46(대정장2, pp.797중~798상).

'행'은 신身·어語·의意의 3업이다.

'식'은 안식眼識 내지 의식意識의 6식신識身이다.

'명색'의 경우, 색은 색온을, '명'은 그 밖의 4온을 말한다.

'6처'는 안眼 내지 의意의 6내입처이다.

'촉'은 근·경·식의 화합으로, 안촉 내지 의촉의 6촉신觸身을 말한다.

'수'는 고苦·락樂·불고불락不苦不樂의 3수이다.

'애'란 욕애欲愛·색애色愛·무색애無色愛의 3애이다.

'취'는 욕취欲取·견취見取·계금취戒禁取·아어취我語取의 4취이다.

'유'는 욕유欲有·색유色有·무색유無色有의 3유이다.

'생'이란 5온이나 명근 등을 획득하는 것이다.

'노사'는 늙어 목숨이 끊어지는 것이다.

이제 우리는 이 같은 뜻을 지닌 12지의 연기관계를 어떻게 이해해야 할 것인가? '무명이 있으므로 행 즉 행위가 있다.' 이것은 아마도 쉽게 이해될 수 있을 것이다. 우리는 미망과 그에 따른 욕망에 의해 끊임없이 뭔가 행위하고자 하기 때문이다. 그렇다면 다음으로 '행이 있으므로 식이 있다'는 것이나 '식이 있으므로 명색의 5온이 있다', '명색이 있으므로 6처가 있다', 나아가 '유有 즉 존재가 있기 때문에 생이 있다'는 사실을 어떻게 이해해야 할 것인가?

상식적으로 생각할 때 의식이 있기 때문에 행위하는 것이고, 의식은 6처(감관)와 명색(대상)을 근거로 하여 생겨난다. 앞서 누누이 언급한 대로 불교에 있어 의식은 결코 그 자체로서는 단독으로 일어나지 않으며, 감관과 대상에 근거하여서만 일어나기 때문이다. 나아가 태어났기 때문에 존재하는 것이지 존재하기 때문에 태어나는 것은 아니다.

오늘날 일부 학자들은 12연기를 시간적인 계기繼起의 관계가 아니라 논리적인 상관관계의 귀결로서 파악하기도 한다. 예컨대 2장 2절에서 인용한 경문에서처럼 "안근과 색경을 인연으로 하여 안식이 생겨나는데, 이 세 가지의 화합이 '촉'이며, 이와 동시에 수·상·사가 함께 생겨난다."고 설하고 있기 때문이다.[37] 즉 여기서 식·명색·6처·촉·수는 원인과 결과로서의 시간적 계기관계가 아니라 상호 조건이 되는 동시적 관계라는 것이다.

혹은 연기설은 12지支 뿐만이 아니라 '애'에서 시작하는 5지支 연기, '6처'에서 시작하는 8지 연기, '식'에서 시작하는 10지 연기, 혹은 '행'에서 시작하는 11지 연기가 있기 때문에 12연기를 다만 연기의 완성형태로 이해하기도 하였다.

만약 그렇다고 할지라도 '애' 내지 '행'은 무엇에 의해 생겨나며, 나아가 '무명'은 다시 무엇에 의해 생겨나는 것인가? 초기불교의 연기설이 다만 모든 존재의 상관관계를 밝히는 것이 아니라 궁극적으로 일체 유정이 경험하는 생과 노사의 근거를 밝힌 것이라고 하는 이상 이에 대해서도 해명하지 않으면 안 되며, 아울러 불교가 단멸론이 아닌 이상 노사는 또 다른 결과의 원인이 되어야 하는 것이다.

---
37) 본서 2장 주 7) 참조.

(3) 삼세 양중兩重의 인과설

이상과 같은 어려움에 따라 아비달마불교에서는 12연기를 찰나刹那·원속遠續·연박連縛·분위分位라는 네 가지 형태의 해석을 시도하고 있다.

여기서 찰나연기란 일 찰나 중에 이러한 12지가 동시에 함께 일어나는 것을 말한다. 예컨대 탐욕에 의해 살생을 하였다고 할 때, 업을 발동시키려는 어리석음이 '무명'이며, 그렇게 하고자 하는 의지작용이 '행'이며, 온갖 대상에 대해 인식 식별하는 것이 '식'이며, 식과 동시에 생겨나는 상·행온과 색온이 '명색'이며,38) 명색이 머무는 감각기관이 '6처'이며, 6처가 그 대상과 그에 따른 식과 화합하는 것이 '촉'이며, 촉을 지각하는 것이 '수'이며, 수에 대한 탐욕이 '애'이며, 이와 상응하는 온갖 번뇌(무참·무괴·악작·睡眠·도거·혼침·忿·覆·嫉·慳의 10纏)가 '취'이며,39) 취에 의해 일어나는 신身·어語의 표업과 무표업이 '유'이며, 이와 같은 제법의 생기가 '생'이며, 변이와 괴멸이 '노사'로서, 이러한 모든 법은 시간적인 전후 관계로서가 아니라 동시찰나에 일어난다는 것이다.

원속연기란 이러한 12지는 여러 생에 걸쳐 시간을 건너뛰어 상속한다는 것으로, 아득히 먼 과거의 무명과 '행'에 의해 '식' 등의 현생의 결과가 초래되고, 현생의 '유'에 의해 아득히 먼 미래

---

38) 이 경우 물론 상온은 전부이지만, 색온은 표·무표업(이는 '행'에 해당함)과 5처(이는 '6처'의 일부임)를 제외한 성·향·미·촉의 4경(境)을, 행온은 무명·사(思, 이는 '행'에 해당함)·촉·탐과 무참·무괴·혼침·도거 등(이상은 纏으로, '취'에 해당함)과 생·이(異, 이는 '老'에 해당함)·멸(이는 '死'에 해당함)을 제외한 작의 등의 일부를 말한다.

39) 10전에 대해서는 본장 4-3) '지말번뇌로서의 수번뇌(隨煩惱)'를 참조 바람.

세의 생과 노사가 초래된다는 순후수업順後受業의 연기를 말한다. 이에 반해 연박연기란 12찰나에 걸쳐 동류同類와 이류異類의 인과로서 연이어 상속 계기하는 것을 말한다.

그리고 분위연기란 이러한 12지는 과거와 현재와 미래의 생에 걸쳐 무간에 5온이 상속한다는 것이다. 다시 말해 12지는 모두 5온을 본질로 하지만 두드러진 상태(分位)에 근거하여 각각의 지분의 명칭을 설정한 것으로, 이를테면 무명이 두드러진 상태의 5온을 '무명'이라 하고, 노사가 두드러진 상태의 5온을 '노사'라고 이름한다는 것이다.

유부에서는 이 중에서 분위연기설을 불타의 정설로 취하였고, 이에 따라 12연기를 삼세三世 양중兩重의 인과설로 해석하였다. 곧 세존께서는 '과거・현재・미래세에 나는 존재하는가?(혹은 존재하였던가? 혹은 존재할 것인가?) 존재하지 않는가? 존재한다면 어떠한 존재, 어떠한 방식으로 존재하는가?'에 대한 유정의 의혹을 제거하기 위해 12연기를 설하였다는 것이다. 또한 경에서 설한 온갖 형태의 연기설은 유정의 근기에 따른 것으로, 아비달마에서는 삼세에 걸쳐 인과 상속하는 유정의 존재본성을 밝히기 때문에 오로지 12연기만을 설한 것이라고 하였다.[40]

이 같은 분위연기설에 따를 경우 12지는 다음과 같이 해석된다.

무명이란 과거 생에서 일어난 온갖 번뇌로서, 중유의 최후찰나를 거쳐 현생의 의식으로 잉태되기 전까지의 5온을 말한다. 즉 일체의 번뇌는 무명과 상응하여 일어나기 때문에 과거 생에서의

---

40) 《구사론》 권제9(앞의 책), pp.433~434.

온갖 번뇌를 '무명'이라 이름한 것이다.

행行이란 과거 생에서 지은 선악의 온갖 업으로서, 현생에 그 결과가 나타날 때까지의 5온을 말한다. 그러나 현생의 업은 아직 결과를 완전히 낳지 않았기 때문에 '행'이라고 하지 않는 것이다. 따라서 '무명'과 '행'은 과거 생에서 지은 두 가지 원인이다.

식識이란 모태 중에 잉태되는 찰나의 5온으로, 이 순간에는 5온 중에 '식'이 가장 두드러지기 때문에 그것을 일시 연기의 한 갈래로 이름하게 된 것이다.

명색이란 잉태 이후 6처가 생겨나기 전까지의 5온으로,[41] 갈라람·알부담·폐시·건남과, 발라사가의 일부인 태내의 5위를 말한다.

6처란 안근 등이 생겨나면서부터 근·경·식이 화합하기 전까지의 5온으로, 잉태 중의 다섯번째 단계인 발라사가를 말한다.

촉觸이란 근·경·식이 화합하고 있을지라도 아직 괴로움이나 즐거움의 지각이 분명하지 않은 상태의 5온으로, 이러한 상태는 말하자면 태어나서부터 3~4세까지의 단계이다.

수受란 괴로움 등의 지각은 생겨났으나 아직 애탐을 일으키지 않은 상태의 5온으로, 5~7세로부터 14~15세까지의 단계를 말한다. 그리고 '식'으로부터 '수'에 이르는 5지支는 과거 생에 지은 두 가지 원인(즉 '무명'과 '행')에 의해 초래되는 현재 생에서의 결

---

[41] 정확히 말하면 의처와 신처(즉 '명'과 '색')는 이미 생겨나 있으므로 4처가 생겨나기 이전이라고 해야 하겠지만, 이러한 두 처는 명색의 상태에서는 아직 그 작용이 완전하지 않기 때문에 6처가 생겨나기 이전을 '명색'이라고 하였다.

과일 따름이다.

애愛란 의복 등의 물자와 이성異性에 대한 애탐이 생겨났지만 아직 널리 추구하지 않는 상태의 5온으로, 16세 이후로부터 성년기에 이르기 전까지의 단계를 말한다.

취取란 애탐이 증가하여 애호하는 온갖 물자와 이성을 추구하는 상태의 5온으로, 이는 성년기에 해당한다. 앞의 '애'가 처음 일어난 탐이라면 '취'는 그것이 강력해진 것으로, 여기에는 욕취欲取 · 견취見取 · 계금취戒禁取 · 아어취我語取 네 가지가 있다.[42] 따라서 '애'와 '취'는 번뇌로서, 사실상 과거 생에서의 '무명'과 동일한 것이다.

유有란, '취'에 따라 미래존재(이를 當有라고 한다)를 낳게 되는 업을 조작하는데, 이러한 업이 집적된 상태의 5온을 말한다. 즉 이것에 의해 '생'이라고 하는 미래의 과보가 존재하기 때문에 '유'라고 일컬은 것으로, 이 같은 의미에서 볼 때 이것은 과거 생에서의 '행'과 그 의미가 동일하다.

생生이란 전생의 업 즉 유有에 의해 초래되는 미래 생의 첫 찰나의 5온을 말하는 것으로, 이는 사실상 현재 생에서의 '식'에 해당한다. 그럼에도 이를 '식'이라 하지 않고 '생'이라고 이름한 것

---

42) 욕취란 욕계에 속하는 번뇌와 수번뇌(隨煩惱) 중 5견(見)을 제외한 것을, 견취는 삼계의 4견(見, 유신견 · 변집견 · 사견 · 계금취)을 뛰어난 지식이라 집착하는 것을 말한다. 계금취는 업을 일으키는 힘이 가장 뛰어나기 때문에 견취에서 별도로 독립시킨 것이며, 아어취는 5견을 제외한 색 · 무색계의 번뇌와 수번뇌를 말한다. 이에 대해서는 본장 4-1) '근본번뇌'와 4-4) '번뇌의 또 다른 분류'에서 설명한다.

은 미래세의 과보임을 나타내기 위한 것으로, 미래세 중에서는 '태어난다'고 하는 사실이 가장 두드러지기 때문이다. 그러나 현재 생에서는 의식의 작용이 가장 두드러지기 때문에 '생'이라고 하지 않고 '식'이라고 하였다.[43]

노사란 태어남과 더불어 이전 생에서 지은 업(즉 '유')에 의해 수동적으로 초래되는 결과로, 그런 점에서 현재 생에서의 명색·6처·촉·수에 해당한다. 그럼에도 이를 다만 '노사'라고 이름한 것은 그것에 대해 기뻐하는 마음을 버리고 근심의 마음을 낳게 하기 위해서이다.[44]

이상에서 설명한 12지支의 관계를 다시 요약하면, '무명'과 '행'은 과거 생에서 지은 현재 생의 원인이고, '식'에서 '수'에 이르는 5지는 그 결과이며(이상 과거·현재의 인과), '애'와 '취'와 '유'는 현재 생에서 짓는 미래 생의 원인이고, '생'과 '노사'는 그 결과이다(이상 현재·미래의 인과). 이처럼 유부 아비달마에서는 12연기설을 삼세에 걸친 양중兩重의 인과설로 이해하였던 것이다.

그리고 삼세에 걸친 인과적 관계를 떠나 실제적인 작용관계로 본다면 '애'와 '취'는 번뇌이기 때문에 '무명'에 해당하고, '유'는 업이기 때문에 '행'에 해당하며, 미래 생의 첫 찰나 5온인 '생'은 '식'에, '노사'는 '명색'에서 '수'에 이르는 4지支에 해당하기 때문에 비록 12지만을 설하였지만 그것으로 끝없는 생사의 윤환적輪環的 과정은 설명될 수 있다는 것이다.

---

43) 《현종론》 권제14(한글대장경200, p.368) 참조.
44) 위의 논.

나아가 그들은 끝없는 생사의 윤환적 과정을 보다 구체적으로 설명하기 위해 12지를 각기 번뇌(惑)와 업業과 괴로움의 현실(事)로 분별하였다. 앞서 언급하였듯이 괴로움으로 표상되는 생멸의 세계는 업에 의해 초래되며, 업은 번뇌로부터 비롯된다. 즉 현재 생의 원인이 되는 '무명'과 미래 생의 원인이 되는 '애'와 '취'는 번뇌를 본질로 하고, 현재 생의 원인이 되는 '행'과 미래 생의 원인이 되는 '유'는 업을 본질로 하며, 현재 생의 식·명색·6처·촉·수와 미래 생의 '생'과 '노사'는 괴로움의 현실 즉 결과이다. 따라서 과거 생의 번뇌와 업인 '무명'과 '행'에 의해 현재 생의 '식' 등의 5과果가 생기며, 현재 생의 번뇌와 업인 애·취와 유有에 의해 미래 생의 '생'과 '노사'가 생기는 것이다.

이상의 내용을 도표로 나타내면 다음과 같다.

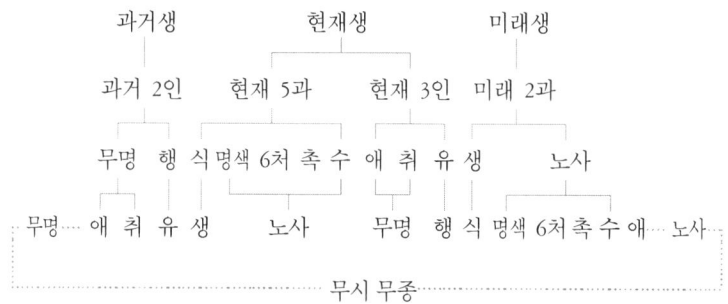

그렇다면 '무명'의 원인은 무엇이고, '노사'는 또한 무엇의 원인이 되는 것인가? 분위연기설에 따라 '무명'은 번뇌이고, '노사'는 괴로움의 현실이라고 설명한 이상 이에 대해서는 이미 답한 것

이나 다름없다. 이미 현재 생에서 '식' 등의 5과를 근거로 하여 '애'와 '취'의 번뇌가 낳아진다고 하였기 때문에 '노사'는 또 다른 번뇌의 근거가 되는 것이다.

다시 말해 번뇌로부터 번뇌(이를테면 애→취)와 업(취→유, 무명→행)이 생겨나고, 업으로부터 현실의 괴로움(행→식, 유→생)이 생겨나며, 현실의 괴로움으로부터 다시 현실의 괴로움(식→명색 내지 촉→수, 생→노사)과 번뇌(수→애)가 생겨나기 때문에, 번뇌인 '무명'은 현실의 괴로움(노사)과 번뇌를 원인으로 하며, 현실의 괴로움인 '노사'는 현실의 괴로움과 번뇌(무명)의 원인이 되는 것이다. 따라서 '무명'의 원인과 '노사'의 결과를 별도로 설정하지 않더라도, 이 같은 12지 만으로도 무시무종無始無終으로 상속하는 윤회의 세계를 충분히 드러낼 수 있다는 것이다.

이를 다시 도표로 나타내면 다음과 같다.

		과거의 원인(2)	현재의 원인(3)	
원인	惑(3)	①無明	⑧愛 → ⑨取	①무명
	業(2)	②行	↑	⑩有
결과	事(7)	③識 → ④名色 → ⑤6處 → ⑥觸 → ⑦受	⑪生 → ⑫老死	
		현재의 결과(5)	미래의 결과(2)	

인도의 어떠한 철학 종교사상에 있어서도 윤회 전생하는 인간의 괴로운 삶을 규정짓는 일차적 근거는 어떤 선험적 원죄가 아니라 자신의 업이다. 그리고 그 같은 업을 낳게 하는, 다시 말해

인간의 괴로운 삶을 규정짓는 이차적 근거는 바로 번뇌(혹은 무지와 욕망)로서, 이는 인도철학의 기본적인 논의의 패턴이다.

아비달마불교의 경우에도 예컨대 '종자로부터 싹과 잎 등이 생겨나는 것처럼 번뇌로부터 업과 현실의 괴로움이 생겨나며, 용이 못을 지키면 물이 항상 마르지 않는 것처럼 번뇌가 업을 지키면 생은 끝없이 상속하며, 잡초는 그 뿌리를 뽑지 않으면 베어도 베어도 다시 돋아나는 것처럼, 번뇌도 그 뿌리를 뽑지 않으면 생의 싹은 다시 생겨나게 된다. 또한 나무의 줄기로부터 가지와 꽃과 열매가 생겨나는 것처럼 번뇌로부터 번뇌와 업과 현실의 괴로움이 자꾸자꾸 생겨나며, 겨가 벼를 싸고 있어 능히 싹을 틔울 수 있는 것처럼 번뇌가 업을 싸고 있어 또 다른 생을 초래하게 되는 것이다.'[45]

이렇듯 현행의 괴로움과 업과 번뇌, 이 세 가지는 상호 윤환적 관계를 이루고 있다. 즉 업의 근거는 번뇌이며, 그 결과가 괴로움이다. 그리고 괴로움은 다시 번뇌를 일으키고, 이를 원인으로 하여 업이 낳아지며, 이것에 의해 다시 괴로움의 세계가 초래하게 되는 것이다. 바야흐로 번뇌와 업이 존재하기 때문에 괴로움의 현실세계가 존재하는 것이다.

(4) 12연기와 유자성有自性

12연기를 삼세 양중의 인과설로 해석한 이 같은 논의는 전통적으로 '삼세인과'의 중요한 논거가 되었지만, 앞서 언급하였듯이 오

---
45) 《구사론》 권제10(앞의 책), pp.483~484.

늘날 일부 학자들은 비판적 태도를 취한다. 그들은 다만 상의상관성에 따른 논리적 귀결이라거나(宇井伯壽), 혹은 찰나생멸의 법칙(木村太賢)으로서 12연기의 범주가 조직되었다는 것이다. 나아가 삼세인과의 결정적 경증經證인 '식識의 수태설受胎說'마저 근기에 따른 통속적인 방편설 내지는 후세 부가된 것으로 이해한다.46)

이 같은 주장은, 인식은 객관적으로 실재하는 것이 아니라 주관에 의해 구성된 것이라는 근대의 철학적 입장에 기초한 것이지만, 사실상 일체개공一切皆空을 해석하는 대승적 관점이라 할 수 있다.

혹자는 '이것이 있기 때문에 저것이 있다'는 공간적인 동시 병존의 관계로, '이것이 일어나기 때문에 저것이 일어난다'는 시간적인 계기관계라고 하여 절충적으로 해석하기도 한다. 그러나 세친에 따르면, '차유고피유此有故彼有 차생고피생此生故彼生'의 양 구는 12연기의 각 지분의 관계를 보다 명확히 하기 위한 것일 뿐이다. 이를테면 '무명이 있으므로 행이 있다'는 앞의 구절에 기초한

---

46) 예컨대 《중아함경》 권제24 〈대인경(大因經)〉(대정장1, p.579하)에서는 이같이 설하고 있다. "아난다여! 만약 식이 모태에 들어가지 않으면 명색이 이 몸을 이룰 수 있을 것인가? 이룰 수 없을 것입니다. 만약 식이 모태에 들어간 뒤 바로 거기서 나오게 되면 명색이 정(精)을 만날 수 있을 것인가? 만날 수 없을 것입니다. 만약 어린 사내거나 계집이거나 식이 끊어지고 허물어져 존재하지 않으면 명색이 점차 자랄 수 있을 것인가? 자랄 수 없을 것입니다. 아난다여! 마땅히 알아야 할 것이니, 식은 바로 명색의 원인이며 명색의 근본이니라." 혹은 같은 경 권제54 〈다제경(茶啼經)〉(동 p.769중하) 후반에서도 부모의 교합과 어머니의 정수(精水)와 향음(香陰, 즉 중유)이라는 세 가지 조건이 화합함으로써 잉태가 이루어지고, 그로부터 노사가 일어난다는 연기설을 설하고 있다.

법문이고 '무명을 떠나 행은 있을 수 없다'는 뒤의 구절에 기초한 법문이라는 것이다.[47)]

용수龍樹에 의해 대성된 대승의 공사상은 연기를 이론적 근거로 삼는다. 그리고 여기서 연기는 철저하게 일체 제법의 상의상관성을 말한다. 공이란 무엇인가?

우리는 일반적으로 감각과 언어적 개념을 통해 세계를 분별함으로써 어떤 한 사물에 대해 다른 것과는 차별되는 그 자신만의 고유한 본성이 실재한다고 생각하고, 그것에 대해 집착한다. 그러나 그것은 사유분별을 통해 그렇게 드러난 것일 뿐, 실상은 어떠한 차별도 없다. 인간의 사유분별에 의해 차별된 일체의 세계는 마치 눈병이 난 이에게 보여지는 환상과 같은 것으로서, 그것은 실상이 아니다. 예컨대 눈병이 없는 이는 환상이 존재한다는 판단을 초월하는 동시에 그것이 없다는 의식마저 초월하듯이, 세계의 실상은 유무를 초월하는 것으로, 일체는 무차별이며, 공空이기 때문이다.

다시 말해 분별의 대상이 되는 성스러운 것과 속된 것, 혹은 밝음과 어두움, 열반과 생사, 출가와 재가는 각기 개별적으로 실재하는 세계가 아니다. 밝음이란 말하자면 어두움이 해소된 상태

---

47) 《구사론》 권제9(앞의 책), pp.449~450; (대정장29, p.50하). 또는 12지(혹은 삼세)가 서로 상속하여 생겨난다[傳生]는 사실을 보다 강조하기 위한 것(이를테면 '무명이 있으므로 행이 있고, 행이 생겨남으로 말미암아 식 등이 생겨날 수 있다'), 또는 직접적 관계와 간접적 관계를 명확히 나타내기 위한 것(이를테면 '무명이 있으므로 행이 있지만, 무명이 생겨남으로 말미암아 바야흐로 식·명색 등의 제행이 생겨나게 된다')이다. 《구사론》에서는 이 밖에도 네 가지 이설(異說)을 더 전하고 있다.

이며, 어두움이란 밝음이 결여된 상태이다. 따라서 어두움을 전제로 하지 않은 밝음은 존재하지 않으며, 밝음이 배제된 어두움은 성립할 수 없다. 마찬가지로 세속을 떠나 열반이 별도로 존재하는 것이 아니다. 일체의 모든 존재는 서로가 서로를 근거로 삼기 때문에, 다시 말해 연기된 것이기 때문에 무자성無自性이며, 따라서 공이다.

이른바 반야바라밀다에 의해 드러나는 이 같은 대승의 진리관에서 본다면, 앞서 분별하였던 5온도, 12처도, 18계도, 12연기의 유전과 환멸도, 나아가 세속의 고苦와 열반의 고멸苦滅을 설한 4성제도 허망한 것일 따름으로, 이는 바로 우리가 주문과도 같이 외우는 270자 《반야심경》의 내용이기도 하다.

용수에 의하는 한 어두움(無明)이 해소된 상태가 밝음(明)이며, 밝음이 결여된 상태가 어두움이기 때문에 양자는 상의상대相依相待의 연기적 존재로서, 그 자신만의 고유한 본성을 갖지 않는다.48) 세속과 열반의 경우 역시 그러하며, 공이라고 하는 점에서 어떠한 차별도 없다.

그러나 유부에 의하면 친구(mitra)와 대립하는 원수(amitra, 친구 아닌 이)가 친구 이외 다른 모든 이를 말하는 것도 아니고 친구 아닌 이를 말하는 것도 아니듯이, 진리의 말씀을 '진실'이라 할 때 이와 반대되는 거짓의 말(虛狂語)을 '비진실'이라고 하지만, 이는 진실 이외의 일체의 법을 말하는 것도 아니고 진실의 부재도 아니듯이, 무명 또한 명이 아닌 것도, 명의 성질이 결여된 것

48) 《중론》 7:10 燈中自無暗 住處亦無暗 破暗乃名照 無暗則無照.

도 아닌 명에 반대되는 실유의 개념이다.[49]

'이것이 있으므로 저것이 있다'고 하였을 때, '이것'에 의해 드러나는 '저것' 역시 실유로서, 이는 세간상식에 속한다. 즉 실재하는 어떤 것이 타자를 인연으로 하여 생겨나는 것으로, 그럴 때 타자는 다만 생기의 조건일 뿐 존재 자체의 조건은 아니라는 것이다. 만약 그렇지 않고 일체는 타자에 근거하여 생겨났기에 무자성 공이라고 한다면, 일체는 무엇으로부터 생겨난 것인가? 무無인가? 그럴 경우 무인론無因論에 떨어지고 만다.

나아가 자아뿐만 아니라 객관의 모든 존재(法) 또한 공이라고 한다면, 공의 본질은 무엇인가? 사실상 일체는 비존재로서, 어떠한 우열의 차별도 없을 것이다. 그럴 경우 예컨대 '석녀(아이를 낳지 못하는 여인)의 아들이 용감하다'고 할 수 없듯이 열반 또한 청정하다고도 할 수 없으며, 그럼에도 불타가 그것을 설하였다면 그는 다만 중생을 현혹하는 자일 따름이다.[50]

유부에 있어 12연기 각각의 지분支分은 개별적인 실체로서, 그것은 오로지 유정이 경험하는 생사윤회의 조건, 즉 번뇌와 업의 인과상속을 해명하는 양식이었다. 불타는 무아를 설하였지만 결코 업 부정론자(akriya vādins)가 아니었으며, 무상의 찰나멸을 설하였으나 결코 단멸론자(uccheda vādins)가 아니었다. 인간의 삶은 과거 생으로부터 현재 생으로, 현재 생에서 다시 미래 생으로

---

49) 《구사론》 권제10(앞의 책), p.457; (대정장29, p.51하), 無明別有實體. 是明所治, 非異非無.
50) 《순정리론》 권제17(대정장29, p.431중, p.432상).

이어지는 것으로, 그것은 영속적이고도 단일한 자아를 통해서가 아니라 오로지 번뇌와 업을 통해 이루어진다.

'인간은 어떻게 생겨났으며, 그 작자는 누구인가? 인간은 어디로부터 생겨났으며, 죽어 어디로 갈 것인가?'[51] 12연기는 바로 이에 대한 해명이었다. 앞서 언급하였듯이 유부에 의하는 한, 불타는 '과거·현재·미래세에 나는 존재하는가? 존재하지 않는가? 존재한다면 어떠한 존재이고, 어떠한 방식으로 존재하는가?'에 대한 유정의 의혹을 제거하기 위해 12연기를 설하였다. 곧 그들은 유정의 존재근거를 자아가 아닌 삼세에 걸친 5온의 인과상속으로 이해하였고, 12연기 역시 이에 따른 분위연기설로 해석하였다. 이 같은 사실로 볼 때 12연기설은 결국 무아설의 연장이라고 할 수 있다.

연기를 일체 제법의 상호관계성으로 해석하여 자아뿐만 아니라 모든 존재의 무자성 공을 주장하든, 다만 유정의 조건인 5온의 인과상속으로 해석하여 자아는 실재하지 않지만 그같이 각각의 지분이 두드러진 상태인 5온만은 실재한다고 주장하든 그것들은 모두 불타 깨달음에 기초한 후세 해석의 한 갈래일 뿐이다.[52]

---

51) 본장 주 34) 참조.
52) 이에 대해서는 2장 주 30)을 참조 바람. 대승에서 아비달마불교를 '소승'이라 한 것은 다만 두 가지 이유 때문으로, 첫째는 자아의 공만을 설할 뿐 일체법의 공을 설하지 않기 때문이며, 둘째는 자신의 이익(열반)만을 설할 뿐 중생을 위한 대자비심을 설하지 않기 때문이다.(《대지도론(大智度論)》권제4, 대정장25, p.85중~86상; 동 권제31, p.287중; 동 권제79, p.619) 그러나 일체법의 공을 설할 경우 사실상 세계에 대한 어떠한 해명도 불가능하다. 그것은 주장이 아니라 비판이기 때문이다. 양자는 애당초 논의의

4. 번뇌, 즉 수면隨眠

1) 근본번뇌

불타의 말씀처럼 연기란 깊고도 깊으며 지극히 알기 어려운 것이다. 그것은 유정세간의 유전流轉을 밝히고 있는 동시에 환멸還滅의 열반도 밝히고 있기 때문이다. 무명 등의 번뇌와 그에 따른 업이 있기 때문에 생사의 윤회가 있는 것이라면, 번뇌가 소멸할 때 생사의 윤회 또한 소멸한다. 그것이 바로 열반이다.

그렇다면 번뇌란 무엇인가? 우리는 앞서 12지支 중의 무명과 애·취를 번뇌로 분별한 바 있지만, 번뇌(kleśa)란 신심身心의 상속을 어지럽히고 핍박하는 심리작용으로서, 그 자체 염오染汚한 것이면서 그것과 상응하는 온갖 마음과 마음의 작용을 더럽히는 것이기 때문에 번뇌라고 한다. 《아함》에서는 이 같은 번뇌의 이명異名으로서 결結·박縛·전纏·수면隨眠·누漏·폭류瀑流·액軛·취取·신계身繫·개蓋·수번뇌隨煩惱 등의 술어를 언급하고 있다.

그런데 유부 아비달마에서는 이 중에서도 특히 수면, 즉 욕탐欲貪·진瞋·견見·의疑·유탐有貪·무명無明의 7수면설을 기초로 하여 이른바 '98수면설'이라고 하는 번뇌의 이론을 대성시키고 있다. 수면(anuśaya)이란 원래 기질 경향 성향 등을 의미하며,

....
출발을 달리하였다. 따라서 그것이 종학(宗學)이 아닌 이상 대소 우열을 논하는 것은 우리의 영역 밖의 사실이다. 아비달마불교의 열반관에 대해서는 4장 6-1) '성문과 독각'에서 언급하게 될 것이다.

불교 특유의 용법으로서는 나쁜 성향, 나쁜 자질을 의미하여 앞서 언급한 것처럼 누·폭류·액·취 등과 함께 번뇌와 동의어로 사용되기도 한다.

그러나 보다 엄밀한 의미에서 이것은 현행하는 번뇌나 이차적인 번뇌인 수번뇌를 낳게 하는 잠재된 의식작용, 즉 근본번뇌를 뜻한다. 다시 말해 이것은 모든 존재를 생성시키는 근원적인 힘으로, 결코 한역술어가 지시하는 것과 같은 잠자고 있는 취약한 상태가 아니다.

이것은 번뇌생기의 근본이라고 할만한 '득'을 더욱 더 견고하게 하며, 번뇌의 속박을 계속적으로 일어나게 하며, 자신의 몸이 번뇌를 일으키기에 적합하게 하며, 이차적 번뇌인 수번뇌를 일으키며, 미래세의 또 다른 존재를 초래할 업을 일으키며, 다시금 번뇌의 바탕이 되는 비리작의非理作意 즉 옳지 못한 사유를 불러일으키며, 올바른 지혜를 손상시켜 대상에 대해 미혹하게 하며, 염오한 마음을 이끌어 내며, 선업으로부터 물러나게 하며, 유정을 속박하여 그들이 속한 세계나 경지를 초월하지 못하게 한다.

이 같은 의미에서 수면 즉 근본번뇌는 아비달마 여러 논에서 보통 다음의 네 가지 뜻으로 이해되고 있다. 첫째, 이것은 미세微細(aṇu)한 것이다. 이는 anuśaya의 anu를 aṇu로 환언한 것으로, 그 작용이 너무나 미세하여 인식하기 어렵기 때문이다. 둘째, 이것은 대상과 그 밖의 온갖 의식작용(心所)에 따라 증장하고 다시 그것을 증장시키기 때문에 수증隨增의 뜻을 갖는다. 셋째, 이것은 시작도 없는 아득한 옛날부터 심신(5온)의 상속 중에서 일어나 항상 그것을 쫓아다니면서 허물을 낳기 때문에 수축隨逐의 뜻을 갖는다. 넷째, 이것은 가행도(준비단계의 수행도)로써 생겨나지 않게 하더라도, 혹은 아무리 노력하여 그 생기를 막더라도 시시때때로 일어나 심신의 상속을 속박하기 때문에 수박隨縛의 뜻을 지닌다. 즉 수면이 인간의 마음을 장애하고 구속하는 근본적인 심리작용이라면, 번뇌는 그 같은 심리작용이 더럽혀져 있다는 사실을 가르키는 말로서, 수면과 번뇌는 동일한 심적 상태를 다른 관점에서 조명한 것에 지나지 않는다. 예컨대 욕탐수면이라고 할 경우 현행하는 욕탐이 바로 수면이라는 뜻으로,[53] 온갖 번뇌는 수면이 각기 다른 방식으로 나타난 것에 불과하다.

이 같은 이유에서 욕탐 등의 7가지 수면은 모든 번뇌의 근본이 된다. 그런데 7수면설은 탐貪・진瞋・견見・의疑・만慢・무명의 6수면 중의 '탐'을 색・성・향・미・촉의 5욕경欲境을 대상으로 하여 외면적으로 일어나는 욕계 애탐인 욕탐과, 존재자체를 대상으로 하여 내면적으로 일어나는 색・무색계의 애탐인 유탐으로 나눈 것이다. 그리고 유탐을 욕탐과는 별도로 설정하게 된 것은, 상계上界(색계와 무색계)의 존재를 해탈의 경지라고 생각하는 자들이 있기 때문에, 다시 말해 범부나 외도들은 무상천에서의 5백

---

[53] 이에 반해 대중부 계통에서는 수면을 현행의 번뇌인 욕탐 등을 야기하는 불상응행법으로 간주하며, 경량부에서는 수면을 번뇌종자의 뜻으로 해석하여, 번뇌가 잠자고 있는 상태를 수면, 깨어 활동하고 있는 상태를 전(纏)이라고 하였다. 곧 번뇌종자인 수면은 심상응법(心相應法)도 불상응행법도 아닌 마음 자체의 특수한 변화 차별이라고 논의함으로써 유부와 대중부를 동시에 비판하고 있다.

대겁 동안의 무상과無想果를 진실의 해탈로 간주하기 때문에 그 같은 주장을 막기 위해서였다. 그러나 '탐'이란, 예컨대 아교나 옻이 다같이 점착성을 본질로 하는 것처럼 애착(상계의 경우는 味着이라고 함)을 특징으로 하기 때문에 그 본질은 동일하다.

6수면설은 다시 그 중의 '견'을 유신견有身見・변집견邊執見・사견邪見・계금취戒禁取・견취見取의 다섯 가지로 분별함으로써 10수면으로 발전한다. '견(dṛṣṭi)'이란 의식의 모든 순간에 나타나는 보편적 작용(즉 대지법) 중 '혜'로 분류되는 판단작용을 말하지만,54) 여기서의 '견'은 물론 그릇된 견해 즉 염오혜染汚慧를 말한다. 즉 그릇된 견해 역시 확인 판단된 것이기 때문이다.

먼저 유신견(혹은 薩迦耶見, satkāya dṛṣṭi)이란, 5온에 대한 애탐의 결과인 5취온取蘊을 '나' 혹은 '나의 것'이라고 집착하는 염오혜를 말한다. 즉 그것은 실재(有=薩, sat)하는 집적(身=迦耶, kāya)의 온을 대상으로 하여 이를 '나(我)' 혹은 '나의 것(我所)'이라고 집착하는 것이기 때문에 유신견이다.55)

변집견이란, 유신견인 '나' 혹은 '나의 것'에 대해 죽으면 끝(斷滅)이라고 여기거나 육체상의 죽음과는 관계 없이 영원히 지속하는 것(常住)이라고 집착하는 염오혜를 말한다. 즉 단멸과 상주라

---

54) 본서 2장 3-2)-(2) '마음의 작용'; 4장 5-1) '10가지 지혜' 참조.
55) 그러나 경량부에 의하면 허물어지기 때문에 '살(薩, sad=sat)'이고, 적집된 것이기 때문에 '가야'이다. 다시 말해 '살'은 무상, '가야'는 화합온의 뜻으로, 바로 무상의 5취온을 말한다. 따라서 살가야견은 비실재인 허위의 오취온을 영원하고 단일한 것이라고 생각하여 그것을 자아라고 집착하는 판단작용으로, 이 경우 살가야견은 '유신견'이 아니라 괴신견(壞身見) 혹은 허위신견(虛僞身見)으로 번역된다.

는 양극단(邊)에 집착(執)하는 그릇된 판단작용이기 때문에 그렇게 말한 것이다.

사견이란 4제(諦)의 진리성을 부정하는 염오혜를 말한다. 물론 이 밖의 다른 네 가지 견해도 전도되어 일어난 것이기 때문에 모두 사견이라 할 수 있지만, 그것들은 다같이 자아가 아닌 것을 자아라 하고(유신견), 무상한 것을 영원한 것이라고 하고(변집견의 常見), 저열한 견해를 뛰어난 견해라 하고(견취), 참된 도나 원인이 아닌 것을 해탈도와 원인이라고 하는(계금취) 등의 적극적인 견해이며, 이것과 변집견의 단견(斷見)만은 오로지 부정적인 견해이기 때문에 '사견'이라고 하였다. 즉 단멸론의 입장에서 업도 업의 과보도 없으며, 해탈도 해탈에 이르는 실천도 없다고 하는 그릇된 판단작용, 이를테면 인과를 부정하는 극단적인 감각론을 사견이라고 하는 것이다.

계금취란 이와 반대로 대자재천(Maheśvara)이나 생주신生主神(Prajāpati) 등 세간의 참된 원인이 아닌 것을 참된 원인으로 간주하고(非因計因), 하늘에 태어나기 위해 갠지즈강에 목욕하거나 불속에 뛰어들며, 해탈하기 위해 고행을 하고 재나 소똥을 온몸에 바르며, 수론數論(Saṃkhya)학파나 요가학파에서 주장하는 형이상학적 실재인 프라크리트(물질적 질료)와 푸루샤(순수자아) 등에 관한 지식 따위를 해탈도로 간주하는 등 참된 도가 아닌 것을 참된 도로 여기는(非道計道) 염오혜를 말한다.

그리고 견취는 무루의 성도(聖道)에 의해 끊어지는 이상과 같은 저열한 유루의 지식을 뛰어난 지식이라고 집착하여 추구하는 염오혜이다.

　이 밖에 '탐'은 마음에 드는 대상에 대해 애착하는 의식작용, '진'은 마음에 들지 않는 대상을 미워하는 의식작용, '만'은 자신의 입장에서 타인을 차별하는 오만의 의식작용, '의疑'는 4제의 진리성에 대해 의심하여 확정적 지식을 낳지 못하게 하는 의식작용으로, 마음의 작용(心所法) 가운데 부정지법(不定地法)에 속한 것이다. 또한 '무명'은 정지正智의 결여로, 알지 못함을 본질로 하는 염오혜이다. 그리고 이상의 5가지 수면을 '견'의 경우처럼 다시 세부적으로 분류하지 않는 것은 그 본질상 끊어짐이 단일하기 때문이다.

　그렇다면 근본번뇌에 어째서 10가지만 존재하는 것인가? 중현衆賢에 의하면, 온갖 번뇌 가운데 이 같은 10가지만이 습기習氣가 견고하기 때문으로, 분노(忿) 등 그 밖의 번뇌는 모두 이로부터 파생된 이차적인 번뇌이다.[56]

2) 98수면으로의 전개

　이상의 10수면은 다시 그것이 작용하는 세계 즉 욕·색·무색의 3계界와, 끊어지는 유형(部) 즉 4제 각각에 대한 네 가지 관찰(見, darśana)과 선정을 통한 반복된 관찰 수습(修, bhāvana)의 5가지 유형에 따라 98가지로 확장된다. 유정의 존재 영역이 3계에 걸쳐져 있는 이상 번뇌 또한 그러해야 하며, 동일한 세계에 속한 동일한 번뇌라 할지라도 그것의 대상과 성질이 동일하지 않을

---

56) 《현종론》 권제27(한글대장경201, p.213).

뿐더러 끊어지는 유형 또한 한결같지 않기 때문이다.

　예컨대 같은 탐욕(혹은 무지)이라 할지라도 초등학생의 탐욕과 대학생의 그것은 다르며, 초등학생의 탐욕 역시 그 대상에 따라 다를 수밖에 없다. 이 같은 이유에서 유부 아비달마에서는 '98수면설'이라고 하는 대단히 번쇄한 번뇌의 이론을 전개시키고 있는데, 이에 따라 수행도와 성자에 관한 이론 역시 번쇄해질 수밖에 없었다.

　일반적으로 번뇌는 이치에 대한 무지에서 비롯되는 이지적 측면의 번뇌(이를 迷理惑이라고 한다)와 본능적 욕망에서 비롯되는 정의적 측면의 번뇌(이를 迷事惑이라고 한다)로 나눌 수 있다. 예컨대 이지적 번뇌는 나쁜 스승이나 사교邪敎 사설邪說에 의해 유도되거나 잘못 생각함으로써 일어나는 후천적 번뇌이기 때문에 그 성질이 예리하기는 하나 취약하여 올바른 관찰에 의해 그것이 오류라고 판단하기만 하면 즉각적으로 제거될 수 있다.

　이에 반해 정의적 번뇌는 음식이나 잠 섹스에 대한 욕망 등 유정이면 누구나 선천적으로 갖는 본능적 욕구이기 때문에 그 성질이 무디면서도 무거워 올바른 관찰만으로 즉각적으로 제거되지 않으며, 그것을 억제 소멸하기 위해서는 그것이 오류라는 사실이 체득될 만큼의 오랜 기간 반복된 관찰 수습이 필요하다. 이를테면 어떤 이념은 그것이 오류라고 판단하기만 하면 즉각적으로 전향할 수 있지만, 담배는 그것이 나쁘다는 사실을 안다고 해서 즉각적으로 끊어지지 않는 것이다.

　유부 아비달마에서는 전자를 4제의 진리성을 관찰함으로써 즉

각적으로 끊어지는 번뇌 즉 견도소단見道所斷(혹은 줄여서 見所斷) 또는 견혹見惑이라 하고, 후자는 선정을 통해 반복적으로 관찰함으로써 점진적으로 끊어지는 번뇌 즉 수도소단修道所斷(혹은 줄여서 修所斷) 또는 수혹修惑이라고 하였다.

그리고 견소단의 번뇌에는 다시 고제苦諦(즉 현실의 실상)에 미혹한 번뇌 내지 도제道諦(깨달음에 이르는 수행도)에 미혹한 번뇌 등 네 가지가 있는데, 이는 각기 고제 내지 도제를 관찰함으로써 끊어지는 번뇌이기 때문에 견고소단見苦所斷(온전한 명칭은 見苦諦所斷)·견집소단見集所斷·견멸소단見滅所斷·견도소단見道所斷이라고 한다. 이같이 번뇌에는 견소단의 네 가지와 수소단 한 가지, 도합 5가지 유형이 있는데, 이를 5부部라고 한다.

그렇다면 앞의 10수면은 여기에 어떻게 적용되는 것인가? 10수면 가운데 5견과 의疑가 오로지 견소단이라면, 나머지 탐·진·만·무명은 양자에 공통된 번뇌이다. 왜냐하면 탐·진·만 세 가지는 정의적 번뇌이기는 하나 결국 5견과 '의'를 조건으로 하여 일어나기 때문이다. 이를테면 5견에 탐착함으로써 그것을 정견이라 주장하고, 그러한 견해에 오만해지며, 나아가 다른 견해를 무시하고 증오하게 되는 것이다. 또한 무명의 경우, 그 자체로서 생겨나는 무명(不共無明)이나 5견과 상응하여 생겨나는 무명(相應無明)은 견소단이지만, 탐·진·만과 상응하여 함께 일어나는 무명은 수소단이자 견소단이기 때문이다.

그리고 오로지 견소단인 5견과 의疑의 경우, 제법의 인과관계 상에서 일시 드러나게 된 5취온을 영속적이고도 단일한 자아라고 주장하는 유신견은 현행의 결과 (4제 중 苦果, 이것은 非常·苦·空·非我로 관찰됨)[57]에 미혹하여 생겨난 것이기 때문에 단지 견고소단이며, 변집견 역시 5취온이라고 하는 현행의 결과를 상주 단멸 등으로 주장하는 견해이기 때문에 견고소단이다.

또한 계금취는, 한편으로는 자재천 등이 세간의 참된 원인이 아님에도 그것을 영원한 원인이라고 간주하는 그릇된 견해이기 때문에 견고소단이며, 다른 한편으로는 고행 등 참된 도가 아닌 것을 해탈에 이르는 청정도라고 주장하는 그릇된 견해이기 때문에 견도소단이다. 즉 이 같은 견해는 '자재천 등은 영원하고도 단일한 자아이며, 작자이다'고 하는 등의 전도된 생각(즉 常倒와 我倒)을 먼저 일으키고 나서 그것을 세간의 참된 원인으로 간주한 것이기 때문에 견집소단이 아니라 상견常見의 변집견이나 아견我見의 유신견과 마찬가지로 현행의 결과를 비상·고·공·비아로 관찰하는 즉시 바로 끊어지는 견고소단의 번뇌인 것이다.

그리고 단멸론의 입장에서 업과 그 과보를 부정하는 사견은 바로 인과의 구조를 띤 4제를 부정하는 것이기 때문에, 견취는 유신·변집·사견 등의 저열한 지식을 뛰어난 이치일반(즉 諦)이라고 주장하는 것이기 때문에, '의'는 4제에 대한 의심이기 때문에 각기 견고소단·견집소단·견멸소단·견도소단 모두에 포함된다.

따라서 10가지 수면 모두가 존재하는 욕계의 경우, 견고소단의 수면은 10가지 모두이며, 견집소단과 견멸소단은 각기 유신견·

---

57) 이를 고제(苦諦) 4상(相)이라고 하는데, 이에 대해서는 4장 3-1) '견도'에서 자세하게 설명한다.

변집견·계금취를 제외한 7가지이며, 견도소단은 유신견과 변집견을 제외한 8가지이며, 수소단은 탐·진·만·무명 네 가지이다. 그러므로 욕계에 소속되는 수면은 모두 36가지이다.

그러나 색계와 무색계의 경우, 10가지 수면 가운데 '진'이 존재하지 않는다. 왜냐하면 '진'은 전5식이 감수하는 고수苦受에 따라 일어나는 것으로, 상계에는 제6식이 감수하는 정신적 괴로움인 우수憂受만이 존재할 뿐 고수가 존재하지 않기 때문이다. 혹은 그곳에는 남을 괴롭히거나 해치는 일이 없으며, 자비 등의 선근만이 존재하기 때문이다. 따라서 상 2계에 존재하는 수면은 각기 욕계 5부 중 진수면을 제외한 31가지이며, 이를 앞의 욕계 36가지와 합하면 총 98가지가 되는 것이다.

이상의 98수면을 도표로 정리해 보면 다음과 같다.

	욕 계	색 계	무 색 계	계
견고소단	탐·진·만·무명·의·유신견·변집견·계금취·사견·견취	진을 제외한 9가지	진을 제외한 9가지	28가지
견집소단	탐·진·만·무명·의·사견·견취	진을 제외한 6가지	진을 제외한 6가지	19가지
견멸소단	탐·진·만·무명·의·사견·견취	진을 제외한 6가지	진을 제외한 6가지	19가지
견도소단	탐·진·만·무명·의·계금취·사견·견취	진을 제외한 7가지	진을 제외한 7가지	22가지
수 소 단	탐·진·만·무명	진을 제외한 3가지	진을 제외한 3가지	10가지
계	36가지	31가지	31가지	98가지

그런데 이러한 98수면 중에서 견고소단의 유신견 등의 5견과

의疑, 견집소단의 사견·견취와 '의', 그리고 견고·견집소단의 무명은 그 힘이 특히 강력하여 만약 욕계의 그것이면 욕계(自界) 5부의 염오법을 두루 낳는 원인이 되는데, 이를 변행혹遍行惑(줄여서 遍惑)이라고 한다.58)

여기서 변행혹이란 5부의 제법과 두루 관계하는 보편적 번뇌(共相惑)를 말하는 것으로, 우리는 앞(2장 6절 '제법의 인과관계')에서 이를 변행인으로 분별한 바가 있다. 즉 견고·견집소단의 지식작용은 온갖 유루법을 두루 대상으로 삼으려고 하는 것이면서 그 자체로서 견고하기 때문에 능히 5부의 수면을 두루 낳을 수 있지만, 견멸·견도소단의 지식작용은 그렇지 않기 때문에 변행혹이 아닌 것이다. 다 같은 무지라고 할지라도 현실(고·집제)에 대한 무지와 열반(멸·도제)에 대한 무지는 그 강도가 다른 것이다.

나아가 11가지 변행혹 가운데 유신견과 변집견을 제외한 9가지는 상계上界(혹은 上地)의 존재도 대상으로 삼을 수 있기 때문에 이를 상연혹上緣惑이라고 한다.59) 그렇지만 상계 상지의 번뇌가 이미 염오를 떠난 하계 하지의 법(5온)을 대상으로 삼는 일은 없다.

즉 유신견과 변집견의 경우, 타계他界·타지他地의 5취온을 대상으로 삼아 그것을 '나' 혹은 '나의 것'이라고 집착하거나, 혹은 단멸하고 상주하는 것이라고는 주장하지 않기 때문에 자계 자지의 제법만을 대상으로 삼는 것이다. 예컨대 욕계의 유정이 색계의

---

58) 전통적으로 이를 '7견(見)·2의(疑)·2무명의 11변혹'이라고 한다.
59) 참고로 아래 3무색정에는 상계가 없으며, 비상비비상처정에서는 아울러 상지도 없기 때문에 상계 상지의 존재를 대상으로 하는 번뇌는 없다.

온蘊을 '나'로 집착하는 것은 이치상 있을 수 없으며(그럴 경우 욕계와 색계의 두 종류의 '나'가 존재하게 됨), '나'라는 집착이 부재하므로 '나의 것'이라고 하는 집착도 역시 이루어질 수 없다. 또한 변집견은 유신견에 의해 생겨나기 때문에 역시 색계의 나를 대상으로 하여 단멸한다거나 상주한다고 집착하지는 않는 것이다.

설혹 욕계 중에 태어나 색계 대범천을 대상으로 하여 '그것은 자아이고 상주한다'고 주장할지라도, 이 같은 견해는 직접적으로 관찰 판단된 것이 아니라 추리에 의해 알려진 것이기 때문에 '견'이 아니라 유신견과 변집견에 의해 낳아진 사지邪智일 뿐이다. 다시 말해 먼저 욕계 중에서 유신견과 변집견을 일으켜 욕계의 5온이 자아이고 상주하는 것이라고 집착한 다음에 무명(不共無明)을 일으켜 '대범천도 자아이고 상주한다'고 주장하는 것이다. 따라서 이는 욕계에서의 '견'만큼 세력이 강성하지 않으며, 분명하지도 않다.

참고로 이상의 98수면 중 오로지 무기인 색·무색계의 수면과, 욕계에 소속되는 유신견·변집견 및 이와 상응하는 무명을 제외한 그 밖의 수면은 모두 불선인데,[60] 이 같은 불선의 수면 가운데 탐·진·무명(혹은 癡)을 특히 불선근不善根이라고 한다. 즉 이 세 가지는 모든 불선법의 근본이 되기 때문이다. 혹은 5부 모두

---

60) 색계와 무색계의 수면은 다만 내적으로만 일어나기 때문에 그것으로 인해 다른 이를 핍박하는 일이 없어 고(苦)의 이숙과가 존재하지 않으며, 고의 대상이 될 만한 불선법도 존재하지 않기 때문에 무기이다. 그리고 유신견은 상주하는 자아가 미래세 즐거움을 향수하기 위해 보시나 지계 등을 행하기 때문에 실제적으로 선행과 모순되지 않으며, 생의 단멸을 주장하는 변집견의 단견은 집착하지 않음이 열반과 유사하기 때문에, 상견은 아견 즉 유신견에 따라 생겨나는 것이기 때문에 무기이다.

에 통하고 6식과 두루 상응하며, 그 자체 수면이면서 추악한 신·어업을 일으키고 선근을 끊는 강력한 가행이 되기 때문에 불선근이다.

그러나 5견과 의疑는 비록 수면이지만 이러한 뜻이 없고, '만'은 6식과 두루 상응하거나 선근을 끊는 강력한 가행이 되지 않으며, 그 밖의 번뇌 이를테면 다음에 설할 10전纏이나 6번뇌구煩惱垢와 같은 것은 수면이 아니라 수번뇌이기 때문에 불선근이 아니다.

3) 지말번뇌로서의 수번뇌隨煩惱

유부 아비달마에서 논의하는 번뇌는 물론 이것만이 아니다. 유부에서는 이상의 10수면 이외에 《아함》에서 설해진 마음과 상응하는 그 밖의 염오한 심리작용을 수번뇌隨煩惱라는 명칭으로 통괄하고 있다. 물론 앞에서 설한 근본번뇌로서의 수면도 마음에 따라 일어나며, 마음을 어지럽히는 심리작용이기 때문에 역시 수번뇌로 불리는 경우가 있지만, 여기서 말하는 수번뇌란 바로 그같은 근본번뇌에 따라 일어나는 것이기 때문에 '수번뇌'이다. 따라서 지말번뇌라는 의미에서 수번뇌라고 일컬어지는 것을 결코 '(근본)번뇌'라고는 이름하지 않는다.

《법온족론》 권제9 〈잡사품雜事品〉에서는 이러한 수번뇌를 탐·진·치(무명) 등의 수면과 뒤섞어 67가지로 분별하고 있지만, 완성된 유부교학에서는 이를 10전纏과 6번뇌구煩惱垢로 정리하고 있다.

먼저 '전'이란 전박纏縛(즉 속박)의 뜻으로, 욕계의 번뇌를 욕전欲纏이라 이름하듯이 근본번뇌 역시 '전'이라고 말하는 경우도 있지만, 그것이 근본번뇌로부터 파생된 수번뇌를 의미할 경우 여기에는 무참無慚・무괴無愧・악작惡作・수면睡眠・도거掉擧・혼침惛沈・분忿・부覆・질嫉・간慳의 10가지가 포함된다.

여기서 '무참'이란 계・정・혜의 온갖 공덕과 공덕 있는 자 즉 스승을 공경하지 않는 것을 말하며, '무괴'란 공덕 있는 자의 꾸짖음이나 지은 죄에 대해 두렵게 여기지 않는 것을 말한다. '악작'이란 그릇되게 행해진 일에 대해 후회하는 것이며, '수면'은 마음이 흐리멍덩하여 몸을 능히 가눌 수 없게 되는 상태이다. '도거'는 마음이 고요히 안정되지 못한 것으로, 평정(捨)에 반대되는 심리작용이다. '혼침'은 마음의 무기력함 또는 심신이 혼미하여 선법을 감당할 수 없게 되는 상태로, 경쾌 안적함(輕安)의 반대되는 심리작용이다.

또한 '질'은 타인의 온갖 흥하고 성한 일에 대해 기뻐하지 않는 것이며, '간'은 재물이나 진리에 인색하여 다른 이에게 베풀어주지 않으려는 심리작용이다. '분'은 유정이나 비유정을 미워하여 분노하는 것이며,[61] '부'란 자신의 죄과를 감추려고 하는 심리작용을 말한다. 곧 이와 같은 10가지 염오한 마음의 작용은 유정을 얽어매어 생사의 감옥에 가두기 때문에, 혹은 이것이 원인이 되

---

61) 3불선근의 '진(瞋)'이 유정을 미워하여 해치려고 하는 것이고, 다음에 설하는 6번뇌구의 '해(害)'가 핍박하고 응징하려는 것이라면, '분'은 이 같은 두 가지 이외의 분발심(忿發心)을 말한다.

어 온갖 악행을 일으킴으로써 악취에 속박되기 때문에 '전'이라고 하였다.

그리고 무참과 '간'과 도거는 '탐'을 직접적인 원인으로 하여 생겨나며, 무괴와 수면과 혼침은 무명의 성질과 지극히 밀접하며, '질'과 '분'은 '진'과 그 특성이 동일하며, 악작은 유예猶豫 즉 망설임에 의해 생겨난 것이기 때문에 의疑로부터 비롯된다. 다만 '부'의 경우, 학자나 관리와 같이 지식이 있는 자는 명리에 대한 탐욕 때문에 자신의 죄를 은폐하려고 하며, 무지한 자는 참회할 줄 몰라서 자신의 죄를 은폐하려고 하기 때문에 '탐'이나 무명으로부터 생겨난다. 이처럼 10전은 모두 근본번뇌로부터 생겨나는 번뇌이기 때문에 '수번뇌'라고 이름한 것이다.

번뇌구에는 뇌惱·해害·한恨·첨諂·광誑·교憍의 6가지가 있다. 여기서 '뇌'란 온갖 나쁜 일에 대해 견고히 집착하는 의식작용으로, 이로 말미암아 참다운 충고도 받아들이지 않고 회개하지도 않는다. '해'란 타인을 핍박하는 의식작용으로, 이에 따라 타인을 구타하고 매도한다. '한'이란 앞에서 설명한 '분'의 대상에 대해 자주 생각하여 원한을 맺는 것을 말한다.

'첨'이란 마음의 왜곡으로, 이에 따라 자신의 뜻을 진실되게 드러내지 않고 남의 허물을 말하여 그를 미워하는 이를 기쁘게 한다. 혹은 아첨하기 위해 거짓을 설하여 진실을 알지 못하게 한다. '광'이란 타인을 속여 미혹되게 하는 것을 말하며, '교'는 자신이 소유한 재물 지위 미모 지식 등에 집착하여 마음이 오만 방자해져 자신을 되돌아보지 않는 성질의 의식작용이다.

이와 같은 6가지 염오한 의식작용은 번뇌로부터 생겨난 것으로, 그 특성상 더럽고 거칠기 때문에 '번뇌구'라고 이름한 것이다. 즉 '광'과 '교'는 탐貪으로부터, '해'와 '한'은 진瞋으로부터, '뇌'는 견취로부터 생겨나며, 마음의 왜곡이란 바로 악견惡見을 말하기 때문에 '첨'은 온갖 견見으로부터 생겨난다. 이처럼 6번뇌구 역시 근본번뇌로부터 생겨나기 때문에 역시 수번뇌라고 하는 것이다.

이상에서 설명한 근본번뇌로서의 6수면과 지말번뇌로서의 10전과 6번뇌구는 사실상 유부의 제법의 분류표상에서 심소법에 포섭되는 불선과 무기의 염오한 의식작용을 세력의 강도에 따라 다시 정리한 것이다. 즉 이것들은 6가지 대번뇌지법(무명·방일·해태·불신·혼침·도거), 두 가지 대불선지법(무참·무괴), 10가지 소번뇌지법(忿·覆·慳·嫉·惱·害·恨·諂·誑·憍), 6가지 부정지법(尋·伺·악작·수면·貪·瞋·慢·疑) 가운데 인식의 조건인 '심' '사'와 그 과실이 가벼워 쉽게 물리칠 수 있는 방일·해태·불신을 제외한 것에 지나지 않는다.

그래서 《구사론》에서는 〈근품〉과 〈수면품〉에서 양자를 교차시켜 설하고 있지만 《입아비달마론》과 같은 입문서에서는 양자 모두를 상응행온相應行蘊에 포함시켜 논설하고 있는 것이다. 따라서 10수면에 10전과 6구를 더하고, 다시 여기서 빠진 대번뇌지법의 방일과 해태와 불신을 더하게 되면 일체의 번뇌를 망라한 것이 되며,[62] 그 밖의 다양한 번뇌의 이론도 결국 여기에 기초하고 있다.

---

62) 보통 10수면이 3계 5부에 따라 확장된 98수면과 10전을 합하여 108번뇌라고도 한다.

4) 번뇌의 또 다른 분류

유부 아비달마에서는 이상에서 언급한 수면과 수번뇌 이외 《아함》에서 설해지고 있던 누漏·폭류瀑流·액軛·취取·결結·박縛 등의 또 다른 명칭의 번뇌도 모두 수면과 수번뇌에 적용시켜 해석하고 있는데, 간단히 설명하면 다음과 같다.

① 누漏 : 수면 등은 유정을 무색계 유정천有頂天으로부터 무간지옥에 이르기까지 생사 중에 유전시키며, 6근을 통해 끊임없이 허물을 누설하게 하기 때문에 '누'라고 하는데, 여기에는 욕루欲漏·유루有漏·무명루無明漏 세 가지가 있다.

이를 유부 번뇌론의 기본형식인 98수면설과 관련시켜 보면, 욕루는 욕계의 36가지 번뇌 중 5부소단의 무명 5가지를 제외한 31가지에 10전을 더한 41가지에 해당한다. 유루란 욕루에 대응하는 말로서(무루에 대응하는 유루와 명칭은 동일하지만 뜻은 다르다), 색·무색계의 62가지 번뇌 중 각기 5부의 무명을 제외한 52가지가 바로 그것인데, 상계의 번뇌는 모두 무기성에 포섭되고 삼매의 상태 즉 내면적으로 일어나는 것이기 때문에, 상계의 탐을 유탐有貪이라고 하듯이 상 2계의 수면을 '유루'라고 이름한 것이다.

참고로 상계에도 물론 지관止觀(선정과 지혜)을 장애하는 혼침과 도거가 존재하지만, 상계의 전纏은 그 수도 적을뿐더러 자력으로 일어나는 것이 아니기 때문에 '전'은 계界에 의거하여 분별하지 않는다.

그리고 무명루는 3계 5부의 15가지 무명으로, 온갖 번뇌 가운데 오로지 무명만을 '누'의 하나로 독립시킨 것은 그 자체만으로 능히 3유를 초래하는 근본이 되기 때문이다.

② 폭류暴流 : 세찬 물줄기가 모든 것을 씻어내듯이 수면은 또한 유정의 선한 품성을 모두 씻어버리기 때문에 폭류라고도 이름하는데, 여기에는 욕폭류 · 유폭류 · 견폭류 · 무명폭류 등 네 가지가 있다.

이는 '견'을 따로 독립시킨 것만을 제외하고는 '누'와 동일한데, '견'의 경우 그 성질이 지극히 날카로워 유정을 생사 중에 머물게 한다는 '누'의 뜻에 부합하지 않기 때문이다. 그렇지만 유정들로 하여금 선한 성품을 씻어버려 염오의 세계로 떠돌아다니게 하는 것이라는 폭류의 의미에서 볼 때, '무명'과 '견'은 생의 파도를 솟구치게 하고 유정을 표류시켜 선법에서 더욱 멀어지게 하는 것이기 때문에 '견'을 폭류의 하나로 설정하게 된 것이다.63)

여기서 욕폭류는 욕계 5부의 탐 · 진 · 만 15가지와 견소단의 네 가지 의疑, 그리고 10전의 29가지 번뇌를 말하며,64) 유폭류는 상上 2계에 걸친 5부의 탐 · 만 각 10가지와 견소단의 8가지 의疑 등의 28가지 번뇌(여기에 만약 혼침과 도거를 더하면 32가지가 됨)를 말한다. 견폭류는 3계 각각의 견고소단의 5견과 견집 · 견멸소단의 사견과 견취, 견도소단의 계금취 · 사견 · 견취 등 모두 36가지이며, 무명폭류는 3계 5부의 15가지 무명이다.

---

63) 《현정론》 권제27(한글대장경201, p.210).
64) 즉 41가지 욕루 중에서 견고소단의 5견과 견집 · 견멸소단의 사견과 견취, 그리고 견도소단의 계금취 · 사견 · 견취 등 도합 12가지의 견을 제외한 29가지.

③ 액軛 : 여기서 액(yoga)은 화합 결박의 뜻으로, 수면은 유정을 3계의 5취와 화합시키기 때문에, 설혹 그 세력이 격렬하지 않을지라도 그것이 현행할 때에는 자신도 모르게 여러 형태의 괴로움과 화합시키기 때문에 '액'이라고 하였다. 여기에는 욕액·유액·견액·무명액의 네 가지가 있어 그 내용은 폭류와 동일하지만, 말의 뜻에 따라 달리 분별한 것일 뿐이다.

④ 취取 : 수면은 유정으로 하여금 그 대상에 집착하게 하기 때문에 '취'라고 하는데, 여기에는 욕취·견취·계금취·아어취 네 가지가 있다. 4취와 4액은 그 본질이 동일하지만 설정방법에 약간의 차이가 있다.

즉 욕취는 29가지 욕액에 욕계의 5부의 무명을 합한 34가지, 아어취(외계가 아니라 내면의 사유를 대상으로 하여 일어나기 때문에 我語取임)는 28가지 유액에 색·무색계의 5부의 무명을 합한 38가지(여기에 혼침과 도거를 더하면 42가지), 그리고 견취와 계금취는 견액을 둘로 나눈 것으로, 견취는 견액 중의 계금취를 제외한 30가지, 계금취는 견액의 나머지 6가지(3계 견고·견도소단의 계금취)를 말한다.

여기서 계금취를 견액에서 독립시켜 따로 설정한 까닭은, 그것이 프라크리트와 푸루샤의 식별지를 참된 해탈도라고 여기는 등 성도聖道에 적대되는 지식이기 때문이다. 혹은 단식이나 목욕 등을 하늘에 태어나는 도로 간주하고 고행을 청정한 해탈도라고 간주하는 등 재가자나 출가자를 속이는 지식이기 때문이다. 또한 무명을 4취의 하나로 설정하지 않은 것은, 4제諦에 대한 무지를 의미하는 무명은 그 성질이 날카롭지 않아 3유有를 능히 집착하여 취하는 것은 아니기 때문으로, 그것은 다만 다른 번뇌와 관계할 때 비로소 '취'가 될 수 있다.

⑤ 결結 : 결에는 애결愛結·에결恚結·만결慢結·무명결無明結·견결見結·취결取結·의결疑結·질결嫉結·간결慳結의 9가지가 있다. 이러한 온갖 번뇌는 생을 결박시키는 작용을 갖고 있기 때문에, 혹은 유정들로 하여금 괴로움과 결합하게 하기 때문에 '결'이라고 하였다.

여기서 애결은 3계의 '탐'을 말하며, 에결은 욕계의 '진'을, 만결은 3계의 '만'을, 무명결은 3계의 무명을, 견결은 3계의 유신견·변집견·사견을, 취결은 3계의 견취·계금취를, 의결은 3계의 '의'를, 질결과 간결은 10전 중 욕계의 '질'과 '간'을 말한다.

그리고 5견 중 3견을 '견결'로, 2취는 '취결'로 따로 설정한 것은 양자의 수가 같으며, 주체적인 것과 객체적인 것으로서 각기 동등하기 때문이다. 즉 견결의 경우 유신견과 변집견은 오로지 3계의 견고소단이며, 사견은 3계의 견4제소단이기 때문에 도합 18가지가 있으며, 취결의 경우 계금취는 오로지 3계의 견고·견도소단이며, 견취는 3계의 견4제소단이기 때문에 역시 18가지가 있다. 또한 견취와 계금취는 각기 유신견·변집견·사견을 뛰어난 견해라고 집착하고, 청정한 도라고 간주하는 것이기 때문에, 전자(즉 '취')는 주체적인 것으로서 동등하고, 후자(즉 '견')는 객체적인 것으로서 동등하다. 그래서 각각을 취결과 견결로 독립시켜 9결의 하나로 설정하게 된 것이다.

나아가 10전 가운데 '질(질투)'과 '간(인색)' 만을 9결의 하나로 설정하게 된 것은 무엇보다 자주 일어나며, 누구도 싫어하는 비천함과 빈곤함의 원인이 되며, 근심이나 기쁨과 함께 일어나는 수번뇌를 두루 일으키며, 두 부류의 유정을 어지럽히기 때문이다. 즉 이것으로 말미암아 재가자들은 재산과 지위에 대해 괴롭게 번민하며, 출가자들은 敎敎와 행行에 대해 괴롭게 번민한다. 혹은 질투에 의해 스스로를 어지럽히고, 인색함에 의해 남을 어지럽히기 때문이다.

'결'에는 다시 5순하분결順下分結과 5순상분결順上分結이 있다.

5순하분결(혹은 하분결)이란 유신견·계금취·의·욕탐·진에로서, 98수면 중에는 욕계 5부의 욕탐·진에와, 3계 견고소단의 유신견과 3계 견고·견도소단의 계금취, 그리고 3계 4부의 견소단의 의疑 등 도합 31가지가 이에 해당한다. 즉 이러한 번뇌는 오로지 3계 중 가장 아래 위치하는 욕계(즉 下分)의 법을 쫓아 그것을 더욱 북돋우기 때문에 '순하분결'이라고 하는데, 유정들로 하여금 욕계를 벗어나지 못하게 한다.

즉 욕탐과 진에에 의해 욕계를 벗어나지 못하며, 설사 벗어날지라도 유신견·계금취·의에 의해 다시 욕계로 돌아오게 된다. 비유하자면 욕탐과 진에는 욕계라는 감옥을 지키는 옥졸과 같고, 유신견 등의 세 번뇌는 순라꾼과도 같다. 따라서 이는 오로지 불환과의 성자만이 끊을 수 있는 번뇌이다.

5순상분결(혹은 상분결)이란 색계와 무색계의 수소단의 번뇌인 색탐·무색탐·도거·만·무명을 말한다. 물론 도거·만·무명도 상 2계의 번뇌이므로 '탐'처럼 둘로 나누어질 경우, 이것은 사실상 8가지가 되겠지만, 탐은 특히 그 과실이 크기 때문에 그것만을 색·무색계에 따라 둘로 나눈 것이라고 유부 비바사사는 해석하고 있다.65) 또한 수번뇌 중에 도거만을 언급한 것은 선정(삼마지)을 장애하는 힘이 강하기 때문이다.

이러한 번뇌 역시 상계의 법을 쫓아 그것을 더욱 북돋우기 때문에 '순상분결'이라 한 것으로, 이로 말미암아 유정은 색계와 무색계를 벗어나지 못하게 된다. 이는 오로지 아라한과의 성자만이 끊을 수 있는 번뇌이다.

⑥ 박縛 : 박에는 탐박貪縛·진박瞋縛·무명박無明縛 세 가지가 있다. 탐박은 3계 5부의 모든 탐, 진박은 욕계 5부의 모든 진, 무명박은 3계 5부의 모든 무명을 말한다. '박'은 유정을 계박繫縛하여 떠나지 못하게 한다는 뜻으로, '결'과는 어떠한 차이도 없지만 경설經說에 따라 세 가지로 설한 것이다. 즉 5견과 의결은 무명박과 동일하고, 만결과 간결은 탐박과, 질결은 진박과 동일하기 때문에 9결은 모두 3박에 포섭된다.

그리고 불타가 '박'에 이 같은 세 가지 번뇌만을 설한 까닭은, 그것이 6식신識身을 계박하여 유정을 생사의 감옥에 가두는 것이기 때문에 이미 진리를 현관現觀한 자라고 할지라도 그 밖의 닦아야 할 것이 있음을 나타내기 위해, 혹은 지혜가 열등한 자에게 9결보다는 거친 모습의 번뇌를 나타내어 보다 쉽게 이해시키기 위해서였다고 한다.66)

---

65) 《대비바사론》 권제49(한글대장경119, pp.555~556).

그러나 《구사론》에 따르면, 그것은 대개 3수受에 따라 생겨나기 때문이다. 즉 대개 탐박은 낙수樂受에서, 진박은 고수苦受에서, 무명박은 사수思受에서 생겨난다는 것이다.67)

⑦ 개蓋 :《아함》에서는 앞서 언급한 수면과 수번뇌 중의 욕탐·진에·혼면惛眠·도회掉悔·의疑를 '개'라고 하는 명칭으로 따로 설정하고 있는데, 유부 아비달마에서는 이에 대해 다음과 같이 해석하고 있다. "이는 오로지 불선이기 때문에 욕계에 포섭되는 번뇌이다. 여기서 혼면개는 혼침과 수면睡眠을, 도회개는 도거와 악작을 가리키는 말로서, 일어나는 원인이나 물리치는 방법이 동일하기 때문에 두 가지를 하나로 설하게 된 것이다.

예컨대 혼면개는 눈꺼풀이 무거워 감기거나 노곤하여 하품이 날 때, 혹은 과식하여 소화되지 않을 때 생겨나는 것으로, 두 가지 모두 마음을 어둡게 하는 것이다. 따라서 밝은 생각을 함으로써 이를 물리칠 수 있다. 도회개는 친지나 고국 혹은 죽지 않는 것에 대해 생각하고, 옛날에 겪었던 환락이나 친구들을 기억함으로써 생겨나는 것으로, 그것은 모두 선정을 닦아 마음을 고요히 할 때 사라지기 때문이다.

혹은 욕탐과 진에와 '의'는 완전한 번뇌로서, 그 자체로서 성도聖道를 가리어 장애하는 작용을 갖고 있지만, 혼침과 수면, 도거(불안정)와 악작(후회)은 두 가지가 합해져야 그러하기 때문에 하나의 '개'로 설하게 된 것이다."68)

----
66) 《현종론》 권제27(한글대장경201, p.222).
67) 《구사론》 권제21(앞의 책), p.951.

그리고 번뇌는 모두 성도를 장애하지만 이 5가지는 특히 무루 5온에 대해 두드러진 장애가 되기 때문에 '개'라고 하였다. 즉 욕탐개와 진에개는 이욕離欲과 이악離惡을 멀리하게 하는 것이기 때문에 계온戒蘊을 장애하며, 혼침과 수면은 다같이 세계에 대한 올바른 관찰(즉 비파사나)을 멀리하게 하는 것이기 때문에 혜온慧蘊을 장애하며, 도거와 악작은 다같이 마음의 평정(즉 사마타)을 멀리하게 하는 것이기 때문에 정온定蘊을 장애한다. 나아가 선정과 지혜가 장애됨에 따라 4제에 대한 의혹이 생겨나기 때문에 의개는 무학無學의 무루승해인 해탈온解脫蘊과, 진지盡智와 무생지無生智인 해탈지견온解脫知見蘊의 생기를 장애한다.

5) 번뇌의 단멸斷滅

이상 유부 아비달마의 번뇌론을 간략하게 설명해 보았지만, 그것은 사실상 우리의 생각이 미치기 어려울 정도로 난해하고 복잡하다. 단순하게 생각해 보아도 불타는 어떠한 까닭에서 누漏에는 세 가지만을 설하고, 취取에는 네 가지, 결結에는 9가지를 설하였던 것인가? 그 때 그 때 임기응변의 방편일 뿐이었던가? 유부에서는 수많은 번뇌 가운데 근본번뇌를 왜 6가지 혹은 10가지로 산정하게 되었던 것인가? 흔히 말하듯이 이론을 위한 이론일 뿐인 것인가?

그것은 유위 세간에서의 인간의 존재본성에 대해, 각각의 번뇌

---

68) 《구사론》 권제21 (앞의 책), pp.965~966.

에 대해 깊이 사려해 보지 않으면 알 수 없으며, 이를 알지 못하고서는 번뇌를 끊을 수 없다. 예컨대 탐욕이나 진에 등은 그만두더라도 '의심'의 파장이 우리 생에 미치는 영향은 한 질의 서책으로도 이루 다 헤아릴 수 없을 것이다.

아무튼 번뇌는 그것의 작용방식과 상호 포섭관계에 따라 다양한 갈래로 분류되며, 특히 불교의 3계界 9지地의 세계관에 따른 각각의 번뇌와 그것들의 상호 포섭관계, 예외적 조항 등은 실로 머리카락을 헤아리는 것보다 더 난해하다. 그렇다고 이 같은 번뇌의 이론이 오늘날 흔히 말되어지듯이 무의미하다거나 공소한 것으로는 생각되지 않는다. 왜냐하면 아비달마의 번뇌론은, 그것을 물리치는 수행도 즉 대치도對治道가 전제된 것이기 때문이다. 말하자면 그것은 다만 사변적 구상이 아니라 그들의 실제적인 경험의 소산이라고 할 수 있는 것이다.

세간은 결코 눈에 보이는 감각적 세계만 존재하는 것도 아니고, 동일한 번뇌라고 할지라도 상상품에서 하하품에 이르는 세력의 강약이 있기 때문에 그것의 끊어짐 또한 한결같지 않으며, 오랜 세월 익혀온 습기習氣로 인해 끊고자 한다고 해서 그렇게 뚝딱 끊어지는 것이 아니다.

흔히들 탐욕을 버리라고 하지만 탐욕의 대상도 강도도 동일하지 않을뿐더러 버리고자 한다 해서 버려지는 것이 아니다. 도대체 탐욕은 어떻게 생겨났으며, 어떠한 방식으로 존재하는가? 《유마경》에서 말하고 있듯이 그것은 다만 분별의 소산일 뿐인가? 따라서 그 자체 실재하지 않으며, 궁극적으로는 버릴 것조차도 없는 것인가? 그러나 아비달마불교의 입장에서 본다면, 그것은 사실상 괴로움으로 표상되는 세계창조의 원동력으로서, 다른 것과는 차별되는 자신만의 고유한 성질을 지닌 실유의 존재이다. 그것은 분명 무탐無貪과는 그 작용이 다른 것이다.

그렇다면 탐욕은 어떻게 생겨나는가? 탐욕을 비롯한 일체의 번뇌는 지역이나 시간 나이 습관 대상 등 각각의 유정이 살아가는 현실환경에 따라 일어나기도 한다. 그러나 보다 본질적으로 번뇌가 생겨나게 되는 까닭은, 존재본성에 대한 통찰이 결여되었기 때문이다. 좀더 구체적으로 말하면 그것이 아직 수행도에 의해 끊어지지 않았고, 그 같은 번뇌의 대상이 나타났으며, 그에 대한 올바르지 못한 생각(非理作意)이 일어났기 때문이다.

말하자면 일체의 수면번뇌는 번뇌 자체의 힘과 대상, 그리고 올바르지 못한 생각이라고 하는 세 가지 원인에 의해 생겨나는 것이다. 따라서 번뇌를 끊기 위해서는 무엇보다 먼저 수행도에 의해 그것을 마음으로부터 몰아내고, 또한 더 이상 획득되지 않게 해야 한다.69)

모든 번뇌는 실유의 존재이기 때문에 그 자체를 소멸할 수는 없다. 물론 그것은 유위법이기 때문에 찰나찰나 생겨나는 순간 소멸하지만(이를 無常滅이라고 한다), 이것은 열반을 의미하는 번뇌의 단멸이 아니다. 왜냐하면 소멸하는 순간 동류의 또 다른 번뇌

---

69) 번뇌가 실유의 존재인 한, 그것은 마음에 의해 생겨나고 마음에 의해 단멸되는 것이 아니다. 만약 그렇다고 한다면 그것은 객관적 실재가 아닌 다만 공상(空想)일 뿐이기 때문이다. 따라서 번뇌는 올바른 생각[如理作意]만으로 끊을 수 없다.

가 상속함으로써 우리들 경험상에 '번뇌'라고 하는 지속된 심리현상으로 나타나기 때문이다.

우리는 보통 '번뇌를 끊는다' '번뇌를 끊어라'고 말하지 '번뇌를 소멸한다'고는 말하지 않는다. '번뇌를 끊는다'고 함은, 마음이 더 이상 번뇌의 온갖 심소心所와 동시생기(俱生)하지 않는 것을 말한다. 그리고 더 이상 마음의 상속상에 획득되지 않게 될 때, '번뇌가 단멸斷滅되었다'고 한다. 이 때 전자의 수행도를 무간도無間道라 하고, 후자의 수행도를 해탈도解脫道라고 한다. 예컨대 전자가 도둑을 잡아 문 밖으로 쫓아내는 것이라면 후자는 그것을 확인하고 문을 닫아 다시는 들어오지 못하게 하는 것과 같다.70)

불교의 궁극적 지향점인 적정안온의 열반은 바로 이 같은 번뇌의 단멸에서 증득되는 것으로, 그것은 오로지 더 이상 번뇌를 수반하는 일이 없는 지혜의 힘, 무루 간택력簡擇力에 의해 가능하기 때문에 '택멸'이라고도 한다. 온갖 번뇌를 비롯한 모든 존재(諸法)의 참다운 관찰만이 중생을 열반으로 이끌 수 있으며, 이것이 바로 아비달마의 목적이었다.71) 아비달마 논사들은 오로지 4제에 대한 통찰과 그에 따른 예지만이 그들을 번뇌 단멸의 열반으

---

70) 도에는 이 밖에도 준비단계에 해당하는 가행도(加行道)와, 해탈도 이후 보다 높은 단계로 나아가는 승진도(昇進道)가 있다. 참고로 무간도는 번뇌의 득(得)을 끊는 도이기 때문에 단대치(斷對治)라 하고, 해탈도는 택멸의 득과 동시에 생겨나는 도이기 때문에 지대치(持對治)라고 하며, 승진도는 번뇌의 득을 더욱 멀어지게 하는 도이기 때문에 원분대치(遠分對治), 가행도는 3계 9지의 허물을 관찰하여 그것에 대해 싫어함을 낳는 도이기 때문에 염환대치(染患對治)라고 한다.
71) 본서 1장 1절 '아비달마의 본질' 참조.

로 인도하는 것이라고 확신하고 있었던 것이다.

　이 같은 이유에서 그들은 번뇌의 단멸을 변지遍知라고 하였다. 변지(parijña, 구역에서는 永斷)는 말 뜻대로라면 바로 4제의 진리성에 대해 두루 아는 것이지만, 그 결과 번뇌가 영원히 끊어지기 때문에 번뇌의 단멸을 '변지'라고 일컫게 된 것이다.

　그리고 열반이 그러하듯이 번뇌의 단멸이라는 측면에서 98수면 각각의 끊어짐을 변지라고 할 수 있겠지만, 견소단의 경우 이계離繫의 득得을 증득하고, 3계 9지의 최후인 비상비비상처 즉 유정지有頂地의 5부의 번뇌를 완전히 끊었으며, 자부自部·자품自品의 동류인과 타부他部·타품他品의 변행인이 되는 번뇌를 멸하였을 때에만, 수소단의 경우 이와 함께 욕·색·무색계의 번뇌를 모두 끊어 그것을 초월한 때에만 변지라고 한다.

　따라서 견소단의 경우, 욕계 견고·견집소단의 변지, 욕계 견멸소단의 변지, 욕계 견도소단의 변지, 색·무색계의 견고·견집소단의 변지, 색·무색계의 견멸소단의 변지 등 5가지가 있다. 그리고 수도단의 경우에는 색·무색계의 견도소단의 변지와, 5순하분결이 다하는 욕계 번뇌의 변지, 색애가 다하는 색계 번뇌의 변지, 그리고 일체의 번뇌가 영원히 다하는 무색계 번뇌의 변지가 있다.

　곧 '일체의 번뇌가 다하는 변지'에 의해 바야흐로 아라한의 과위를 획득하게 된다. 그러나 이 같은 번뇌의 단멸론은 3계 9지에 걸친 '4제諦에 대한 통찰'인 견도見道와 그것의 반복된 수습인 수도修道에서 비롯된 것이기 때문에 그것을 알지 못하고서는 이해

하기 어렵다.72)

　이제 장을 바꾸어 앞서 설명한 온갖 번뇌는 구체적으로 어떠한 수행도에 의해 어떠한 방식으로 끊어지며, 나아가 수행도의 단계와 그에 따른 성자의 단계에 대해 살펴보기로 하자.

------

72) 일단 전체적인 면모만을 설명하면 다음과 같다. 변지는 오로지 성자만이 획득하는 것으로, (1) 견도위에 이른 성자의 경우, ① 집법지(集法智)와 집류지인(集類智忍)에 이른 자는 오로지 욕계 견고·견집단변지만을 성취한다. ② 집류지(集類智)와 멸법지인(滅法智忍)에 이른 자는 이와 함께 색·무색계의 견고·견집단변지를 성취한다. ③ 멸법지(滅法智)와 멸류지인(滅類智忍)에 이른 자는 이와 함께 욕계 견멸단변지를 성취한다. ④ 멸류지(滅類智)와 도법지인(道法智忍)에 이른 자는 이와 함께 색·무색계의 견멸단변지를 성취한다. ⑤ 도법지(道法智)와 도류지인(道類智忍)에 이른 자는 이와 함께 욕계 견도단변지를 성취한다. (2) 수도위에 이른 성자의 경우, ⑥ 수도의 첫 찰나인 견도 제16 찰나 즉 도류지(道類智)로부터 시작하여 욕계 수혹의 제6품 즉 중하품을 끊기 전까지의 단계에 이른 자와 일단 중하품의 번뇌를 끊었다가 물러난 자는 앞의 5가지 변지와 함께 색·무색계 견도단변지를 성취한다. ⑦ 욕계 9품의 번뇌를 완전히 끊고 다시 색계 번뇌의 일부를 끊은 차제증의 성자와, 이생위에서 욕계 수소단의 번뇌를 완전히 떠난 후에 견도에 들어 제16 찰나에 이르렀지만 아직 색계의 번뇌는 모두 끊지 못한 초월증의 성자는 '5순하분결이 다하는 변지' 한 가지만을 성취한다. ⑧ 제4정려의 제9해탈도로써 색애를 영원히 끊은 때로부터 무색애를 완전히 끊지 못한 차제증의 성자와, 이생위에서 승과도(勝果道)를 일으켜 색애를 영원히 끊었지만 아직 무색애는 완전히 끊지 못한 초월증의 성자는 이와 함께 '색애가 다하는 변지'를 성취한다. (3) ⑨ 무학위(즉 아라한과)에 머무는 자는 '일체의 번뇌가 영원히 다하는 변지' 한 가지만을 성취한다. 용어의 이해는 본서 4장 3-1) '견도' 이하를 참조 바람.

4장

깨달음의 세계

만약 해와 달이 세상에 나타나지 않았다면 일체의 뭇 별들도 또한 세상에 나타나지 않았을 것이며, 밤과 낮 하루 한달 4계절과 일년 등의 구분도 없어 세상은 항상 어두움의 기나긴 밤과 어두움의 괴로움만 있을 것이듯이, 여래가 세간에 출현하여 4성제를 설하지 않았다면 이 세상은 어떠한 빛도 없어 항상 어두움의 기나긴 밤만 계속되었을 것이다.

《잡아함경》 권제15 제403경

1. 4제諦에 대한 통찰

앞서 언급하였듯이 온갖 번뇌의 소멸은 오로지 4제諦에 대한 직접적이고도 즉각적인 통찰에 의해서만 가능하다. 이것을 현관現觀이라고 한다. 여기에는 견도見道와 수도修道 두 가지가 있다.

견도란 일찍이 관찰한 적이 없었던 것을 관찰하는 것을 말하는데, 이것에 의해 5견見과 의疑와 같은 이지적 번뇌 즉 미리혹迷理惑(혹은 見惑)이 끊어진다. 수도란 견도를 닦은 이후 더욱 증진하여 그것을 반복적으로 익히는 것(이를 修習이라고 한다)으로, 이것에 의해 탐貪·진瞋·만慢과 같은 정의적 번뇌 즉 미사혹迷事惑(혹은 修惑)이 끊어진다.

그리고 이지적 번뇌는 마치 해머를 내리치는 순간 바위가 깨어지는 것처럼 단박에 끊어지기 때문에, 견도는 오로지 무루이다. 그러나 정의적인 번뇌는 연근의 심줄이 끊어지는 것처럼 강성한 것(상상품)에서부터 시작하여 미약한 것(하하품)에 이르기까지 아홉 단계에 걸쳐 점진적으로 끊어지기 때문에, 수도는 유루와 무루 모두와 통하는데, 이에 대해서는 뒤에서 다시 자세하게 논의하게 될 것이다.

그렇다면 4제諦란 무엇인가? 여기서 제(satya)란 진리의 뜻으로, 고苦·집集·멸滅·도道의 네 가지 진리를 말한다. '고'와 '집'은 미혹한 현실인 괴로움과 그 원인이며, '멸'과 '도'는 깨달음의 이상인 택멸 이계離繫의 열반과 그 원인이 되는 무루의 성도聖道이다.

어째서 원인을 '집'이라 한 것인가? 불교에 있어 원인은 어떠한 경우라도 단일하지 않다. 우리가 경험하는 현실의 세계는 온갖 원인과 조건이 모여 이루어진 것이다. 마치 두 개의 수소와 한 개의 산소가 집합하여 물로 현상하듯이, 제법이 인연화합하여 세계로 나타난다. 곧 집(samudaya)이란 (다수의 원인이) 함께 집합하여 (결과로) 일어난다는 뜻으로, 집기集起의 준말이다. 온갖 부품들의 집합, 그것이 바로 차車인 것이다.

또한 다시 이렇게 물을 것이다. 괴로움이 어째서 진리인가? 그것은 세계의 실상이다. 병의 실상을 알지 못하고서는 그 원인도 그것의 치유도 치유방법도 알지 못하듯이, 괴로움을 알지 못하고서는 그것의 원인도, 그것의 소멸도, 소멸방법도 알지 못하는 것이다. 따라서 4제의 현관 중에서 고제의 현관이 가장 중요하다고 할 수 있다.

우리 범부들은 대개 결과로서 드러난 사실만을 인식하며, 거기에 집착한다. 그러나 그것은 온갖 원인과 조건에 의해 조작된 것

(생겨난 것)이므로 무상하고 괴로우며, 진실로 '나의 것'이 아니며, 그 자체 실체성이 없는 것이다. 일체의 번뇌는 바로 이 같은 현실에 대한 부정확한 인식에서 비롯된 것이라고 할 수 있다.

즉 우리가 지금 경험하고 있는 세계(이를 現行이라고 한다)의 실상인 무상·고 등을 바로 알지 못함(無明)으로 인해 그것의 원인 내지 괴로움의 소멸과 소멸의 방법인 4제에 대한 의심(疑)이 생기고, 인과부정의 사견邪見이 생겨난다.

혹은 세계의 실상을 바로 알지 못하므로 다시 자아의 실재성을 주장하거나(有身見) 그것의 상주 단멸을 주장하게 되며(邊執見), 그에 따라 세간의 참된 원인이 아닌 것을 참된 원인으로 여기거나 그릇된 실천도를 청정한 도라 여기고(戒禁取), 그러한 온갖 견해를 뛰어난 것이라고 집착한다(見取). 이는 곧 자기 견해에 대한 애탐(貪)이다. 아울러 자기의 견해와는 다른 온갖 견해에 대해서는 오만(慢)과 미움(瞋)을 갖게 된다. 이렇듯 3계 5부의 기본번뇌인 10가지 수면 모두는 고제에 대한 미혹에서 비롯된 견고소단의 번뇌인 것이다.

그러나 현실에서의 경험이 어찌 괴로움뿐이겠는가? 세상에는 즐거움도 있지 아니한가? 이에 대해 불교에서는 우리에게 드러난 경험 자체로서는 즐거움이라 할지라도 그것은 영원한 것이 아니기에 항상 괴로움을 잉태하고 있다고 말한다. 즐거움이 크면 클수록 그것의 상실에서 오는 괴로움도 큰 것이다.

현실에서의 우리의 경험은 괴로운 경험(苦受), 즐거운 경험(樂受), 괴롭지도 즐겁지도 않은 경험(捨受)이 있다. 괴로운 경험은 그 자체가 괴로운 것(이를 苦苦性이라 한다)이며, 즐거운 경험은 그 것이 사라질 때 괴로운 것(이를 壞苦性이라 한다)이며, 괴롭지도 즐겁지도 않은 경험일지라도 거기에는 무상 변천의 괴로움(이를 行苦性이라 한다)이 있는 것이다.

그러나 한편으로 생각하면 괴로운 경험도, 즐거운 경험도 무상 변천한다고 해야 하지 않겠는가? 이에 관해 경량부의 본사本師로 일컬어지는 쿠마라라타(Kumaralāta, 童受)는, 일체의 경험은 무상 변천의 괴로움이라고 주장하며 다음과 같이 노래하고 있다.

> 한 올의 속눈썹이 손바닥 위에 있으면 느낄 수 없지만
> 눈동자 위에 있으면 상처를 입고 편안하지 못한 것처럼
> 손바닥과 같은 어리석은 자는 무상 변천의 괴로움인 속눈썹을 느끼지 못하지만
> 눈동자와 같은 지혜로운 자는 그것을 지극히 싫어하고 두려워하도다.[1]

그에 따르면, 즐거운 경험은 그 자체로서 실재하는 것이 아니다. 왜냐하면 그것의 원인은 결정적이지 않으며, 괴로움이 해소되거나 다른 괴로움으로 전이될 때 비로소 생겨나는 것이기 때문이다. 이를테면 일반적으로 즐거움의 원인으로 간주되는 음식이나 의복 등도 제때에 획득되지 않거나 과도할 경우 괴로움을 낳으며, 기갈이나 추위 등에 핍박되지 않는 한 즐거운 것이 아니다. 또한 한쪽 어깨에 무거운 짐을 메고 가다가 다른 어깨로 바꾸어 메게 되면 즐거운 것 같지만, 짐을 내려 놓지 않는 한 그것

---
[1] 《구사론》 권제22(권오민 역, 동국역경원, 2002), p.998.

역시 괴롭기는 마찬가지이다.

그럼에도 어리석은 이들은 괴로움이 해소되거나 전이될 때 즐거움이 생겨난다고 하지만, 그것은 진정한 즐거움이 아니며, 다만 괴로움의 변형일 뿐이다. 따라서 일체의 경험은 괴로운 것이며, 그러기에 열반으로의 길이 열려 있는 것이다.

4제는 불타의 깨달음 이후의 첫번째 설법 즉 초전법륜初轉法輪으로 알려지고 있다. 《잡아함》 제379경인 《전법륜경》에서 불타는, '이것은 바로 고성제이며, 집·멸·도성제이다.' '이는 마땅히 두루 알아야 하고, 영원히 끊어야 하고, 깨달아야 하고, 두루 닦아야 한다.' '이미 두루 알았고, 이미 영원히 끊었고, 이미 깨달았고, 이미 닦았다.'는 형태로 4제를 세 번 굴림(이를 3轉 12行이라고 한다)으로써 무상정등각을 이루었다고 하였다.

아울러 초전법륜으로부터 시작하여 쿠시나가라에서 반열반에 들 때까지 가장 많이 설한 가르침도 바로 4제였다. 《중아함》 제30경인 《상적유경象跡喩經》에서는 코끼리의 발자국이 모든 뭇 짐승들 중에 최고이듯이 이를 일체의 선법 가운데 가장 좋은 법이라고 하면서 무량의 선법이 모두 여기에 포섭된다고 하였다.

앞에서 잠시 언급한 것처럼 불타는 4제를 병의 실상과 그 원인, 치유와 치유의 방법에 비유하고, 자신을 위없이 뛰어난 의사로 일컬었지만, 이를 두 쌍의 결과와 원인의 관계로 이해한 것은 《대비바사론》에서 였으며, 법승法勝의 《아비담심론》에 이르러서는 유루인 미혹의 세계(고·집제)와 무루인 깨달음의 세계(멸·도제)라고 하는 유부교학의 기본구도로 설정되었다. 그리고

《구사론》 역시 이에 따르고 있는 것이다.[2]

그렇다면 왜 원인과 결과의 순서로 설하지 않고, 반대로 결과와 원인의 순서로 설한 것인가? 그것은 바로 세계를 관찰하는 순서에 따른 것이다. 의사가 병의 실상을 진단하고 난 다음에 그 원인을 탐구하며, 그에 따라 치유를 예상하고서 약을 조제하듯이, 이와 마찬가지로 괴로움으로 표상되는 세계를 먼저 관찰하고 그 원인을 탐구하며, 그런 다음 괴로움의 소멸을 관찰하고 나서 그 방법을 추구해야 하기 때문이다.

나아가 아비달마에서는 불타가 초전법륜에서 4제를 세 번 굴린 것에 그들의 수행 실천도인 견도·수도·무학도를 배당하기도 하였다. 이 같은 사실로 볼 때 4제는 견도의 단계에 이르러 더 이상 뒤바뀐 소견을 갖지 않는 성자들만이 관찰하여 성취할 수 있는 진리이며, 그렇기 때문에 '거룩한 성자들의 진리' 즉 성제聖諦이다. "성자가 즐거움이라고 설하는 것을 세간에서는 괴로움이라고 설하고, 성자가 괴로움이라고 설하는 것을 세간에서는 즐거움이라고 설한다."[3]

따라서 4제에 대한 통찰은 당연히 오늘날 일반적으로 추구되고 있는 객관세계에 대한 개념적이고도 철학적인 진리인식이 아니라 자기성찰을 통한 주체적 진리인식이기 때문에, 거기에 이르기 위해서는 길고 긴 수행의 도정을 거치지 않으면 안 된다. 다

---

2) 본서 1장 제3절 '《아비달마구사론》' 참조.
3) 《구사론》 권제22(앞의 책), p.995. ; 《잡아함경》 권제13 제308경(대정장2, p.88하) 참조.

시 말해 4제를 어떠한 언어적 매개도 통하지 않고 직접적이고도 즉각적으로 통찰하는 무루의 견도에 이르기 위해서는, 그것이 우연적이거나 본래적인 것이 아니라면 항상 깨어 있어야 하며, 그러기 위해서는 반복된 육체적 긴장과 정신적 고양이 필요한 것이다.

이제 바야흐로 견도에 들어서기 위한 준비단계부터 살펴보기로 하자.

2. 견도의 준비단계

1) 예비적 단계

4제에 대한 즉각적인 통찰을 통해 번뇌를 끊고 열반을 성취하기 위해서는 무엇보다 먼저 청정한 계율을 지키면서 지혜의 증진이 필요하다. 그 같은 통찰은 오로지 지혜의 힘에 의해서만 가능하기 때문이다. 그러나 이 때의 지혜는 물론 무루의 출세간적 지혜가 아니다. 그것은 견도의 단계에 이를 때 비로소 발현되는 것이다.

유루의 세간적 지혜에는 스승이나 친구의 말을 듣고서 획득하는 문소성聞所成의 지혜와 그것을 주체적으로 사유함으로써 획득하는 사소성思所成의 지혜, 그리고 선정을 통해 반복적으로 익힘(修習)으로써 체득하는 수소성修所成의 지혜가 있다. 여기서 세간적 지혜라고 함은 개념적 언어적 대상에 대한 이해 판단력을 의미한다.

　따라서 이 같은 세 가지 지혜는 말과 뜻에 따른 차별로서, 문소성의 지혜는 단지 말만을 대상으로 하는 판단력이며, 사소성의 지혜는 말과 뜻을 다같이 대상으로 삼아 어느 때는 말을 통해 뜻을 추구하고, 어느 때는 뜻을 통해 말을 추구하기도 한다. 그리고 수소성의 지혜는 오로지 뜻만을 대상으로 하여 획득된 판단력이다. 이는 마치 물에 빠진 이가 수영하는 법을 알지 못하면 튜우브에 의지해야 하고, 일찍이 배웠더라도 익숙하지 못하면 그것을 버리기도 하고 혹은 의지하기도 하지만, 완전히 익힌 이는 그것에 의지하지 않고 오로지 자신의 힘만으로 헤엄쳐 나오는 것과 같다.

　혹은 자전거 타는 법(이치)을 들어서 아는 것이 문소성의 지혜라면, 들은 것을 곰곰이 생각하여 아는 것은 사소성의 지혜이며, 수소성의 지혜는 실제로 타면서 반복적으로 익히며 아는 것이라고 할 수 있다.

　불법佛法에 들어온 지 얼마 되지 않는 초입자는 어쨌든 선천적으로 타고난 지혜를 바탕으로 하여 진리와 관계하는 말과 뜻을 통해서만 진리에 대한 인식이 가능한 것으로, 이것은 어디까지나 자증自證이 아닌 이해분별의 지혜(판단력)이다. 아무튼 견도에 이르기 위해서는 4제에 대한 말씀을 듣고, 들은 바를 탐구하여 전도됨이 없이 사유하고, 사유한 다음 선정을 통해 널리 수습함(익힘)으로써 '진리에 대한 인식 판단의 능력'을 고양시키지 않으면

안 되는 것이다.[4]

한편 수소성의 지혜를 신속하게 성취하기 위해서는 수행의 바탕이 되는 몸과 마음을 청정하게 해야 하는데, 이를 신기청정身器淸淨이라고 한다. 먼저 몸으로는 나쁜 친구나 악연을 멀리하고, 마음으로는 뭔가를 추구하려는 거친 생각을 멀리해야 한다. 그러기 위해서는 다시 매사에 기쁘게 만족(喜足)하고, 적은 욕심(小欲)만을 내어야 한다.

여기서 '기쁘게 만족함'이란 이미 획득한 좋은 의복 등에 대해 만족하여 더 이상 구하지 않는 것을 말하며, '적은 욕심'이란 좋은 의복 등을 아직 획득하지 못하였을지라도 그것을 추구하지 않는 것으로, 양자는 모두 무탐을 본질로 한다. 곧 기쁘게 만족하지 않거나 많은 욕심을 낼 경우, 생활에 필요한 물자를 지나치게 많이, 또한 좋은 것만을 추구하기 위해 낮에는 나쁜 패거리들과 가까이하게 되고, 밤에는 어지러운 생각들을 일으킴으로 말미암아 선정에 들지 못하게 되는 것이다.

나아가 신기身器를 청정하게 하기 위해서는 한편으로는 의복과 음식과 잠자리에 대해 기쁘게 만족해야 하지만, 다른 한편으로는 열반과 그것으로 향한 수행도를 즐거이 추구하려는 마음을 지녀

---

[4] 조금은 현학적으로 들리겠지만, 진리의 인식[智]은 그것을 가능하게 하는 힘 즉 혜(慧)가 전제되지 않으면 안 된다. 여기서 말한 문(聞)·사(思)·수(修)에 의해 성취되는 지혜란 바로 진리인식을 가능하게 하는 판단력을 의미한다. 엄밀한 의미에서 '지'와 '혜'는 동일한 것이 아니다.(본장 5-1) '10가지 지혜' 참조) 그리고 유부 아비달마에 의하면, 이 같은 판단력을 고양시키는 근거(방편)가 바로 세속의 아비달마 즉 아비달마 제론(諸論)이었다.(1장 제1절 '아비달마의 본질' 참조)

야 하는데, 이를 요단수樂斷修라고 한다. 즉 무탐을 본질로 하는 이 같은 네 가지 마음에 의해 욕탐과 유탐에서 벗어날 수 있고, 그럴 때라야 비로소 선정에 들 수 있는 것이다. 이는 곧 능히 성자를 낳게 하는 씨앗이 되기 때문에 성종聖種이라 한다.

여기서 한 가지 흥미로운 사실은 이러한 4성종을 설한 이유이다. 《구사론》에 의하면, 불타의 제자들은 모두 세속에서의 삶의 도구와 사업을 버리고 출가하였으므로 불교에도 그 같은 도구와 사업이 있음을 나타내고자 하였기 때문이다.

즉 앞의 세 가지가 도를 닦는 삶의 도구라면, 요단수는 바로 도를 닦는 사업으로, 이를 통해 의복에 대한 애탐과 음식에 대한 애탐과 잠자리에 대한 애탐, 그리고 비존재에 대한 애탐 즉 무유애無有愛를 능히 물리칠 수 있다는 것이다. 혹은 앞의 세 가지가 '나의 것'에 대한 욕탐을 잠시 멈추게 하기 위한 것이라면, 네번째 요단수는 영원히 제거하기 위해 설한 것이라고 하였다. 이 같은 사실로 볼 때 4성종을 포함하여 아비달마의 모든 수행도는 다만 출가수행자들에 대해 설해진 것임을 알 수 있다.

2) 3현위賢位

이렇게 하여 진리에 대한 판단의 의식이 고양되고, 수행의 바탕이 되는 몸과 마음이 청정하게 되었으면 이제 바야흐로 견도의 본격적인 준비단계인 가행위加行位에 들어갈 수 있다. 이 역시 수소성의 지혜를 더욱 더 고양시키기 위한 단계로서, 여기에는 3

현위賢位와 4선근善根이라는 일곱 단계가 있다.

3현위는 아직 깨달음 밖의 단계이기 때문에 성자위와 구별하여 현위, 혹은 외범위外凡位라고 한 것으로, 5정심관停心觀과 별상염주別相念住와 총상염주總相念住의 세 과정이 바로 그것이다. 이제 그 하나하나에 대해 살펴보자.

(1) 5정심관停心觀

정심관이란 말 그대로 마음을 하나의 대상에 집중하여 정지시키는 요가실수로서, 여기에는 부정관不淨觀・자비관慈悲觀・인연관因緣觀・계분별관界分別觀・지식념持息念(또는 數息觀) 등 다섯 가지가 있다.

부정관이란 자신과 다른 이의 몸의 더러운 모습이나 백골을 관찰함으로써 탐욕의 마음을 정지시키는 관법이며, 자비관은 일체의 중생을 자신의 부모같이 공경하고 사랑한다는 생각으로 관찰함으로써 미워하는 마음을 정지시키는 관법이며, 인연관은 12연기의 이치를 관찰하여 어리석은 마음을 정지시키는 관법이며, 계분별관은 자아란 지地・수水・화火・풍風・공空・식識의 6계界가 일시 인연 화합한 것일 뿐이라고 관찰함으로써 '나' 혹은 '나의 것'이라는 자아관념을 정지시키는 관법이며, 지식념은 들숨과 날숨을 헤아림으로써 어지러운 마음을 정지시키는 관법이다.

그런데 유부 아비달마에서는 수소성의 지혜를 체득하는데 긴요한 방편으로서 부정관과 지식념만을 언급하고 있다.[5]

① 부정관 : 앞서 부정관은 탐욕의 마음을 정지시키기 위한 관

법이라고 하였는데, 탐욕에는 다시 네 가지 종류가 있다.

첫째는 청·황·적·백 등의 색상에 대한 탐욕(顯色貪)으로, 그가 아무리 미색이라고 할지라도 죽으면 피고름이 엉켜 푸르죽죽하게 되는 모습과 본래의 아름다운 색상과는 달리 불그죽죽하게 되는 모습을 관찰함으로써 이를 물리친다.

둘째는 형상이나 용모에 대한 탐욕(形色貪)으로, 그의 시체가 들짐승이나 날짐승에게 뜯어 먹히는 모습과 사지의 뼈마디가 분리되어 흩어지게 되는 모습을 관찰함으로써 이를 물리친다.

셋째는 신체상의 좋은 감촉에 대한 탐욕(妙觸貪)으로, 그의 시체가 썩어 구더기나 파리가 생겨나고 마침내 해골이 드러나는 모습을 관찰함으로써 이를 물리친다.

넷째는 행동거지나 신분 지위에 대한 탐욕(供養貪)으로, 이를 물리치기 위해서는 시체가 팅팅 부어 가죽자루처럼 되고 썩어 문드러져 고름이 흘러내리는 모습을 관찰해야 한다.

그러나 이는 개별적인 대치對治이고, 이 모두를 동시에 물리치기 위해서는 백골이 서로 엉켜 있는 모습을 관찰하는 골쇄관骨鎖觀(혹은 백골관)을 닦아야 한다. 여기에는 세 단계가 있다.

처음으로 이 같은 관법을 닦는 행자는 먼저 자신이 아끼는 신체 부위 중의 한 곳에 마음을 집중하여 그것이 썩어 문드러져 백골로 드러난 모습을 관찰하고, 다시 몸 전체로 확대하여 관찰하

---

5) 5정심관이라는 말은 아비달마에서는 나타나지 않으며, 보광(普光)의 《구사론기》에서 언급되고 있다. 이것이 완전한 형태로 설해지고 있는 것은 《유가사지론》〈성문지(聲聞地)〉(한글대장경111, 유가부3, pp.61~81)에서이다.

며, 다른 사람의 몸도 그러함을 관찰하고, 같은 방에 있는 사람, 같은 집에, 같은 절에, 같은 마을에, 같은 나라, 나아가 온 대지로부터 바다에 이르기까지 백골로 가득 차 있다고 관찰한다. 그리고 다시 반대의 순서로 점차 줄여 관찰하여 자신의 백골만을 관찰한다.

이것이 익숙해진 행자는 다시 자신의 백골 중에서 발의 뼈가 제거된 나머지의 뼈에 마음을 집중하고, 점차 나머지 뼈들을 하나하나 제거하여 종내 머리의 반쪽 뼈가 제거된 나머지 반쪽 뼈만을 관찰한다.

그리고 마침내 반쪽의 머리뼈마저도 제거한 채 마음을 미간에 집중시켜 고요히 머물 때, 어떠한 것에도 더 이상 주의나 관심(作意)을 기울이지 않는 부정관을 성취하게 된다. 즉 앞의 두 단계에서는 주의를 기울여 관찰하는 것이지만, 이 단계에 이르면 어떠한 주의도 기울이지 않고서도 저절로 관찰하게 되는 것이다.

이 같은 부정관은 형태와 색채의 색법을 대상으로 한 것이기 때문에 무색정을 제외한 욕계와 색계 4정려에 존재하는 관법이다. 또한 무탐을 본질로 하지만 가상假想의 관법이기 때문에 이를 통해 번뇌를 억제할 수 있을 뿐 단멸하지는 못한다.

② 지식념 : 보통은 음역어인 아나아파나념阿那阿波那念(ānāpana smṛti) 혹은 안반념安般念으로 불려진다. 여기서 '아나'란 들이쉬는 숨을, '아파나'란 내쉬는 숨을 말하는 것으로, 이는 곧 들숨과 날숨을 잊어버리지 않고 챙기는 관법이다. 우리는 부지불식간에 숨을 들이쉬고 내쉬며, 마음 역시 우리가 미처 알지 못하는 사이

온갖 대상으로 치닫는다. '내가 지금 무슨 생각을 하고 있는가'에 대한 반성 없이, 무의식적으로 그 마음이 바로 '나'라고 여기면서 그것이 흘러가는 대로 따라 가고 있는 것이다.

지식념은 바로 이를 억지하기 위한 관법으로, 그 본질은 혜慧(판단)이지만 염念(기억)의 도움으로 숨의 횟수나 장단 등을 관찰하기 때문에 '지식념'이라고 하였다. 이는, 다음에 설할 4념주念住 역시 혜를 본질로 하지만 이 때 혜는 염의 힘에 의해 대상에 머물기 때문에 '염주'라고 하는 것과 같다.[6] 곧 지식념이란 들숨과 날숨을 놓치지 않음(不忘, 즉 念)으로써 마음을 집중하여(즉 삼마지) 그것의 횟수나 장단 등을 관찰하는(혜) 수행법이라고 할 수 있다. 이렇듯 수행도道 역시 복합적인 정신현상이며, 그래서 유위이다.

그렇다면 구체적으로 들숨과 날숨의 무엇을 관찰하는가?

첫째, 들숨과 날숨을 하나에서부터 시작하여 열까지 헤아리는 것으로, 두 숨을 한 숨으로 혹은 한 숨을 두 숨으로 헤아리거나 들숨을 날숨으로 혹은 날숨을 들숨으로 헤아리는 일이 없이 바로 헤아려야 한다. 만약 열까지 헤아리는 도중에 마음이 산란해져 수를 잊게 되면, 다시 하나에서부터 열까지 헤아리기를 반복할 때 마침내 선정을 획득하게 되는 것이다. 참고로 생을 처음 시작할 때 들숨을 먼저 쉬고, 죽을 때에는 최후로 날숨을 쉬기 때문에 숨을 헤아릴 때에는 들숨부터 먼저 헤아려야 한다.

둘째, 들숨과 날숨이 어디까지 이르는지를 관찰한다. 즉 들숨

---

[6] 오늘날 비파사나 수행자들 사이에서는 이러한 '염'을 '마음챙김' 혹은 '마음지킴'이라고 옮기고 있다.

이 몸 안에 들어와 목구멍, 심장, 배꼽, 엉덩이, 넓적다리, 무릎, 종아리, 복숭아 뼈, 발가락에 이르기까지, 또한 날숨의 경우에도 그것이 몸을 떠나 한 뼘 혹은 한 길에 이르기까지 항상 그것을 쫓아 관찰해야 하는 것이다.

셋째, 마음을 코끝이나 미간 등 신체의 어느 한 부위에 집중한 채로 이러한 숨이 몸을 차갑게 하는지 따뜻하게 하는지, 손해가 되는지 이익이 되는지를 관찰한다.

넷째, 이상과 같은 관찰이 이루어지면 다시 숨과 함께 작용하는 신체와 마음 등의 5온을 관찰한다. 그리고 이 같은 숨에 대한 생각을 이후에 생겨나는 4념주 내지 세제일법世第一法으로 이전移轉시키고, 이로부터 한 걸음 더 나아가 견도에 들 때 비로소 지식념은 원만하게 성취된다. 그러나 혹자는 이를 통해 금강유정金剛喩定을 거쳐 진지盡智에까지 이를 수 있다고 하였다.7)

참고로 이 같은 지식념에는 자아관념이 부재하기 때문에 외도는 닦을 수가 없으며, 또한 진실된 마음가짐(作意)을 가져야만 성취되기 때문에 정법을 지닌 유정만이 닦을 수 있다.

(2) 4념주念住

부정관과 지식념에 의해 욕탐의 마음과 산란된 마음이 억지되었으므로 이제 바야흐로 이를 바탕으로 하여 세계존재의 실상을 관찰해야 하는데, 전자를 사마타(śamatha, 止)라고 하며 후자를

---

7) 금강유정과 진지에 대해서는 본장 3-3)-(4) '아라한향과 아라한과'를 참조 바람.

비파사나(vipaśyanā, 觀)라고 한다. 즉 사마타를 획득하기 위해 부정관과 지식념을 닦았다면, 비파사나를 획득하기 위해서는 4념주念住를 닦아야 한다.

4념주란 몸(身)과 느낌(受)과 마음(心)과 그 밖의 존재 즉 법法을 각기 그것의 개별적인 특성과 보편적 특성으로 관찰하는 것을 말한다. 이것의 본질은 '혜'이지만, 앞서 언급한 지식념의 경우에서처럼 '염'의 힘에 의해 혜가 관찰의 대상에 머물게 되기 때문에 '염주'라고 이름하였다. 마치 도끼가 쐐기의 힘에 의해 나무를 쪼개는 것처럼 관찰의 대상을 놓치지 않는 기억의 힘으로 말미암아 그것에 대한 관찰과 판단이 유지되기 때문이다.

즉 염주의 대상이 되는 네 가지 존재는 각기 대종과 소조색의 색온, 6수受의 수온, 6식識의 식온, 그리고 그 밖의 상·행온과 무위로서, 4대종으로 이루어진 몸은 청정하지 않은 것(不淨)이며, 느낌은 그것이 즐거운 것이든 괴로운 것이든 혹은 즐겁지도 괴롭지도 않은 것이든 본질적으로 괴로운 것(苦)이며,8) 찰나에 생멸하는 마음은 무상한 것(非常)이며, 그 밖의 모든 존재는 '나' 혹은 '나의 것'이 아니다(無我).

이는 각기 자신만의 고유한 특성을 통한 개별적인 관찰(自相別觀)로서, 그렇게 함으로써 그것들이 각기 청정한 것이며, 즐거운 것이며, 항상하는 것이며, '나' 혹은 '나의 것'이라고 하는 네 가지 뒤바뀐 소견을 물리치게 된다. 염주의 대상이 네 가지인 것은 바로 이 때문이다.

---

8) 본장 제1절 '4제(諦)에 대한 통찰' 참조.

아울러 이 같은 네 가지 존재는 경험의 세계를 낳게 하는 구체적인 근거로서, 비록 경전상에서 '세계란 영원하고 즐거우며 나 혹은 나의 것이며 청정한 것이라고 여기는 것(즉 常·樂·我·淨)을 네 가지 뒤바뀐 소견(즉 4顚倒)'이라고 설하고 있을지라도, 여기서는 그 상이 거칠어 관찰하기 쉬운 순서에 따라 몸(不淨)과 느낌(苦)과 마음(非常)과 그 밖의 존재(無我)의 순으로 설하게 된 것이다.

예컨대 온갖 욕탐은 몸을 근거로 하여 일어나기 때문에 그것을 가장 먼저 설한 것이며, 몸을 탐하는 것은 그 느낌을 즐거운 것이라고 여겼기 때문이며, 그것을 즐거움이라고 여기는 것은 마음이 조화되지 못하였기 때문이며, 마음이 조화되지 못한 것은 아직 번뇌(즉 법)가 끊어지지 않았기 때문이다.

한편 일체의 유위법은 온갖 원인과 조건에 의해 생겨나는 것이기에 영원하지 않으며, 일체의 유루법은 번뇌를 수반하기에 괴로운 것이며, 일체의 존재는 진실로 '나의 것'도 '나'도 아니기 때문에 몸은 비상非常·고苦·공空·비아非我이며, 느낌도 마음도 법도 역시 그러하다. 이는 앞의 경우와는 달리 네 가지 존재의 보편적 특성을 통한 개별적인 관찰(共相別觀)이다.

이처럼 존재의 개별적 특성을 통해 관찰하든, 보편적 특성을 통해 관찰하든 네 가지 대상 각각에 대해 관찰하는 것을 별상념주別相念住라고 한다.

그런데 법념주의 경우, 그것은 이미 복수의 존재를 대상으로 한 것으로서 그것 자체만을 관찰하기도 하지만 다른 대상, 이를테면 몸과, 몸과 느낌과, 혹은 몸과 느낌과 마음과 함께 관찰하기도 한다. 이같이 다른 대상과 함께 관찰하는 법념주를 잡연雜緣의 염주라고 하며, 각기 개별적인 대상만을 관찰하는 앞의 세 염주를 부잡연不雜緣의 염주라고 한다. 곧 4념주를 각기 개별적으로 관찰한 후, 잡연의 법념주에 머물면서 그것들 모두를 존재의 보편적 특성인 비상·고·공·비아로 관찰하는 수행을 총상념주總相念住라고 한다.

이상의 3현위는 말하자면 산란된 마음을 정지시키고서 모든 존재의 개별적 특성과 보편적 특성을 개별적이고도 전체적으로 관찰하는 요가실수로서, 번뇌의 속박으로부터 해탈하여 열반으로 나아가는 근거가 되기 때문에 순해탈분順解脫分이라고 한다. 이는 문소성과 사소성의 지혜를 본질로 하며, 염리厭離와 반야般若가 함께 존재하는 욕계 인취人趣(인간세계)에서만 성취될 수 있다. 그리고 이 같은 요가실수가 이루어지면 비로소 이른바 깨달음(견도)의 첩경으로 일컬어지는 4선근으로 나아갈 수 있다.

3) 4선근善根

4선근은 진정한 선이라고 할 수 있는 확정적, 또는 결정적 진리인식(決擇)인 견도見道에 이르게 되는 근거이자 첩경이다. 즉 이제 4제 중 고제의 4상을 관찰하는 총상념주가 성취되었으므로 4제에 대한 의심을 끊고, 4제의 진리성을 분별 간택하여 바야흐로 무루지를 낳게 되기 때문에 순결택분順決擇分이라고도 하는 것이다. 또는 무루지에 접근한 것이 앞의 3현위에 비해 좀더 가깝기 때문에 내범위內凡位라고도 한다.

여기에는 난煖・정頂・인忍・세제일법世第一法의 네 단계가 있는데, 이는 오로지 4제 16행상行相에 대한 관찰로서, 4제에 대한 이해력의 깊고 얕음에 따라 이같이 구분하게 되었다. 그리고 이러한 4제의 진리성은 견도와 수도에서도 계속 관찰되어 증득되지만, 여기서의 관찰은 다만 유루 세속지世俗智로서, 5온을 본질로 하는 개념적 이해일 따름이다. 말하자면 실제로 자전거를 타기는 하지만 여전히 그 이치를 개념적으로 헤아리면서 타는 단계라고 할 수 있다. 그래서 여전히 불안(유루)하다.

(1) 따뜻해지는 단계(煖位)

총상념주를 닦아 점차 하하품에서 상상품으로 승진하여 관찰하는 힘이 성숙하게 되면, 그러한 상상품의 법념주로부터 순결택분의 첫번째 선근인 난법煖法이 생겨난다. 이는 번뇌라는 땔감을 능히 태우는 성도聖道라는 불길이 생겨나기 전의 모습으로, 불길이 일어나기 전의 따뜻한 조짐과 같기 때문에 '난법'이라고 이름한 것이다.

이 단계에서는 이미 관찰하는 힘이 성숙하였을 뿐더러 그 상태가 오래 지속되기 때문에 바야흐로 견도에서 관찰하는 4제의 진리성을 관찰하게 된다. 이른바 4제 16행상行相을 닦아 익히게 되는 것이다.

여기서 행상이란 행해상모行解相貌의 준말로서, 지식의 대상 내지 형상이라는 정도의 의미이다. 즉 고성제를 관찰하여 비상非

常·고苦·공空·비아非我의 행상을 닦으며, 집성제를 관찰하여 인因·집集·생生·연緣의 행상을, 멸성제를 관찰하여 멸滅·정靜·묘妙·리離의 행상을, 그리고 도성제를 관찰하여 도道·여如·행行·출出의 행상을 닦는다. 좀더 구체적으로 살펴보면 다음과 같다.

첫째, 우리가 지금 경험하고 있는 세계, 즉 5취온取蘊 등으로 일컬어지는 현행의 결과는 온갖 인연에 의해 생겨난 것이므로 '비상非常'이며, 본질상 괴멸 핍박하는 것이므로 '고苦(괴로운 것)'이며, 진실로 나의 것이 아니기 때문에 '공空'이며, 자아관념에 반하는 것이기 때문에 '비아非我'이다. 바로 이 같은 진리가 고제苦諦이며, 이를 대상으로 한 무루지를 고지苦智라고 한다. 그러나 4선근의 단계에서는 앞서 언급한 대로 아직은 개념적으로 이해하기 때문에 무루지가 아닌 세속지일 뿐이다.

둘째, 5취온 등의 현행의 원인(번뇌와 업)은 언젠가는 발아할 씨앗의 특성을 지닌 것이므로 '인因'이며, 바로 결과를 불러일으키는 것이므로 '집集(일으키는 것)'이며, 씨앗에서 싹, 줄기 잎 등이 상속하여 생겨나듯이 끊임없이 괴로움을 낳기 때문에 '생生'이며, 진흙 물 막대 물레 등의 조건이 화합하여 항아리가 이루어지듯이 세계를 낳는 두드러진 조건이 되기 때문에 '연緣'이다.

셋째, 5취온 등의 소멸은 제온의 상속이 다한 것이므로 '멸滅'이며, 탐·진·치의 3재災가 종식된 것이므로 '정靜(고요함)'이며, 일체의 괴로움이 부재하므로 '묘妙(뛰어남)'이며, 모든 괴로움의 원인으로부터 벗어났기 때문에 '리離(벗어남 즉 해방)'이다.

넷째, 5취온 등의 소멸을 획득하는 성도는 모든 성자들이 가는 길이므로 '도道'이며, 올바른 이치에 부합하는 것이므로 '여如(진리)'이며, 열반으로 가는 첩경이므로 '행行'이며, 생사의 윤회를 영원히 초월하는 결정적 방법이므로 '출出'이다.[9]

이는 곧 현실세계의 실상과 그 원인을 참답게 관찰하고, 그 같은 현실세계의 모순과 제약이 제거된 종교적 이상과 그에 이르는 방법 및 그 가치에 대해 관찰하는 것이라고 할 수 있다. 이것이 비록 세속지라고 할지라도 이같이 관찰할 경우 열반의 씨앗은 잉태되었다고 할 수 있겠다. 그래서 유부에서는 수행자가 신기청정을 거쳐 이러한 단계에 이를 경우, 일시 물러나 선근을 끊고 무간업을 지어 악취에 떨어지는 일이 있을지라도 오래 유전하는 일없이 반드시 열반에 이르게 된다고 하였다.

아울러 4제의 진리성에 대한 관찰은 욕계에 국한되지 않고 색·무색계에까지 걸친 것이기 때문에 사실상 8제 32행상을 점진적으로 관찰해야 한다. 즉 수행자는 먼저 욕계의 고제 4상을 관찰한 다음 상 2계의 그것을 관찰하며, 나아가 욕계의 도제 4상과 상 2계의 그것 순서로 관찰해야 하는 것이다.

(2) 꼭대기의 단계(頂位)

난선근에서의 관찰이 하·중·상품으로 전이하여 마침내 그 정점에 이르게 될 때의 선근을 정법頂法이라고 한다. 여기서도 역

---

[9] 《구사론》 권제26(앞의 책, pp.1195~1198)에서는 이 밖에 세 가지 해석을 더 전하고 있다.

시 4제의 진리성을 관찰하지만, 그것의 정점이기 때문에 정법이라고 하였다.

수행도에는 항상 어떤 인연에 의해 물러나는 단계와 더 이상 물러나지 않는 단계가 있게 마련이다. 4선근의 경우 전자를 동선근動善根이라 하고, 후자를 부동선근不動善根이라 하는데, 유부 수행도에 있어서는 비록 유루이기는 하지만 다음에 설할 인가(忍)의 단계서부터 부동선근이고, 지금의 단계는 동선근 중의 가장 뛰어난 것이기 때문에 '정법'이라 한 것이다.

즉 이미 삼보三寶와 진리에 대한 청정한 믿음의 마음을 낳았기 때문에 설사 물러나는 일이 있을지라도 결코 선근을 끊는 일은 없다. 따라서 4제의 진리성에 대한 관찰 또한 앞의 단계보다 더욱 분명해진다.

(3) 인가의 단계(忍位)

산꼭대기에 오르면 세계는 보다 분명하게 조망되지만, 다른 한편으로는 밑에서는 보이지 않던 보다 높은 또 다른 산들이 나타나게 된다. 이와 마찬가지로 난법을 거쳐 정법에 이르게 되면 인법忍法과 세제일법世第一法이라는 또 다른 선근이 나타나게 된다. '인(kṣānti)'이란 4제의 진리성에 대한 인가의 뜻으로, 이는 난법에 비해 그 강도가 강할뿐더러, 세제일법 역시 뛰어난 인가이지만 그것이 고제에 국한되는 것임에 반해 이것은 4제 전체에 미치는 것이기 때문에 4제의 진리성을 관찰하는 법 중에서 가장 뛰어난 것이라고 할 수 있다. 따라서 이러한 단계에 이르게 되면

더 이상 악취에 떨어지는 일이 없다.[10]

어째서 '인忍'인가? 진리에 대한 인가는 필시 고통을 감내해야 하기 때문에 '인'이다. 진실을 인가하는 일은 세세생생 쌓아온 '자기'와 '자기의 세계'가 파기되는 것이기에 필연적으로 고통이 따른다. 예컨대 암에 걸린 환자가 자신이 암에 걸렸으며, 그리하여 조만간 자신과 자신의 세계를 상실하게 된다는 사실을 인정하기란 결코 쉬운 일이 아니다. 거기에는 말할 수 없는 고통이 따른다. 그러나 일단 인정하고부터는 전과는 다른 새로운 세계가 열리게 된다. 그것은 우리가 일상에서 모색의 결과로서 내리는 판단 혹은 결단과는 그 유類가 다르다. 그래서 '인'으로, 이는 6바라밀다의 인욕과 같은 말이다.

따라서 이 단계에서는 세속의 그 무엇으로도 파기할 수 없는 강력한 판단력이 요구된다. 그렇기 때문에 여기서는 더 이상 욕계와 상계의 8제 32행상을 모두 닦지 않고 그것을 점차 감소시켜 마침내 고제의 '비상'을 관찰하는 일 찰나로 판단력을 응집한다. 이같이 관찰의 대상이 되는 제諦와 행상을 점차 감소하여 나아가는 것을 감연감행減緣減行이라고 하는데, 대체적인 순서는 다음과 같다.

먼저 욕계의 고제 4상을 관찰하고 상 2계의 고제 4상을 관찰하며, 나아가 욕계와 상 2계의 도제 4상을 순서대로 관찰하는데, 이

----

10) 더 이상 악취에 떨어지는 일이 없기 때문에 보살로의 전향이 불가능하며, 이 같은 이유에서 대승의 유가행파에서는 성문을 무상정등각을 성취할 수 없는 종성으로 규정하게 된 것이다. 이에 대해서는 본장 6-1) '성문과 독각'에서 다시 언급한다.

를 하품의 인위라고 한다.

다음으로 욕계의 고제 4상으로부터 시작하여 상 2계의 도제 중 마지막 '출'행상을 줄여 관찰하는데, 이를 첫번째 감행減行이라고 한다. 이리하여 네번째 감행에 이르러 하나의 소연 즉 도제를 줄여(즉 '減緣'하여) 관찰하고, 욕계 도제에 대해서도 마찬가지로 세 번 감행하고 네번째 감연하며, 계속하여 마침내 7번의 감연과 31번의 감행을 거쳐 마지막으로 남은 욕계 고제의 '비상'의 행상을 살피고 판단하는 두 찰나 마음까지를 중품의 인위라고 한다.

그리고 이로부터 뛰어난 선근이 일어나 그것을 일 찰나에 관찰하는 때를 상품의 인위라고 한다. 여기서는 물론 '비상'을 관찰하지만, 근기에 따라 '비아'나 '공'을 관찰하기도 하고, '고'를 관찰하기도 한다.

그렇다면 어떠한 이유에서 이같이 줄여 관찰하는 것인가? 그것은 앞서 말한 대로 강력한 판단력을 응집하여 열반으로의 도약하는 힘을 축적하기 위한 것, 혹은 유루지의 최후찰나(즉 세제일법)와 무루지의 제1 찰나인 고법지인苦法智忍 사이의 간격을 무간의 일 찰나로 감소시켜 도약의 거리를 좁히기 위한 것으로 이해된다.

세속에서 열반으로의 도약이 어떻게 가능한가? 세속의 어떠한 지혜도 그것은 결국 유루로서, 번뇌가 수반되고 있지 않은가? 《대비바사론》에 의하면, 어떤 사람이 다른 나라에 가고자 하나 재물이 많아 가기 어려울 경우, 그것을 돈으로 바꾸고, 다시 금으로 바꾸고, 다시 값비싼 보석으로 바꾸면 마음대로 쉽게 갈 수

있듯이, 수행자도 역시 지혜의 힘이 예리한 일 찰나의 마음으로써만 견도에 들 수 있다는 것이다.11)

(4) 세간에서 가장 뛰어난 단계(世第一法)

상품의 '인'과 무간에 다시 욕계 고제를 대상으로 하여 하나의 행상을 일 찰나에 닦게 되는데, 이를 세제일법世第一法이라고 한다. 이는 무간에 견도의 무루지를 낳게 하는 유루지로서, 세간의 지혜 가운데 가장 뛰어난 것이기 때문에 '세제일법'이라고 이름한 것이다.

이상의 4선근은 다같이 수소성修所成의 지혜를 본질로 하는 것으로, 앞의 두 가지가 하품의 그것이라면 인법은 중품, 세제일법은 상품의 그것이다. 따라서 이는 4정려와 미지정未至定・중간정中間定에서만 성취된다. 다만 4정려를 통할 때에는 선정(止)과 지혜(觀)가 균등하게 일어나고 생사를 싫어하는 마음이 뛰어나기 때문에 필시 이 생에서 견도에 들 수 있지만, 미지정과 중간정의 경우에는 자세히 헤아리기는 하지만 고요함이 없을뿐더러 생사를 싫어하는 마음이 저열하기 때문에 이 생에서는 견도에 들 수 없다.12)

참고로《구사론》에 따르면 금생에 이 같은 순결택분의 4선근을 일으키는 자는 필시 전생에 순해탈분을 일으킨 자로서, 견도에 이르기 위해서는 최소한 3생이 필요하다.13)

---

11)《대비바사론》권제5(한글대장경118, p.120).
12) 선정에 대해서는 본장 5-3)-(1) '4정려' 이하를 참조 바람.

3. 무루성도와 성자의 단계

유루의 세속도 중의 제일인 세제일법으로부터 비로소 4제를 직접적이고도 즉각적으로 통찰하는 무루의 현관現觀이 성취되는데, 이로부터 성자의 단계이다. 곧 이생異生 범부란 성법聖法을 획득하지 못한 자이기 때문에, 성자는 다름 아닌 성법을 획득한 자를 말하는 것이다.

좀더 구체적으로 말하면 이제 바야흐로 견도에 의해 견소단의 번뇌를 소멸한 이를 예류과預流果의 성자라 하고, 수도에 의해 욕계의 수소단의 번뇌 중 일부를 끊은 이를 일래과一來果, 모두를 끊은 이를 불환과不還果의 성자라고 하며, 색·무색계의 수소단의 번뇌를 모두 끊은 이를 아라한과阿羅漢果의 성자라고 한다. 그리고 특히 아라한과의 경우 이제 더 이상 닦아야 할 것이 없기 때문에, 그 이전 단계를 유학有學이라고 하는데 반해 무학無學이라고 한다.

이같이 아비달마의 수행도는 견도와 수도, 그리고 무학도로 나누어진다. 이제 그 하나하나에 대해 살펴보기로 하자.

1) 견도見道

앞에서 설명한 총상념주도 4선근도 4제를 반복적으로 관찰하는 것이지만, 그 강도나 깊고 얕음의 차이는 있을지라도 모두 개

---

13) 《구사론》 권제23(앞의 책), p.1053. 본장 6-1) '성문과 독각' 참조.

념적 이해이기 때문에 그것으로 번뇌는 끊어지지 않는다. 그렇다면 괴로움의 세계를 초래하는 온갖 번뇌의 단멸은 어떻게 가능한가? 그것은 '세계실상에 대한 올바른 통찰' 즉 4제 현관現觀에 의해서만 가능하다.

그런데 유부의 법상관에서 볼 때 유루의 온갖 번뇌는 결국 마음을 오염시키는 개별적인 의식작용이기 때문에 유루의 어떠한 마음에 의해서도 그것은 단멸되지 않는다.(일시적으로 은폐될 수는 있다.) 그것의 단멸은 더 이상 욕망이나 집착 등 염오한 의식작용에 의해 영향 받지 않는 또 다른 판단력, 즉 무루 간택력인 청정한 지혜에 의해 각기 개별적으로 이루어지는데, 이를 택멸擇滅이라고 한다. 따라서 제 번뇌 각각에 대한 택멸이 존재하며, 유정의 상속상에 일체의 택멸이 현현한 상태가 이른바 반열반般涅槃 즉 완전한 열반이다.

앞에서 언급한 것처럼 3계 5부의 기본번뇌인 10수면 모두 현실에 대한 부정확한 관찰 인식에서 비롯된 견고소단의 번뇌이다. 그리고 이 같은 부정확한 관찰에 따라 그것의 원인과 그것의 소멸 및 소멸에 이르는 방법에 대해서도 역시 참답게 관찰하지 못함으로 말미암아 도합 88가지 견소단의 번뇌가 일어나게 된 것이다. 따라서 이 같은 88가지의 번뇌는 4제의 진리성을 참답게 관찰함으로써 끊어진다.

다시 말해 세제일법에서 낳아진 금강석처럼 단단하고 예리하며 더 이상 번뇌를 수반하지 않는 무루의 지혜로써 '우리에게 경험된 세계(5취온)는 영원하지 않으며, 괴로우며, 나의 것이 아니며, 내가 아니다(혹은 실체성이 없는 것이다)'는 등의 4제 16행상을 직접적이고도 즉각적으로 통찰하는 순간, 아비달마 제론諸論의 예를 빌리자면 해머를 내려치는 순간 바위는 바로 깨어지듯이, 이에 대한 부정확한 인식에서 비롯된 견소단의 번뇌는 바로 끊어진다.

물론 이 때의 통찰은 더 이상 언어적 개념적 의미로 규정되지 않는 무루혜에 의한 것으로, 신기청정으로부터 4선근에 이르는 준비단계는 오로지 이 같은 무루혜를 낳기 위한 것이라고 해도 과언이 아니다. 유루의 세속으로부터 무루의 열반으로 도약하기 위해서는 이처럼 기나긴 도정이 필요하였던 것이며, 무루혜에 의한 4제의 현관現觀은 일찍이 관찰한 적이 없었던 일이기 때문에 그것을 '견도見道'라고 한 것이다.

그렇다면 무루혜에 의해 관찰된 진리(智)는 구체적으로 무엇을 말하며, 번뇌는 어떻게 끊어지게 되는 것인가?

앞서 4선근에서 언급한 4제 16행상, 즉 고제의 비상非常·고苦·공空·비아非我를 대상으로 하여 일어나는 무루지를 고지苦智라고 하며, 집제의 인因·집集·생生·연緣을 대상으로 하여 일어나는 무루지를 집지集智라고 하며, 멸제의 멸滅·정淨·묘妙·리離를 대상으로 하여 일어나는 무루지를 멸지滅智라고 하며, 도제의 도道·여如·행行·출出을 대상으로 하여 일어나는 무루지를 도지道智라고 한다.

나아가 이 같은 4제 16행상에 대한 욕계에서의 관찰을 법지法智라 하고, 대상과 지식이 법지와 유사한 색·무색계에서의 관찰을 유지類智라고 한다. 따라서 3계 견소단의 88가지 번뇌는, 고법지苦法智에 의해 욕계 견고소단의 번뇌가, 고류지苦類智에 의해 상 2계의 견고소단의 번뇌가, 집법지集法智와 집류지集類智에 의해 욕계와 상 2계의 견집소단의 번뇌가, 나아가 도법지道法智와 도류지道類智에 의해 욕계와 상 2계의 견도소단의 번뇌가 끊어져 마침내 일체의 견소단의 번뇌가 끊어지게 되는 것이다.

그러나 사실 엄밀히 말하면 - 이 같은 논의는 현학적인 유부 법상관의 특징이기도 하지만 - 법지나 유지가 바로 번뇌를 끊는 것은 아니다. 예컨대 지식은 그 자체로서 성립하는 것이 아니며, 그것을 지식으로 인정할 때 비로소 지식으로 성립한다. 말하자면 인가(忍)라고 하는 또 다른 무루의 의식작용이 각각의 지식을 지식으로 확정짓는 것이다. 따라서 3계의 모든 견소단의 번뇌는 앞의 8가지 지식이 인가되는 순간, 다시 말해 고법지인苦法智忍 내지 도류지인道類智忍의 순간 끊어진다.

여기서 '끊어진다'고 함은 온갖 번뇌의 심소가 마음과의 동시생기의 관계를 떠난다는 말이다. 그럴 때 법지 유지 등의 8지智는 그 같은 번뇌의 단절을 확증하여 택멸의 이계離繫를 증득하게 하는 작용을 갖는다. 다시 말해 '인忍'이 번뇌의 고리(즉 得)를 끊는 법이라면, '지智'는 이계의 득과 동시생기하는 법이다.

아비달마불교에서는 이 때 8인忍을 무간도無間道라고 하고, 8지智를 해탈도解脫道라고 하는데, 이 같은 번뇌의 단절과 이계의 증득은 각기 도둑을 잡아 문 밖으로 쫓아내는 이와 그것을 확인하고 문을 닫아 다시는 들어오지 못하게 하는 이에 비유되기도 한다. 그래서 무간도를 단대치斷對治라 하고, 해탈도를 지대치持對治

라고도 하는 것이다.14)

이상의 4제 현관의 16 찰나를 도표로 정리해 보면 다음과 같다.

고제	고법지인苦法智忍	무간도:	욕계 견고소단의 10가지 번뇌를 끊음
	고법지苦法智	해탈도:	이것의 택멸의 증득
	고류지인苦類智忍	무간도:	색·무색계 견고소단의 각기 9가지 번뇌를 끊음
	고류지苦類智	해탈도:	이것의 택멸의 증득
집제	집법지인集法智忍	무간도:	욕계 견집소단의 7가지 번뇌를 끊음
	집법지集法智	해탈도:	이것의 택멸의 증득
	집류지인集類智忍	무간도:	색·무색계 견집소단의 각기 6가지 번뇌를 끊음
	집류지集類智	해탈도:	이것의 택멸의 증득
멸제	멸법지인滅法智忍	무간도:	욕계 견멸소단의 7가지 번뇌를 끊음
	멸법지滅法智	해탈도:	이것의 택멸의 증득
	멸류지인滅類智忍	무간도:	색·무색계 견멸소단의 각기 6가지 번뇌를 끊음
	멸류지滅類智	해탈도:	이것의 택멸의 증득
도제	도법지인道法智忍	무간도:	욕계 견도소단의 8가지 번뇌를 끊음
	도법지道法智	해탈도:	이것의 택멸의 증득
	도류지인道類智忍	무간도:	색·무색계 견도소단의 각기 7가지 번뇌를 끊음
	도류지道類智	해탈도:	이것의 택멸의 증득(이는 수도에 포함됨)

그런데 앞서 무루혜에 의한 4제의 현관은 '일찍이 관찰한 적이 없었던 일이기 때문에 견도라 한다'고 하였는데, 현관의 제16 찰

---

14) 본서 3장 주 70) 참조.

나인 도류지에 이를 때 아직 알지 못한 진리(도제 4상)는 있을지라도 일찍이 관찰한 적이 없었던 진리는 더 이상 남아 있지 않다. 즉 '인'은 모두 '견'을 본질로 하기 때문에[15] 제15 찰나인 도류지인에서 4제의 현관을 모두 마친 것이 되며, 제16 찰나에서는 제15 찰나를 거듭 관찰하여 아는 것이기 때문에 견도라고 하지 않고 수도修道라고 한다.

비유하자면 논에 나락이 한 이랑 남았다 해서 '이 논은 아직 나락을 베지 않았다'고 말할 수 없는 것과 같다. 물론 앞의 7가지 법지와 유지의 경우도 거듭 관찰하여 아는 것이지만, 그것은 다만 1제에 대한 것으로, 그 때에는 아직 4제를 두루 관찰한 적이 없기 때문에 수도라고 하지 않는 것이다.

그리고 불교에서는 세제일법을 거쳐 바야흐로 무루혜가 현현하는 견도의 단계에 이른 이부터 성자라고 하기 때문에, 고법지인으로부터 시작하여 제15 찰나의 도류지인까지의 성자를 예류향預流向이라 하고, 제16 찰나의 도류지에 이르러 일체의 견소단의 번뇌가 끊어진 성자를 예류과預流果라 한다. 그러나 사실상 예류과는 수도위의 성자이므로 '수도'에 대한 설명을 마친 후 논하기로 한다.

2) 수도修道

견도에 의해 이지적 번뇌가 모두 끊어졌으므로 이제 남은 것

---

[15] 본장 5-1) '10가지 지혜' 참조.

은 정의적인 번뇌 즉 탐·진·만과 이와 상응하는 무명이다. 그런데 정의적인 번뇌는 선천적이고도 본능적인 것이기 때문에 그 성질이 무디면서도 무거워 이지적인 관찰이나 판단에 의해 즉각적으로 끊어지지 않는다. 그것은 선정을 통해 4제의 진리성을 반복적으로 관찰함으로써 점진적으로 끊어진다.

예컨대 탐욕은 유신견 등처럼 예리하지는 않지만 그 뿌리가 워낙 깊고도 깊기 때문에 비상 등의 관찰로 즉각 끊어지지 않으며, 반복적으로 수습修習함으로써 마음을 다시금 고양시키지 않으면 안 되는 것이다. 그래서 정의적인 번뇌를 수소단의 번뇌 즉 수혹修惑이라 이름하였던 것이다.

따라서 견소단의 경우 바위처럼 단박에 깨어지기 때문에 번뇌 각각이 작용하는 세계(界)와 대상(部)에 근거하여 그 수를 헤아렸지만, 수소단의 번뇌는 연근의 심줄이 끊어지듯이 점진적으로 끊어지기 때문에 그것이 작용하는 세계와 그 세력의 강약에 따라 분류되며, 수도의 단계 또한 이에 따라 결정된다. 예컨대 동일한 탐貪이라 하더라도 그것이 작용하는 세계(즉 3계 9지, 욕계와 색계의 4정려와 무색계의 4무색정)와 세력의 강약(상상·상중·상하·중상·중중·중하·하상·하중·하하)에 따라 다르기 때문이다.

그러므로 수소단의 번뇌는 다같이 욕계에서의 9품의 차별이 있고, 색계 4정려에서도 각기 9품의 차별이 있으며, 무색계의 4무색정에서도 각기 9품의 차별이 있어 도합 81가지의 유형으로 분류된다. 다시 말하지만 이는 번뇌의 개별적인 종류의 차별이 아니라 강도의 차별이다. 그럴 경우 수소단의 번뇌는 당연히 욕계

미지정으로부터 상계 상지의 번뇌 순으로, 성질이 거칠고 날카로워 제압하기 쉬운 상상품의 번뇌로부터 미약하여 제압하기 어려운 하하품의 번뇌 순으로 끊어진다.

옷을 세탁할 때에도 거친 때가 먼저 제거되고 미세한 때가 나중에 제거되며, 캄캄한 어두움은 적은 빛으로도 밝혀지지만 미미한 어두움은 큰 빛에 의해 비로소 소멸되는 것과 같다. 곧 수소단의 번뇌는 욕계 상상품의 번뇌로부터 시작하여 하하품의 번뇌로, 다시 색계 초정려의 상상품의 번뇌에서 하하품의 번뇌로, 그리하여 마침내 무색계 비상비비상처정의 하하품의 번뇌가 끊어질 때, 이제 더 이상 관찰해야 할 것도, 더 이상 닦아야 할 것도 없는 무학위의 아라한과를 획득하게 된다.

그리고 여기에도 견도에서와 마찬가지로 번뇌를 끊고 택멸의 이계를 증득하는 무간도와 해탈도의 두 단계가 있기 때문에 81품의 번뇌를 모두 단멸하기 위해서는 바야흐로 162 찰나가 소요된다. 그렇지만 수도는 앞서 논의한 4제 현관의 제16 찰나로부터 시작하여 제161 찰나(비상비비상처정의 하하품의 무간도)까지이며, 제162 찰나 다시 말해 비상비비상처정의 하하품의 번뇌가 이미 끊어져 이계를 증득하는 해탈도는 무학도이다.

(1) 유루의 세간도

그런데 수소단의 번뇌는 반드시 무루도에 의해서만 끊어지는 것은 아니다. 다시 말해 아직 견도위에 들지 못한 이생범부라 할지라도 자지自地(자신이 처한 세계나 경지)와 바로 아래의 하지下地

를 싫어하고 상지上地를 흠모하는, 이른바 6행관行觀이라 일컬어지는 유루의 세간도를 통해 바로 아래 하지의 번뇌로부터 벗어날 수 있다.

무엇이 6행관인가? 자지와 바로 아래 하지의 유루법은 상지의 그것에 비해 고요하지 않기 때문에 거친 것(麤)이며, 미묘하지 않기 때문에 괴로운 것(苦)이며, 감옥의 두터운 벽처럼 자지에서 벗어나는 것을 방해하기 때문에 장애가 되는 것(障)이다. 이와 반대로 상지의 그것은 하지에 비해 고요(靜)하고 미묘(妙)하며, 하지의 더러움을 떠난 것(出)이다. 이와 같은 관찰하는 것이 유루 6행관으로, 전자가 무간도라면 후자는 해탈도에 해당한다.

예컨대 재수생은 자신이 속한 세계나 고등학교의 세계를 싫어하고 대학의 세계를 동경함으로써 고등학교의 세계로부터 완전히 벗어날 수 있다. 그러나 그러한 생각 자체는 자신이 속한 세계에 따라 일어난 것이기 때문에 그 같은 생각으로써 현재 자신이 속한 세계를 떠날 수는 없다.

이와 마찬가지로 4정려와 4무색정에 근접한 근분정近分定에서 6행관을 닦을 때 하지의 번뇌를 떠나게 된다. 즉 이러한 6관행을 닦음으로써 미지정에 의해 욕계의 번뇌를 떠나며, 제2정려의 근분정에 의해 초정려의 번뇌를, 나아가 비상비비상처의 근분정에 의해 무소유처정의 번뇌를 떠나게 된다. 그러나 비상비비상처정에는 더 이상 상계 상지가 없기 때문에 그것의 번뇌는 유루의 세간도로써 끊을 수 없다.16) 또한 유루도는 자지의 번뇌에 따라 생

---

16) 이 같은 이유에서 석가보살은 보리수나무 밑의 금강보좌에서 34찰나(4제

겨난 것이며 또 다른 번뇌의 원인이 되기도 하기 때문에, 그 세력이 약하기 때문에 자지와 상지의 번뇌를 끊지 못하는 것이다.

참고로 범부가 이 같은 유루도로써 수소단의 번뇌를 끊을 때에는 아직 무루도가 생겨나지 않았기 때문에 온갖 번뇌가 5부(네 가지 견소단과 한 가지 수소단)로 차별되는 것을 알지 못하며, 따라서 그것을 모두 9품에 준하여 함께 끊게 되는데, 이를 5부합단部合斷이라고 한다.

3) 성자의 단계

앞서 언급한 대로 성자란 성제聖諦를 현관하여 무루의 성법聖法을 획득한 이를 말한다. 성자는 다시 번뇌를 끊는 단계에 따라 예류과預流果・일래과一來果・불환과不還果・아라한과阿羅漢果로 나누어지며, 그러한 계위로 향하고 있는 이를 또한 예류향・일래향・불환향・아라한향이라고 하였다. 고래로 이를 사향사과四向四果 혹은 사쌍팔배四雙八輩라고 하였는데, 이제 그 하나하나에 대해 설명해 보기로 한다.

(1) 예류향과 예류과

4제를 현관함에 있어 고법지인으로부터 제15 찰나인 도류지인까지의 성자를 예류향이라 하고, 제16 찰나인 도류지에 이르러

현관 16찰나와 비상비비상처의 9품의 무간도와 9품의 해탈도)에 무상정등각을 성취하였다고 전하는 것이다. 본장 6-2) '보살의 길' 참조.

견소단의 번뇌는 모두 끊었지만 수소단의 번뇌는 아직 아무 것도 끊지 못한 성자를 예류과라고 한다. 여기서 예류(또는 須陀洹, śrota āpanna)란 말 그대로 '(무루도의) 흐름에 이른 자'라는 뜻으로, 더 이상 악취에 떨어지는 일이 없으며, 하늘(욕계천)과 인간 사이를 최대한 7번 왕래한 후 반열반을 성취하기 때문에 극칠반생極七返生이라고도 한다.

그 이유는 무엇인가? 이 같은 사실은 이미 《아함》에서도 설하고 있는 바이지만 그 이유에 대해서는 언급하고 있지 않다. 이에 대해 유부 아비달마에서는 아직 끊어지지 않은 욕계 9품의 수소단의 번뇌 중 상상품이 2생, 상중·상하·중상품이 각기 1생, 중중·중하품이 1생, 하 3품이 1생을 초래하기 때문이라고 하면서, 어떤 뱀에 물리면 반드시 일곱 걸음 안에 죽는 것처럼, 어떤 학질에 걸리면 반드시 4일째 되는 날 발작하는 것처럼 원래 그러한 것(法爾)이라고 말하고 있다. 혹은 비록 일체의 견소단의 번뇌를 끊었다 할지라도 욕계를 벗어나지 못하게 하는 5순하분결 중의 두 번뇌(탐·진)와 5순상분결(색탐·무색탐·도거·만·무명)이 아직 끊어지지 않았기 때문에 7생을 받게 되는 것이라고 말하고 있다.

아울러 예류향 즉 견도위의 성자에는 다시 근기의 차별에 따라 수신행隨信行과 수법행隨法行의 성자로 나누어진다. 즉 일찍이 이 생위에서 다른 이의 가르침을 믿고 공경함으로써 가행을 닦은 둔근鈍根의 성자를 수신행이라고 하며, 경전 등을 통해 스스로 증득한 법에 따라 가행을 닦은 이근利根의 성자를 수법행이라고 한다.

나아가 이러한 성자가 예류과에 이르게 되면, 전자의 경우 믿음의 뛰어난 힘(信根)으로 말미암아 승해勝解가 나타나고, 후자의 경우 지혜의 뛰어난 힘(慧根)으로 말미암아 정견正見이 나타나기 때문에 그들을 각기 신해信解와 견지見至라고 한다. 다시 말해 견도위의 성자가 수도의 단계에 이르게 되면, 수신행에서의 믿음은 더욱 증장하여 무루의 승해를 처음으로 일으키기 때문에 '신해'라고 한 것이며, 수법행에서의 지혜는 더욱 증장하여 정견의 혜가 나타나기 때문에 '견지'라고 한 것이다. 그리고 이 같은 둔근과 이근의 차별은 태어나면서 타고나는 것이다.

(2) 일래향과 일래과

예류과의 성자가 더욱 증진하여 욕계 수소단의 번뇌 중 제6 중하품의 번뇌를 끊는 순간 이제 반열반까지는 하상·하중·하하 3품의 1생만을 남기게 되는데, 이를 일래과(또는 斯陀含, sakṛdāgāmin)라고 하며, 하품의 번뇌만을 남기고 있기 때문에 '탐진치의 번뇌가 엷어진 성자'라고 불리기도 한다. 그리고 상상품의 번뇌를 끊고서 일래과에 이르는 도정에 있는 성자를 일래향이라고 하며, 최대한 다섯 번에 걸쳐 하늘과 인간의 집을 왕래한다는 뜻에서 가가家家라고도 한다.

그런데 욕계 9품의 수소단의 번뇌는 현재 일생 동안 끊어지는 것이 아니라 어느 때는 앞의 3품(상상품에서 상하품)만이 끊어지고, 어느 때는 4품(상상품에서 중상품)만이 끊어진다. 다시 말해 일래향에는 상상품에서 상하품의 수혹을 끊고 목숨을 마친 후 세

번의 생을 받고 반열반하는 3생가가와, 중상품까지의 4품의 수혹을 끊고 목숨을 마친 후 두 번의 생을 받고 반열반하는 2생가가가 있을 수 있다. 또한 이 때의 생이 하늘과 인간 중 어디에 근거한 것인가에 따라 천天가가와 인人가가로 나누어지기도 한다.

즉 천가가란 인취人趣에서 견도에 들고 목숨을 마친 후 천취天趣에 태어나고, 다시 인취에 태어나고, 천취에 태어나고(여기서 열반에 들 경우 '2생 천가가'), 다시 인취에 태어나고, 천취에 태어나 반열반에 드는 성자('3생 천가가')를 말하며, 인가가란 반대로 천취의 이생위에서 견도에 들고 목숨을 마친 후 인취에 태어나고, 다시 천취에 태어나고, 인취에 태어나고(여기서 열반에 들 경우 '2생 인가가'), 다시 천취에 태어나고, 인취에 태어나 열반에 드는 성자('3생 인가가')를 말한다.

그리고 제5 중중품과 제6 중하품의 번뇌는 다만 1생만을 초래하기 때문에 5품을 끊으면 이 생에서 바로 6품을 끊고 일래과를 획득하게 된다.

(3) 불환향과 불환과

일래과의 성자가 더욱 증진하여 욕계 수소단의 번뇌 중 제9 하하품이 끊어져 더 이상 욕계로 되돌아오지 않는 이를 불환과(또는 阿那舍, anāgāmin)의 성자라고 한다. 또한 이미 견도에서 유신견·계금취·의疑를 끊었고, 지금 이 단계에 이르러 욕탐과 진에가 모두 끊어졌기 때문에 욕계를 벗어나지 못하게 하는 '5순하분결이 끊어진 이'라고도 한다. 그리고 제7 하상품과 제8 하중품의 번뇌를 끊은 이를 불환향이라고 하는데, 이제 여기서는 반열반과 일생의 간격만이 존재하기 때문에 '일간一間'이라고도 한다.

그런데 불환의 성자는 현생을 마친 후 바로 반열반에 들거나 색계나 무색계에 태어나 반열반에 드는 등 열반에 드는 처소와 시간이 다르기 때문에 여러 가지 다양한 형태로 분류되고 있다. 이러한 분류는 유부 아비달마의 독자적인 구상이 아니라 경설에 따른 그들의 정리 해석으로, 이론체계도 매우 복잡하고 이설도 많지만 간단히 설명하면 다음과 같다.

먼저 5순하분결을 끊은 후 목숨을 마치고서 색계로 가서 반열반에 드는 불환에는 다섯 종류가 있다.

첫째는 중반열반中般涅槃으로, 색계 중유에서 반열반에 드는 불환을 말한다.

둘째는 생반열반生般涅槃으로, 색계에 태어나 오래지 않아 아라한을 성취하고서 반열반에 드는 불환을 말한다.

셋째는 유행반열반有行般涅槃으로, 색계에 태어나 오랜 시간 다시 노력하여 반열반에 드는 불환을 말한다.

넷째는 무행반열반無行般涅槃으로, 색계에 태어나 어떠한 노력도 없이 오랜 시간을 지나 반열반에 드는 불환을 말한다. 참고로 유부에서는 이처럼 유행반열반을 먼저 열거하여 무행반보다 높은 단계로 꼽고 있지만, 경량부에서는 경(《잡아함경》권제29 제821경)에서 설한 순서에 따라 어떠한 노력없이 자연적으로 획득되는 무행반을 보다 높은 단계로 간주하고 있다.

다섯째는 상류반열반上流般涅槃으로, 색계에 태어나 보다 높은 경지로 전생轉生하여 반열반에 드는 불환을 말한다. 여기서 보다 높은 경지란 색계의 경우 제4정려의 최고천인 색구경천을 말하고, 무색계의 경우 비상비비상처 즉 유정천有頂天을 말한다. 따라서 상류반열반에는 색구경천과 유정천으로 전생하여 반열반에 드는 두 종류의 불환이 있다고 할 수 있는데, 전자는 지혜를 즐기는 관행자觀行者가 무루와 유루의 정려를 섞어 닦음으로써 이르는 경지이며, 후자는 선정을 즐기는 지행자止行者가 오로지 무루의 정려만을 닦음으로써 이르는 경지이다.

또한 전자의 경우에는 색계 중의 어떤 한 하늘에서 목숨을 마치고 나서 바로 색구경천으로 가기도 하고(이를 全超라고 한다), 중간에 다른 하늘(1천 내지 13천)을 거치면서 거기로 나아가기도 하며(이를 半超라고 한다), 모든 하늘을 거치면서 나아가기도 한다(이를 遍歿이라고 한다). 혹은 제4정려에서 무루와 유루의 정려를 섞어 닦은 힘의 강약에 따라 이른바 청정한 거처(淨居天)로 일컬어지는 무번천·무열천·선현천·선견천·색구경천에 태어나 반열반에 들기도 한다. 왜 그러한가에 대해서는 독자 스스로 생각해 보시기 바란다.[17]

불환의 성자는 이 밖에 욕계에 있으면서 색계의 탐을 떠났을

---

[17] 무루와 유루의 정려를 번갈아 가며 닦는 것을 잡수(雜修)라고 하는데, 이는 오로지 욕계를 떠난 성자 즉 불환과 아라한만이 닦는 선정이다. 즉 그들은 지금 바로 즐거움을 느끼기 위해, 정려에 대한 집착으로 인해 거기서 물러나는 것을 막기 위해서 정려를 잡수한다. 혹은 불환의 경우 5정거천에 태어나기 위해 잡수하기도 하는데, 무루법에 의해서는 그러한 존재가 초래되지 않기 때문이다.

경우 목숨을 마친 한 후 무색계로 가서 반열반에 들기도 하고(이를 行無色般涅槃이라고 한다), 욕계에 머물면서 바로 아라한과를 획득하여 반열반에 들기도 한다(이를 現般涅槃이라고 한다). 그래서 일반적으로 이 성자를 앞의 다섯 가지와 이 두 가지를 더하여 7가지 종류로 분류하고 있는 것이다.

혹은 앞서 언급한 색계의 5종 불환 가운데 유행반과 무행반은 사실상 생반열반에 포함된다고 할 수 있으며, 그 밖의 세 가지(중반·생반·상류반)는 일찍이 지은 업과 번뇌와 근기에 따라 다시 세 가지로 차별되어 9가지 종류로 분류되기도 한다.

즉 중반열반의 경우, 중유에서 바로 신속하게 반열반(速般)에 들기도 하며, 얼마 동안 머문 후(非速般), 혹은 오랜 시간 지난 후 반열반(經久般)에 들기도 한다. 생반열반의 경우, 태어나서 바로 반열반(생반)하기도 하고, 오랜 시간 노력하여(유행반), 혹은 노력 없이(무행반) 반열반에 들기도 한다. 그리고 상류반열반의 경우에도 역시 보다 높은 경지로 유전함에 있어 바로 색구경천으로 가기도 하고, 중간의 하늘을 거치기도 하며, 모든 하늘을 거쳐 나아가는 이른바 전초·반초·변몰의 차별이 있기 때문이다.

또한 경설에 따라 중반과 생반의 각기 세 종류와 상류반의 불환을 7선사취善士趣라고도 하는데, 앞의 두 가지는 각기 1생에 걸친 차별인데 반해 상류반은 여러 생에 걸친 차별이어서 알기 쉽기 때문에 세 가지로 분류하지 않은 것이다. 곧 불환의 성자는 욕계의 번뇌를 끊어 더 이상 악을 행하지 않을뿐더러 상계로 나아가 다시는 욕계에 돌아오는 일이 없기 때문에 '선사취'이다.

한편 열반과 유사한 멸진정을 획득한 불환과의 성자를 신증身證이라고 한다. 즉 멸진정은 마음이 소멸한 상태이므로 다만 몸을 근거로 하여 이를 증득하였기 때문에 '신증'이라 이름하게 된 것이다. 그러나 멸진정은 유루로서, 택멸 즉 열반을 낳지 못하기 때문에 유학의 성자에는 포함되지 않는다.18)

(4) 아라한향과 아라한과 - 무학도無學道

불환과의 성자가 더욱 증진하여 색계 초정려의 제1 상상품의 번뇌를 끊고, 나아가 무색계 유정지有頂地(즉 비상비비상처)의 제8 하중품의 번뇌를 끊는 동안의 성자를 아라한향이라고 한다.

그러나 보다 엄격히 말한다면 유정지 제9 하하품의 번뇌를 끊는 무간도까지로서, 이 때의 무간도는 일체의 무간도 중에서 가장 뛰어나다. 비록 그 이하의 번뇌는 이미 끊어져 이것에 의해 끊어진 것은 아니지만, 이는 사실상 일체의 번뇌를 끊는 작용을 갖고 있기 때문에 금강석에 비유하여 금강유정金剛喩定이라고 한다. 즉 유정지 제9품의 번뇌를 끊는 무간도의 선정은 금강석처럼 견고하고 예리하여 어떠한 번뇌도 능히 깨트릴 수 있기 때문에 금강유정이라고 한 것이다.

나아가 금강유정에 의해 유정지의 제9품의 번뇌가 끊어짐과 동시에 진지盡智가 생겨난다. 여기서 진지란 번뇌멸진(즉 택멸)의

---

18) 유학의 성자에는 예류향・예류과・일래향・일래과・불환향・불환과・아라한향・수신행・수법행・신해・견지・가가・일간・중반・생반・유행반・무행반・상류반 등 모두 18가지가 있다.

득得과 동시에 작용하는 무루지를 말하는 것으로, '나는 이미 고 苦를 알았고, 집集을 끊었고, 멸滅을 작증作證하였고, 도道를 닦았 다'고 아는 것을 진지라고 한다. 말하자면 금강유정이 유정지 제9 하하품 번뇌를 끊는 최후의 무간도라면, 이로부터 생겨난 진지는 최후의 해탈도인데, 이 때 아라한과를 성취하게 된다.

여기에 이르면 바야흐로 일체의 범부와 그 밖의 모든 성자들 로부터 마땅히 공양을 받을 만하기 때문에 아라한 즉 응공應共이 라고 하는 것이며, 또 다른 성자의 계위를 획득하기 위해 더 이 상 닦아야 할 것이 없기 때문에 무학無學이라고도 한다. 이에 반 해 예류향에서 아라한향에 이르는 성자는 보다 상위의 단계로 나아가기 위해 아직은 더 배울 것이 있기 때문에 유학有學이라고 한다.

그리고 더 이상 물러남이 없는 부동법不動法의 아라한이라면 진지와 무간에 '나는 이미 고를 알아 더 이상 알 것이 없으며, 나 는 이미 집을 끊어 더 이상 끊을 것이 없으며, 나는 이미 멸을 작 증하여 더 이상 작증할 것이 없으며, 나는 이미 도를 닦아 마땅 히 더 이상 닦을 것이 없다'고 아는 무생지無生智가 생겨나는데, 이는 바야흐로 그가 본래 추구하였던 바이기 때문이다. 그러나 그 밖의 아라한은 그 후 물러나는 일이 있기 때문에 진지와 무간 에 진지 혹은 무학의 정견을 낳을 뿐 무생지를 낳는 일이 없 다.19)

---

19) 참고로 '나는 이미 고를 알았고, 집을 끊었고, 멸을 작증하였고, 도를 닦았 다'는 등의 분별은 무루정의 상태에서 두 가지 지(智)가 일어날 때 생겨나

이처럼 유부에 의하는 한, 아라한과의 성자 중에는 거기서 물러나는 종성도 있고 더 이상 물러나지 않는 종성도 있는데, 경에서 설하고 있는 퇴법退法·사법思法·호법護法·안주법安住法·감달법堪達法·부동법不動法의 6종성의 아라한도 이에 따라 다음과 같이 해석하고 있다.

퇴법이란 질병 등의 적은 인연을 만나더라도 수소단의 번뇌를 일으켜 이미 획득한 과위果位로부터 물러나는 아라한을 말한다.

사법이란 획득한 과위로부터 물러날까 두려워하여 항상 자해하려고 생각하는 아라한을 말한다.

호법이란 획득한 과위에 기뻐하여 스스로 그것을 지키려고 하는 아라한을 말한다.

안주법이란 두드러진 물러남의 인연을 멀리하여 스스로 그것을 지키지 않더라도 물러나지 않으며, 뛰어난 가행도 멀리하여 더 이상 증진增進하지도 않는 아라한을 말한다.

감달법이란 그 성품에 능히 감당할 만한 능력이 있어 즐거이 근기를 단련하여 신속하게 부동법에 도달하는 아라한을 말한다.

부동법이란 두드러진 물러남의 인연을 만나더라도 획득한 과위에서 결코 물러나는 일이 없는 아라한을 말한다.

이러한 6종성 가운데 앞의 5가지는 앞에서 설한 둔근의 성자인 신해信解로부터 낳아지는 것으로, 이미 획득한 과위에서 물러

는 것이 아니라 본래의 바램에 의해 무루정에서 나온 뒤에 획득되는 이른바 후득지(後得智)이다. 말하자면 이러한 분별자체는 세속지로서, 진지와 무생지의 사용과(士用果)라고 할 수 있다. 본장 5-1) '10가지 지혜' 참조.

나지 않기 위해 항시 애호愛護하며 마음으로써 번뇌의 속박에서 해탈하였기 때문에 시애심해탈時愛心解脫이라고 한다. 또한 둔근이기 때문에 뛰어난 인연, 이를테면 좋은 의복이나 음식 침구 처소 혹은 설법과 인물을 만나는 때를 기다려 비로소 선정에 들어 해탈할 수 있기 때문에 시해탈時解脫이라고도 한다.

이에 반해 부동법의 경우 이근의 성자인 견지見至로부터 생겨난 것으로, 더 이상 번뇌에 의해 동요되거나 물러나지 않기 때문에 부동심해탈不動心解脫이라고 하며, 또한 좋은 인연이 도래하는 때를 기다리지 않고 원하는 대로 삼매에 들어 해탈을 획득하기 때문에 불시해탈不時解脫이라고도 한다.

이처럼 유부에서는 6종성의 아라한을 물러남에 근거하여 해석하고 있는데 반해 경량부의 경우, 그것은 다만 현법낙주現法樂住에 기초한 차별일 뿐 일체의 아라한은 물러남이 없는 부동법이다. 그들에 따르는 한, 무루도에 의해 번뇌종자가 끊어진 이상 더 이상 물러남이 없다. 즉 경량부에서는 유루정인 현법낙주에서의 물러남만을 인정하여 그것을 상실하는 둔근자를 앞의 다섯 종성의 아라한이라 하고, 상실함이 없는 이근자를 제6 부동법의 아라한이라고 하였다.

그런데 유부에 의하면, 어떤 아라한이 자신의 종성이나 과위에서 물러난다고 할지라도 더 이상 번뇌를 일으키지 않기 때문에 다시금 새로운 업을 짓는 일은 없으며, 얼마 후 본래의 종성이나 과위를 다시 획득하기 때문에 중간에 목숨을 마치는 일도 없다.

그리고 이와 같이 오로지 지혜의 힘(무루 간택력)에 의해 일체의 번뇌의 장애(煩惱障)를 끊은 아라한을 혜해탈慧解脫이라고 하며, 아울러 멸진정을 획득하여 선정의 힘으로써 해탈의 장애(解脫障)마저 끊은 아라한을 구해탈俱解脫이라고 한다. 여기서 해탈의 장애란 무부무기성無覆無記性인 불염오무지(비번뇌성의 무지)를 말하는 것으로, 이것은 올바른 지혜가 생겨나는 것을 방해하지는 않지만 이것이 존재하는 한 완전한 해탈이라고 할 수 없는 것이다.

아무튼 아라한에게는 이제 더 이상 끊어야 할 번뇌도, 더 이상 닦아야 할 행도 없다. 그는 바야흐로 존재본성에 대한 완전한 통찰을 통해 인간을 구속하는 일체의 속박으로부터 완전히 해방된 자이다. 그는 완전한 인식과 완전한 평화와 완전한 지혜를 갖는다.

> (생사의) 여정을 마친 자, 모든 것으로부터 완전히 자유로우며, 모든 속박을 끊어버렸으니, 그에게 더 이상 괴로움은 존재하지 않는다. — 대지와 같이 너그럽고 문지방처럼 확고한 그는 성내지 않는다. 흙탕물이 없는 호수처럼 그렇게 평온한 자, 그에게 생사의 윤회는 더 이상 일어나지 않는다.[20]

그렇다면 아라한은 왜 열반을 증득하고서도 생존을 지속하는 것인가? 생존을 지속하는 한 필연적으로 육체를 지녀야 하며, 그것에 따른 제약을 피할 수 없다. 그것은 그를 태어나게 한 업력이 아직 다하지 않았기 때문으로, 이런 까닭에 아비달마불교에서는 열반을 아직 육체적 제약이 남아 있는 유여의열반有餘依涅槃과 그것으로부터도 완전히 벗어난 무여의열반無餘依涅槃으로 구분하

---
20) 《법구경》 제7장, 제90송과 제95송.

기도 하였다. 그러나 분명한 사실은, 아라한은 이제 더 이상 세속의 생사윤회와 거기서 파생되는 일체의 괴로움에 속박되지 않는다는 사실이다.

한편으로 생각하면 무여의열반은 생사로 표상되는 존재의 완전한 소멸을 의미하며, 그것은 절대 공무空無와 다르지 않다. 이런 까닭에서 아비달마불교의 아라한은 대승으로부터 회신멸지灰身滅智, 즉 무여열반에 든다고 하는 것은 결국 육신을 재로 만들고 지혜마저 소멸한 상태에 불과한 것이라고 비판받게 되었던 것이다. 그러나 멸滅·정靜·묘妙·리離로 언표되는 열반은 인식의 대상이 아니라 실제 깨달음의 세계로서, 대승의 공과 마찬가지로 세간의 언어와 사유를 초월한 불가설不可說의 세계이다.

역시 아라한으로 불리기도 하는 여래는 존재의 조건이 끊어졌기 때문에 사후 더 이상 윤회하지도 않지만, 그렇다고 모든 것이 절멸된 상태도 아니다. 만약 열반이 모든 것이 절멸된 상태라면, 그것은 허무 단멸론과 다르지 않다.

불타는 여래의 사후死後에 대해 어떠한 입장도 취하지 않았다. 그것은 곧 열반이란 세속적인 모든 경험을 초월한 상태이며, 따라서 우리의 경험적 사실에 근거하여 사후의 존재 유무를 논의할 수 없다는 뜻이다. 이미 연료가 다한 불을 놓고서 그것이 다시 탄다거나 다시 타지 않는다(이는 사실상 조건만 갖추어지면 다시 탈 수 있다는 말이다)는 식의 논의는 아무런 의미가 없듯이, 생의 모든 조건들을 완전히 소멸한 그를 두고서 다시 태어난다거나 다시는 태어나지 않는다고 논의하는 것은 다만 세속에서의 한가

로운 철학적 논의일 따름이다.21)

　우리들 경험상에서 비존재란 다만 '컵의 비존재'라고 하듯이 컵이라고 하는 구체적 사물을 전제로 한 것이다. 이와 마찬가지로 연료가 이미 다하여 그것이 전제되지 않은 어떤 상태를 두고서 다시 탄다거나 다시 타지 않는다고 논의하는 것은, 마치 거북의 털이 딱딱한가 부드러운가에 대해 논의하는 것과 같다.

　　모든 번뇌가 일어나는 근본을 살펴 그 원인을 헤아려 알고 그것에 집착하는 마음을 기르지 않는다면, 그는 참으로 생사生死로부터 벗어나 절대 평화의 세계를 바라보는 성자이다. 그는 이미 망상을 초월하였기 때문에,(논쟁의) 미궁 속에 빠진 자들의 무리 속에 끼지 않는다.

　　번뇌를 소멸한 그는 더 이상 존재하지 않는 것입니까, 혹은 여전히 존재하는 것입니까? — 번뇌가 다한 자에게는 그것을 헤아릴 근거가 없다. 그에게는 이제 더 이상 이렇다거나 저렇다고 말할 만한 근거가 없는 것이다. (유위의) 모든 법이 완전히 끊어지게 되면, 논쟁의 길 또한 완전히 끊어져 버린다.22)

　유부 아비달마에 의하는 한 열반은 모든 선 가운데 최고의 선이며, 일체의 존재(法) 중에 최고의 존재(즉 勝義法)이다.

　　"열반은 세간의 어떠한 동류의 법도 갖지 않으며 또한 동류의 원인도 되

---

21) 이 이야기는 《잡아함경》 권제34 제962경에 나오며, 《구사론》 권제30(앞의 책), p.1366이하에서 그 의미가 해석되고 있다.
22) 《숫타니파타》 209.; 1075-6.

지 않기 때문에 '부동류不同類'라고도 하며, 유위법에 의해 조작된 것이 아니기 때문에 '비취非聚'라고도 하며, 어떠한 세속의 언어로도 칭탄될 수 없기 때문에 '비현非顯'이라고도 하며, 일체의 존재 가운데 가장 미묘하기 때문에 '최승最勝'이라고도 하며, 존재본성을 꿰뚫는 지혜에 의해 획득된 것이기 때문에 '통달通達'이라고도 하며, 응당 마땅히 공양을 받을 만하기 때문에 '아라한'이라고도 하며, 감히 가까이 하여 탐낼 만한 것이 되지 못하기 때문에 '불친근不親近'이라고도 하며, 상속되지 않아 자주 익힌다고 획득되는 것이 아니기 때문에 '불수습不修習'이라고도 하며, 성자들이 참으로 즐기는 세계이기 때문에 '가애락可愛樂'이라고도 한다."23)

열반은 대승에서 이해하고 있는 것처럼 존재의 절멸이 아니다. 그것이 존재의 절멸이라면 대승의 공 역시 허무의 적멸일 뿐이다. 물고기에게 있어 마른 땅은 다만 비존재의 세계일 뿐이다.

그것은 또한 오늘날 이기주의(egotism)로 이해되는 자리自利도 아니다. 그것은 도리어 제법분별의 예지에 의해 자기 혹은 자아가 해체된 상태로서, 바로 무아의 증득이기 때문이다. 유여든 무여든 열반은 이미 그 자체로서 진리의 시현 즉 법시法施이며, 그것을 성취한 이는 인류의 영원한 사표師表이다. 그러하기에 그를 '마땅히 공양(존경)을 받을 만한 이', 바로 아라한이라고 하는 것이다.

(5) 초월증의 성자

이상에서 설한 4향 4과의 성자의 단계는 무루도가 증진되어

---
23) 《대비바사론》 권제32(한글대장경119, p.150).

나아가는 순서에 따른 것으로, 이를 차제증次第證이라고 한다. 그런데 앞서 언급하였듯이 수소단의 번뇌는 반드시 무루도에 의해서만 끊어지는 것은 아니며, 유루 세속도에 의해서도 끊어진다. 따라서 일찍이 이생위에서 수소단의 번뇌를 끊은 이가 견도에 들어 제16 찰나에 이르게 되면 예류과를 초월하여 바로 일래과나 불환과를 획득하게 되는데, 이를 초월증超越證이라고 한다.

즉 일찍이 이생위에서 유루 세속도로써 욕계의 어떠한 품류의 번뇌도 끊지 못하였거나(이를 具縛의 성자라고 한다) 1품 내지 5품의 수혹을 끊고 나서 견도위에 이른 수신·수법행의 성자는 차제증의 경우와 마찬가지로 예류향이라고 하고, 제16 찰나에 이른 때를 예류과라고 한다.

그러나 일찍이 이생위에서 욕계 제6품, 혹은 제7 제8품의 수소단의 번뇌를 끊고 나서 견도위에 이른 수신·수법행의 성자를 일래향이라고 하며, 제16 찰나에 이르면 예류과를 초월하여 바로 일래과를 증득한다. 또한 일찍이 이생위에서 욕계 제9품의 수혹을 떠났거나 초정려의 제1품의 수혹 내지는 무소유처의 수혹을 모두 떠나고서 견도위에 이른 수신·수법행의 성자를 불환향이라고 하는데, 이들은 필시 제16 찰나에 이르러 예류과와 일래과를 초월하여 바로 불환과를 증득하기 때문이다. 그렇지만 유루 세속도로써는 유정지 즉 비상비비상처의 번뇌를 끊을 수 없기 때문에[24] 아라한과는 초월증의 성자가 아니다.

---

24) 그 이유에 대해서는 본장 3-2)-(1) '유루의 세간도'를 참조 바람.

이처럼 아비달마불교에서의 성자는 차제증이든 초월증이든 견도·수도·무학도에 따라 4향 4과 혹은 유학과 무학으로 분류되지만, 이미 살펴본 것처럼 이를 다시 여러 조건의 차별에 따라 수신행·수법행·신해·견지·신증, 그리고 혜해탈과 구해탈의 7성자로 나누기도 한다.

　즉 수신행과 수법행은 견도에 이르는 가행의 차별에 따른 것으로, 일찍이 이생위에서 다른 이의 가르침을 믿고서 가행을 닦아 견도에 이른 둔근의 성자가 수신행이며, 경전 등을 통해 스스로 증득한 법에 따라 가행을 닦아 견도에 이른 이근의 성자가 수법행이다. 또한 이러한 성자가 수도에 이르면 각기 믿음의 힘(信根)과 지혜의 힘(慧根)이 증가하여 승해勝解와 정견正見이 나타나기 때문에 신해와 견지라고 하였다. 그리고 불환과로서 멸진정을 획득한 이를 신증이라고 하며, 해탈의 차별에 따라 아라한을 혜해탈과 구해탈로 나누게 된 것이다.

　이상과 같은 유부 아비달마의 수행도와 성자의 계위를 도표로 나타내면 다음과 같다.

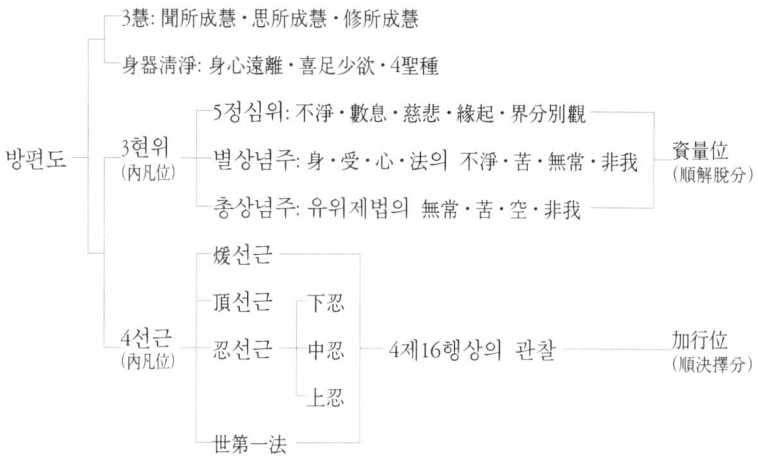

4. 그 밖의 실천도(37보리분법)

이상에서 유부 아비달마에서는 깨달음으로의 도를 준비단계

(가행도)로부터 시작하여 견도, 수도 그리고 무학도라고 하는 세 단계로 설명하고 있음을 살펴보았다. 그러나 마지막의 무학도는 도라고 하였지만, 사실상 앞의 두 가지 도를 통해 얻어지는 결과이기 때문에 수행 실천도는 다만 견도와 수도라고 할 수 있다.

그런데 초기경전에서는 여러 가지 형태의 도, 이를테면 4념주念住・4정단正斷・4신족神足・5근根・5력力・7각지覺支・8정도正道 등을 설하고 있으며, 이러한 도는 이른바 37보리분법菩提分法이라는 이름으로 통칭되고 있다. 이는 곧 깨달음(보리)에 이르는 37가지의 법이라는 뜻으로, 여기서 '깨달음'이란 궁극적으로 진지와 무생지를 의미한다.

여기서 각각의 도와 상호간의 포섭관계에 대해 간략하게 살펴보면 다음과 같다.

① 4념주 : 이는 유부 수행도상에서 3현위에 포섭되는 별상념주로서, 몸(身)과 느낌(受)과 마음(心)과 그 밖의 존재(法)에 대해 순서대로 부정不淨한 것이며, 괴로운 것이며, 무상한 것이며, '나' 혹은 '나의 것'이 아니라고 항상 기억하여 놓치지 않는 것을 말한다. 이것은 또한 4념처라고도 하는데, 8정도 가운데 정념正念이 여기에 해당한다.

② 4정단 : 이미 일어난 악법은 끊고(斷斷), 계율을 수지하여 아직 생겨나지 않은 악법을 생겨나지 않게 하며(律儀斷), 또한 바른 도를 닦아 아직 생겨나지 않은 선법을 생겨나게 하고(修斷), 이미 생겨난 선법을 지속하고 증장시키려고 노력하는 것(隨護斷)을 말한다. 그래서 이것을 4정근正勤이라고도 하는데, 8정도 가운데 정

정진正精進에 해당한다.

③ 4신족 : 선정은 신통 미묘한 공덕을 획득하는 근거가 되기 때문에 '신족(혹은 如意足)'이라 일컬은 것으로,25) 뛰어난 삼매를 획득하려고 욕구(欲)하고, 노력 정진(勤)하고, 그리하여 마음(心)을 능히 잘 다스리고, 지혜로써 사유 관찰하는 것(觀)을 말한다. 따라서 이것은 8정도 가운데 정정正定에 해당한다.

④ 5근 : 여기서 '근'이란 열반을 낳게 하는 뛰어나고도 두드러진 힘을 말하는 것으로, 신信·정진精進·염念·정定·혜慧가 바로 그것이다. 그렇다면 이러한 다섯 가지 힘은 구체적으로 어떻게 깨달음을 낳게 되는 것인가? 인과에 대한 믿음이 있어야 결과를 위한 정진이 일어나며, 정진으로 말미암아 항상 진리를 기억하여 되새기게 되며, 이러한 힘이 지속됨에 따라 마음은 바로 선정을 획득하며, 선정을 획득함으로써 참된 지혜가 드러나 존재의 본성을 참답게 깨닫게 되는 것이다.

⑤ 5력 : 앞의 5근과 같다. 그렇다면 양자의 차이는 무엇인가? 《대비바사론》에 따르면 '근'은 능히 선법을 산출하는 것이고 '역'은 능히 악법을 파괴하는 것, 혹은 기울거나 동요됨이 없이 견고하며 세력작용이 뛰어난 법이 '근'이라면, 다른 법을 굴복시키고 스스로는 굴복되지 않는 법이 '역'이다. 혹은 하품의 그것을 '근'이라 하고 상품의 그것을 '역'이라고 하지만, 사실상 각각의 법은 두 가지 의미를 모두 지니고 있다.26)

---

25) 이는 6통(通) 중의 신경지증통(神境智證通)의 '신'과 동일한 경우로서, 이에 대해서는 본서 4장 5-2)-(3) '범부와도 공통되는 공덕'에서 설명한다.

⑥ 7각지 : 각지란 깨달음에 이르는 갈래라는 뜻으로, 염念·택법·정진·희喜·경안·정定·사捨가 바로 그것이다. 이 가운데 택법은 지혜에 의해 제법을 간택 판단하는 것을, '희'와 경안은 선정을 통해 희열을 느끼고 심신이 경쾌 안적한 것을 말하며, '사'는 어디에도 치우치지 않는 평정을 말한다.

⑦ 8정도 : 정견正見·정사유正思惟·정어正語·정업正業·정명正命·정정진正精進·정념正念·정정正定이 바로 그것으로, 순서대로 제법에 대한 참다운 통찰, 탐욕 등을 떠난 바른 생각, 거짓말이나 욕설 등을 떠난 바른 말, 살생이나 도둑질 등을 떠난 바른 행위, 출가의 본분을 지키는 바른 생활, 4정근의 바른 노력, 4념처의 바른 기억, 4정려와 같은 고요함(止)과 헤아림(觀)이 균등한 바른 선정을 말한다.

이처럼 37가지의 수행덕목은 서로 중복되기도 하고, 5근과 5력의 경우처럼 동일한 덕목이 달리 불려지기도 한다. 이로 볼 때 이것들은 아마도 초기불교 시대에는 각각이 하나의 완전한 수행체계로 설해졌을 것이고, 출가 수행자들 또한 이 모두를 닦은 것이 아니라 자신의 성격이나 근기에 적합한 것을 선택하여 실수하였을 것이다. 그러나 아비달마불교시대에 이르게 되면 다른 여러 교학이 그러하였듯이 이 역시 전체적인 구도로써 정리되지 않으면 안 되었고, 그 축이 이른바 견도와 수도였던 것이다.

---

26) 《대비바사론》 권제141(한글대장경123, p.361-2); 《구사론》 권제25(앞의 책), p.1156. 이 같은 논의가 왜 필요한가? 후술하듯이 37보리분법의 전체적인 순차(順次)를 분별하는데 이러한 특성의 모색은 필수적이다.

《구사론》에 따르면 이같이 보리분법에는 37가지가 있지만, 그것의 실제적 본질은 혜慧·근勤·정定·신信·염念·희喜·사捨·경안·계戒·심尋 등의 열 가지이다.27)

즉 4념주와 혜근·혜력·택법각지·정견은 '혜'를 본질로 하며, 4정단과 정진근·정진력·정진각지·정정진은 '근'을 본질로 하며, 4신족과 정근定根·정력定力·정각지·정정正定은 '정'을 본질로 하며, 신근과 신력은 '신'을 본질로 하며, 염근과 염력과 염각지와 정념은 '염'을 본질로 한다. 그리고 희각지는 '희'를, 사각지는 행온에 포섭되는 '사'를, 경안각지는 '경안'을, 정어·정업·정명은 '계戒'를, 정사유는 '심尋'을 본질로 한다.

다시 말해 신信 등의 5근이 각기 차별되어 30가지로 나누어지고, 여기에 다시 희·사·경안·계(정어·정업·정명)·심을 더한 것이 37보리분법이라는 것이다.

그렇다면 혜(지혜)·근(정진)·정(선정)이라는 말과 일치하지 않는 4념주·4정단·4신족의 경우, 어떻게 각기 그것을 본질로 삼는다고 말할 수 있는 것인가? 앞서 언급한 대로 지혜는 기억의 힘에 의해 유지되고 관찰의 대상에 머물게 되기 때문에 '염주'라고 말한 것이며,28) 이미 생겨난 악을 끊고 아직 생겨나지 않은

---

27) 《구사론》 권제25(앞의 책), p.1153. 그러나 유부 비바사사의 정설은 11가지이다. 즉 어업과 신업은 개별적 존재이기 때문이다.(《대비바사론》 권제96, 한글대장경121, pp.468~469).
28) 이는 정통 유부 비바사사(毘婆沙師)의 학설이고, 세친은 혜가 염으로 하여금 대상(즉 4제의 진리성)에 머물게 하는 것이라고 해석하였다. 이를테면 참답게 본 자만이 능히 분명히 기억하기 때문이다.

선을 닦을 때 근勤 즉 정진의 심소가 그것을 게을리 하는 해태를 바로 끊기 때문에 '정단'이라고 설한 것이며, 선정은 온갖 신통 미묘한 공덕의 근거가 되기 때문에 '신족'이라 일컬은 것이다.

이제 이 같은 37보리분법이 앞서 설한 유부의 수행도에 어떻게 적용되고 있는지에 대해 살펴보자.

먼저 몸과 느낌과 마음과 그 밖의 존재에 대한 개별적 특성과 보편적 특성을 관찰하는 3현위의 별상념주와 총상념주의 단계에서는 지혜의 작용이 가장 뛰어나기 때문에 4념주를 닦는다.

바야흐로 4제의 진리성을 분별 간택하는 난법煖法의 단계에서는 이전과는 다른 수승한 공덕을 증득하는 근勤의 작용이 뛰어나기 때문에 4정단을 닦는다. 정법頂法의 단계에서는 수승한 선근을 지니고서 물러남이 없는 단계로 나아가는 선정의 작용이 뛰어나기 때문에 4신족을 닦는다. 인법忍法의 단계에서는 더 이상 악취에 떨어지지 않고 선근이 견고하여 뛰어난 힘을 획득하기 때문에 5근을 닦는다. 세제일법의 단계에서는 더 이상 번뇌와 세속의 유루법에 굴복되지 않기 때문에 5력을 닦는다.

그리고 견도의 단계에서는 그 과정이 빠르게 일어나고 도가 뛰어나기 때문에 8정도를, 수도의 단계에서는 깨달음의 단계 즉 진지와 무생지가 가까워졌기 때문에 깨달음을 돕는 작용이 뛰어난 7각지를 닦는다.29)

....
29) 《구사론》 (앞의 책), pp.1156~1157. 유부 비바사사에 의하면 4념주에서 8정도에 이르는 보리분법의 순서는 다만 법수(法數)의 증가에 따른 것으로, 이처럼 수행의 순서에 따를 경우 견도에서 8성도지를 닦고 수도에서 7각지를 닦기 때문에 뒤의 두 가지는 그 순서가 바뀌어야 한다. 그러나 또 다

이 같은 사실로 볼 때 수도와 견도에 나타나는 7각지와 8도지는 오로지 무루로서, 비록 정견 등이 유루와 역시 통하는 것이라 할지라도 성도지聖道支라는 명칭은 이미 무루를 전제로 한 것이기 때문에 유루의 정견을 성도지라고는 하지 않는다. 그 밖의 보리분법은 유루와 무루 모두에 통한다.

5. 지혜와 선정

우리는 보통 앎과 실천을 분리하여 생각하고 지혜와 선정을 그에 상응하는 것으로 여기지만, 초기불교 이래 양자는 늘 동시적인 것이었다. 불교의 궁극적 관심사는 세계의 실상 내지 존재의 본성을 참답게 관찰하여 아는데 있으며, 그것은 언제나 지혜를 본질로 한다. 올바른 지혜가 있어야 비로소 참답게 관찰하고 알 수 있기 때문이다.

올바른 지혜는 청문聽聞이나 사유를 통해 획득되기도 하지만 그것은 다만 개념적인 앎일 뿐이며, 선정을 통해 획득될 때 비로소 자신의 주체적 앎으로서 나타나게 된다. 우리는 바로 이 같은 주체적인 앎을 '깨달음'이라고도 하고 자증自證이라고도 하는 것이다. 말하자면 지혜가 세계를 관찰하는 일차적인 조건이라면,

----

른 설에 따르면, 견도위에서 4성제를 깨달아 알기 때문에 7각지는 바로 이 단계에서 나타나며, 8성도지는 직접적으로 열반을 지향하는 견도와 수도 모두에 통한다.

선정은 지혜를 강화시키는 조건이 된다.

앞서 살펴보았듯이 지혜와 선정, 그것은 깨달음으로의 견인차였다. 성자는 그것을 통해 열반의 성으로 나아간다. 이미 깨달음의 도와 성자의 단계를 설명하면서 그것에 대해 부분적으로 언급하였지만 이제 장을 바꾸어 보다 구체적이고도 체계적으로 정리하여 본다.

1) 10가지 지혜(智)

우리는 일반적으로 지智 또는 혜慧를 다 같이 지혜라고 번역하지만, 아비달마의 분별론에 따르는 한 여기에는 엄밀한 차이가 있다. '혜'란 판단력 정도의 의미로서, 대상을 관찰하고 인가하고 아는 것이 모두 혜에 포섭되는 작용이다. 말하자면 견見·인忍·지智는 다 같이 혜(판단)를 본질로 하지만 거기에는 각기 추리하여 헤아림(推度), 인가(認可), 결정적 판단(決斷)이라는 작용의 차이가 있는 것이다.[30] 좀더 쉽게 말하면 '혜'가 판단력이라면, '지'는

---

[30] 이에 따를 경우, 무루혜에 속하는 고법지인 내지 도류지인의 8인(忍)은 다만 인가로서 결정적 판단이 아니기 때문에 '지'가 아니다. 즉 '인'은 일찍이 관찰한 적이 없었던 4제의 이치를 지금 바야흐로 관찰하는 것이기 때문에 '견'일 수는 있어도 아직 거듭하여 관찰하지 않아 분명하지 않기 때문에 '지'가 아닌 것이다. 그러나 진지와 무생지는 이와 반대되기 때문에 '견'이 아니다. 그 밖의 무루혜, 이를테면 유학의 8지(智)와 무학의 정견은 두 가지 모두와 통한다. 그리고 일체의 유루혜는 모두 '지'의 성질에 포섭되지만, 그 중의 5가지 염오견 즉 유신견·변집견·사견·견취·계금취와 세속정견은 역시 또한 '견'이기도 하다.

판단되어진 내용 즉 지식을 뜻한다. 본 항에서 다루는 문제는 물론 지智로서의 지혜이다.

아비달마불교에 있어 지혜는 먼저 유루의 지혜(有漏智)인 세속지世俗智와 무루의 지혜(無漏智)인 법지法智와 유지類智로 나누어진다.

세속지란 항아리나 옷 등의 세속의 경계를 대상으로 한 지식으로, 항아리처럼 제법의 인연화합에 의해 나타난 세간의 모든 존재는 또 다른 관념(慧)에 의해, 혹은 그것이 파괴되어 소멸될 때 그것에 대한 지식도 역시 파기된다. 법지는 욕계의 4제를 대상으로 한 지식으로, 최초로 제법의 참된 이치(4제 16행상)를 깨달아 안 것이기 때문에 법지이다. 유지는 색계와 무색계의 4제를 대상으로 한 지식으로, 이는 앞의 법지와 그 대상이 유사하기 때문에 유지라고 하였다.

참고로 중현에 의하면 무루지는 경계에 대한 이미지가 유루지에 비해 보다 분명하고 예리한 것으로, 양자는 쇳덩이와 마른 풀이 타는 것에 비유되기도 한다. 혹은 지식을 획득한 후 잘난 체하는 오만심을 일으키는 것이 유루의 세속지이다.[31]

법지와 유지는 다시 그 대상의 차별에 따라 고·집·멸·도의 4지智로 나누어진다. 세속지도 역시 우리에게 경험된 현실의 세계 등을 대상으로 하여 고·무상·공·무아 등의 16행상을 일으킬 수 있지만, 그러함을 알고 나서도 다시 즐거움 등이라고 여기기도 하며, 혹은 4제의 진리성에 대해 의심하기도 하기 때문

---

31) 《현종론》 권35(한글대장경201, p.460).

에 네 가지 지로 나누지 않는다.

그리고 이상의 지식 가운데 세속지와 법·유지와 도지에 의해 다른 이의 마음을 관찰하여 그것의 선악 정사正邪를 아는 이른바 타심지他心智가 성취된다. 그렇다면 왜 고·집·멸지는 제외되는 것인가? 무루의 타심지는 유루의 마음을 알지 못하기 때문에(안다고 할 경우 대상과 그것의 이미지가 유루와 무루로서 서로 달라야 한다), 멸은 무위이기 때문에 고·집지와 멸지에 의한 타심지는 존재하지 않는 것이다. 또한 타심지는 자신과 동일하거나 아래 경지(또는 근기나 계위)에 있는 이의 현재 마음만을 아는 지식이며, 아울러 동류의 대상만을 아는 지식이기 때문에, 다시 말해 법지와 유지에 포섭되는 타심지는 각기 유지와 법지의 마음을 알지 못하기 때문에 도지와는 별도로 법지와 유지를 분별하게 된 것이다.

나아가 무루지로서 무학에 포섭되고, '견'의 성질이 아닌 것을 진지盡智와 무생지無生智라고 한다. 즉 무학의 단계에서 '나는 이미 고苦를 알았고, 이미 집集을 끊었고, 이미 멸滅을 증득하였고, 이미 도道를 닦았다'고 아는 것이 진지이며, '나는 이미 고를 알아 이제 더 이상 알 것이 없으며, 나아가 나는 이미 도를 닦아 이제 더 이상 닦을 것이 없다'고 아는 것이 무생지이다. 아울러 이 같은 차별의 인식은 무분별인 무루의 선정 상태에서 두 가지 지가 일어날 때 생겨나는 것이 아니라 거기서 출관出觀한 뒤에 획득되는 이른바 세속의 후득지後得智이기 때문에 '나'가 가설될 수 있는 것이다.

즉 유부에서는 지식을 그것의 본질적인 차이에 따라 세속지世俗智와 무루의 승의지勝義智로 나누었고, 후자를 다시 욕계와 상 2계의 번뇌를 물리치는 차이에 따라 법지와 유지로 나누었다. 이를 다시 대상은 동일하지만 행상의 차별에 따라 고지와 집지로, 대상과 행상의 차별에 따라 멸지와 도지로 나누었으며, 다른 사람의 마음을 알고자하는 목적의식에 근거하여 타심지를, 무학위에서 전후 두 찰나에 걸쳐 일어나는 4제지諦智를 진지와 무생지라는 명칭으로 설정하였던 것이다.

그럴 경우 세속지는 4제 16행상을 포함하여 세간의 모든 존재의 특수상(自相)과 보편상(共相)을 지식의 대상으로 삼으며, 유루의 타심지는 알고자하는 이의 마음이나 마음의 작용을 지식의 대상으로 삼지만, 그 밖의 법지와 유지의 경우 각기 비상·고 등의 16행상을, 고·집·멸·도의 4제지는 각기 네 행상을, 무루의 타심지는 도지에 포섭되기 때문에 도제의 네 행상을 갖게 된다.

그리고 '나는 이미 고를 알았다' '나는 이미 고를 알아 이제 더 이상 알 것이 없다'는 등의 진지와 무생지는 출관 후 유루의 마음과 더불어 일어나는 후득지로서, 공과 비아에 모순되는 지식이기 때문에 이를 제외한 14가지의 행상을 갖게 된다. 이렇듯 유부 아비달마에 있어 무루지는 오로지 4제 16행상만을 지식의 능동적 조건으로 삼을 뿐이다.

이제 이러한 지혜와 성자와의 관계에 대해 생각해 보자. 이러한 지혜는 누가 얼마나 성취하게 되는 것인가?

범부와 견도 제1 찰나(고법지인)에서는 세속지만을 성취한다.

즉 범부는 아직 무루의 성법을 획득하지 못하였기 때문이며, '인'은 혜를 본질로 하지만 결정적 판단인 '지'가 아니기 때문이다. 따라서 무루지는 견도 제2 찰나(고법지)에 이르러 비로소 획득되는 것으로, 이 때 세속지와 법지와 고지를 성취하며, 제4 찰나 고류지에서는 앞의 세 가지 지에 다시 유지가 더해지고, 제6 찰나 집법지에서는 다시 집지가, 제10 찰나 멸법지에서는 다시 멸지가, 제14 찰나 도법지에서는 다시 도지가 더해져 7가지 지를 성취하게 된다.

그리고 그 밖의 찰나에 성취되는 무루지의 수는 바로 앞의 찰나와 동일하다. 즉 제3 찰나 고류지인에서 성취되는 지의 수는 제2 고법지에서 성취되는 지의 수와 같으며, 제5 집법지인과 제7 집류지인·제8 집류지·제9 멸법지인에서 성취되는 지의 수는 제4 찰나와 제6 찰나에서 성취되는 지의 수와 같다. 참고로 견도 위에서는 4제의 진리성을 전체적으로, 그리고 매우 빠르게 관찰하기 때문에 타심지가 존재하지 않는다.

수도위 중에서도 역시 견도 제14 찰나와 마찬가지로 7가지 지가 성취된다. 그리고 이 단계에서 이미 욕계의 번뇌를 끊은 자라면 타심지도 획득한다. 여기서 욕계의 번뇌를 끊은 자란 이생으로서 유루 세속도(6행관)를 닦은 자와 초월증자로서 견도에 든 자, 그리고 차제증자로서 불환과에 이른 자를 말한다. 다만 이생의 경우, 그가 성취하는 타심지는 유루성이기 때문에 타심지의 근거가 되는 색신이 존재하지 않는 무색계에 태어날 때는 성취할 수 없다.[32]

그리고 둔근의 무학인 시해탈 아라한은 앞의 8가지 지에 진지를 더한 9가지 지를 성취하며, 이근의 무학인 불시해탈 아라한은 여기에 무생지를 더한 10지智 모두를 성취한다.

2) 지혜의 공덕

그렇다면 이 같은 지혜에 의해 성취하게 되는 공덕은 무엇인가? 그것의 일차적인 공덕은 물론 번뇌의 단멸이다. 그러나 이와 더불어 또 다른 여러 공덕을 성취하게 되는데, 불타와 여러 성자 그리고 범부 사이에는 차이가 있다. 그것은 애당초 구도의 목적과 준비과정이 달랐기 때문으로(이에 대해서는 본장 6-2) '보살의 길'에서 상론한다), 불타만이 성취하는 공덕을 불공불법不共佛法 혹은 줄여서 불공법不共法이라 하고, 성자와 범부가 함께 성취하는 공덕을 공법共法이라고 한다.

(1) 불타만의 공덕 – 18불공법

이는 오로지 보살(불타의 前身)이 유정지有頂地 제9 해탈도를 닦아 처음으로 진지를 획득하는 단계에서 닦는 공덕으로, 성문 독각 등 다른 뭇 성자와 공통되는 공덕이 아니기 때문에 '불공법'이라고 하였다. 여기에는 10력力과 4무외無畏와 3념주念住와 대비大悲 등 18가지가 있다. 이제 그 하나하나에 대해 간략히 설명하면

---
32) 타심지의 성립과정에 대해서는 본장 주 42)를 참조 바람.

서 10지智와의 관계를 밝혀본다.

① 10력力 : 불타는 이치에 맞고 맞지 않음을 분별하는 지혜의 힘(處非處智力)을 갖는데, 이는 일체지一切智 즉 10지를 본질로 한다. 어떠한 업이 어떠한 이숙과를 초래하는지를 아는 지혜의 힘(業異熟智力)을 갖는데, 이는 유루법에 대한 지혜의 힘이기 때문에 멸·도지를 제외한 8지를 본질로 한다.

4정려·8해탈·3삼마지·8등지 등의 선정(뒤에 설함)을 참답게 아는 지혜의 힘(靜慮解脫等持等至智力)과, 유정의 상하 우열의 근기를 분별할 수 있는 지혜의 힘(根上下智力)과, 일체 유정들이 하고자 하는 바를 참답게 아는 지혜의 힘(種種勝解智力)과, 유정의 여러 차별을 아는 지혜의 힘(種種界智力)을 갖는데, 이 같은 힘은 모두 유위법을 대상으로 한 것이기 때문에 멸지를 제외한 9지를 본질로 한다.

또한 온갖 수행도는 반드시 깨달음의 결과로 나아간다는 사실을 참답게 아는 지혜의 힘(遍趣行智力)을 갖는데, 만약 도를 대상으로 하는 지혜의 힘이라면 멸지를 제외한 9지를 본질로 하지만, 이와 더불어 깨달음의 결과를 대상으로 하는 지혜의 힘이라면 10지를 본질로 한다.

또한 자신과 타인의 과거세를 참답게 아는 지혜의 힘(宿住隨念智力)과 미래세 어떠한 존재로 상속하는지를 참답게 아는 지혜의 힘(死生智力)을 갖는데, 이러한 힘은 그 상相에 차별이 있기 때문에 모두 세속지를 본질로 한다. 그리고 번뇌가 다하였음을 아는 지혜의 힘(漏盡智力)을 갖는데, 번뇌의 다함(즉 택멸)만을 대상으로 하는 경우 도지와 고·집지와 타심지를 제외한 6지를 본질로 하지만, 이와 더불어 소의신상에 획득된 공덕을 대상으로 하는 경우라면 10지를 본질로 한다.

이상의 세 가지 힘은 다음에 설할 6통通 중 숙주지증통과 천안지증통(즉 사생지)과 누진지증통으로서, 다른 신통에 비해 특히 뛰어나기 때문에 아라한의 그것을 3명明(숙주지증명·사생지증명·누진지증명)이라 하고, 불타의 그것을 다만 '힘(力)'이라고 이름하였다.

그렇다면 이와 같은 10가지 지혜는 다른 뭇 성자들도 갖는 것인데, 어째서 그것을 '힘'이라 하여 불타만이 갖는 공덕이라고 한 것인가? 《구사론》에 따르면, 불타의 지혜는 일체의 지식의 경계에 대해 어떠한 장애도 없이 일어나지만, 다른 성자의 경우는 그렇지 않기 때문이다.[33]

이를테면 시리필제尸利必提라는 어떤 한 장자가 사리불에게 와서 출가하기를 희망하였지만 그가 너무 늙어 학문과 선정 등의 일을 감당하기 어렵다고 생각하여 받아주지 않자 그 후 그는 다시 부처님에게로 가 출가하였는데, 그 때 지혜제일인 사리불이 자신을 받아주지 않은 이유를 묻자 부처님께서는 사리불과 여래는 과거 수행의 공덕이 다를뿐더러 사리불은 법에 자재하지 않기 때문이라고 하였다.

혹은 어느 때 부처님과 사리불이 함께 거닐고 있을 때, 매에게 쫓긴 비둘기가 사리불의 그림자 속으로 숨었지만 여전히 두려워

---

33) 《구사론》 권제27(앞의 책), p.1227.

하다 다시 부처님의 그늘 속으로 숨어들었다. 사리불이 그 이유를 묻자 '그대는 60겁 동안 불해不害의 마음을 닦아 여전히 그 습기習氣(잠재된 습성)가 남아 있지만 나는 3아승지겁 동안 닦아 그 습기를 영원히 끊었으며, 나아가 그대는 비둘기의 전생과 후생을 관찰할 수 있을지라도 8만 대겁 이상은 능히 관찰할 수 없기 때문이다'고 말하였다고 전한다.34)

이 같은 사실로 볼 때 10력은 오로지 불신佛身에 의지하여서만 일어나는 것으로, 오로지 불타만이 이미 모든 번뇌와 그 습기를 제거하였고 일체의 경계에 대해 알고자 하는 대로 능히 알뿐이며, 그 밖의 다른 성자는 그렇지 않기 때문이다. 다시 말해 10지가 자타自他의 차별이나 다른 어떤 장애도 없이 일어나 유정의 구제와 관계될 때만을 '힘(力)'이라고 하기 때문에, 유정을 능히 구제할 수 없는 성문과 독각은 비록 10지를 가졌을지라도 그것을 '10력'이라고 이름하지 않는다는 것이다.

② 4무외無畏 : 무외란 말 그대도 두려워함이 없는 것으로, 불타는 일체의 지혜를 구족하였기 때문이다. 즉 불타는 첫째, '나는 정등각자이다'는 대 자각이 있어 다른 이의 어떠한 비난에 대해서도 두려워하지 않는데(正等覺無畏), 이는 10력 중의 첫번째 힘인 처비처지력과 마찬가지로 10지를 본질로 한다.

둘째, '나는 번뇌를 영원히 끊었다'는 대 자각이 있어 다른 이의 어떠한 비난에도 이치대로 해명하여 이를 두려워하지 않는데

---

34) 《대비바사론》 권제83(한글대장경121, p.184); 《대지도론》 권제11(동101, pp.333~334).

(漏永盡無畏), 이는 열번째 힘인 누진지력과 마찬가지로 6지와 10지를 본질로 한다.

셋째, 제자들을 위해 유신견이나 변집견 등의 염오법은 필시 성도의 장애가 되는 법이라고 설할 때, 외도들의 어떠한 비난에도 두려함이 없이 이치대로 해명하는데(說障法無畏), 이는 두번째 힘인 업이숙지력과 마찬가지로 8지를 본질로 한다.

넷째, 불도를 닦으면 반드시 괴로움에서 벗어난다고 설할 때, 외도들의 어떠한 비난에도 두려워함이 없이 이치대로 해명하는데(說出道無畏), 이는 일곱번째 변취행지력과 마찬가지로 9지와 10지를 본질로 한다.

그렇다면 어떠한 이유에서 무외에 네 가지만이 존재하는 것인가? 중현에 의하면, 이 네 가지만으로도 불타의 자리와 이타의 원만한 덕을 충분히 나타낼 수 있기 때문이다. 즉 첫번째와 두번째 무외는 자리의 원만한 덕으로, 지혜를 갖추고 번뇌를 다하였음을 나타내며, 세번째와 네번째 무외는 제자들로 하여금 삿된 도를 행하는 것을 막고 올바른 도로 나아가게 하는 이타의 원만한 덕이다.

다시 말해 불타는 제자들을 위하여 해탈에 장애가 되는 법(외도들의 주장)을 설하여 그것을 끊도록 하였으며, 괴로움에서 벗어나는 올바른 도를 설하여 실천하도록 하였기 때문에 이는 각기 번뇌를 끊게 하고 지혜를 갖추게 하는 방편이라는 것이다.[35]

③ 3념주念住 : 여기서 염주란 어떠한 경우에서도 마음을 한결

---

[35]《현종론》권제36(한글대장경201, p.516).

같이 유지하는 것을 말한다. 즉 불타는 모든 제자들이 한결같이 공경하고 능히 받들어 행하더라도 그에 대해 기뻐하지 않으며(제1 염주), 공경하지도 않고 받들어 행하지 않더라도 그에 대해 근심하지 않으며(제2 염주), 어떤 이는 공경하고 능히 받들어 행하며 또 어떤 이는 그렇게 하지 않더라도 그에 대해 기뻐하거나 근심함이 없이 머문다(제3 염주).

이러한 세 염주의 본질은 염念과 혜慧로서, 정념正念과 정지正智에 안주함으로써 어떠한 경우에도 기뻐하거나 근심하지 않게 되는 것이다. 그리고 이는 다른 뭇 성자(성문)들도 역시 닦을 수 있는 공덕이지만 그것의 습기習氣는 끊을 수 없으며, 오로지 불타만이 끊을 수 있기 때문에 '불공법'이다. 혹은 그들은 모두 궁극적으로 불타의 제자이기 때문에 성문의 성자들이 비록 이 같은 염주를 행할지라도 그것은 기특한 일이 아니다.

④ 대비大悲 : 여래의 대비는 3아승지겁 동안 닦은 크나큰 복덕과 지혜에 의해 성취된 것이기 때문에, 3계 5취의 일체의 유정이 경험하는 모든 괴로움(苦苦·壞苦·行苦)에 대한 연민이기 때문에, 그들 모두에 대해 동등한 이익과 안락을 도모하려는 것이기 때문에, 이에 견줄 만한 다른 어떠한 연민도 더 이상 존재하지 않기 때문에 '대비'라 일컬은 것으로, 유루 세간에 대한 연민의 마음이기 때문에 세속지를 본질로 한다.

그렇다면 이 같은 여래의 대비大悲와 다른 뭇 성자의 비悲에는 어떠한 차이가 있는 것인가? 아비달마의 논의에 따라 간략히 설하면 다음과 같다.

'비'는 무진無瞋을 본질로 하지만, 대비는 무치無癡를 본질로 한다. '비'는 오로지 고고성의 괴로움만을 대상으로 하지만, 대비는 일체의 모든 괴로움을 대상으로 한다. '비'는 4정려 중의 어느 것에 의해서도 일어나지만, 대비는 오로지 제4정려지에서만 일어난다. '비'는 성문 독각이 일으키는 것이지만, 대비는 오로지 불타가 일으키는 것이다. '비'는 욕계를 떠날 때 증득되지만, 대비는 유정지를 떠날 때 증득된다. '비'는 오로지 구제의 희망을 주는 것이지만, 대비는 실제로 구제하는 것이다. '비'는 욕계의 유정만을 구제하려는 것이지만, 대비는 3계의 유정을 구제하려는 것이다.

(2) 성자와도 공통되는 공덕

지혜에 의해 성취되는 공덕에는 이 밖에도 무쟁無諍과 원지願智와 4무애해無礙解가 있는데, 이는 불타뿐만 아니라 성자(부동종성의 아라한)도 역시 획득하는 공덕이다. 다만 불타의 경우 진지를 획득하여 모든 번뇌를 떠날 때 일체의 공덕을 자연적으로 단박에 획득(이를 離染得이라고 한다)하지만, 성자의 경우 그것을 획득하려는 노력에 의해 점진적으로 획득(이를 加行得이라고 한다)한다는 점이 다를 뿐이다.

① 무쟁無諍 : 무쟁이란 자신으로 인해 더 이상 다른 유정들로 하여금 탐貪·진瞋 등의 번뇌를 낳지 않게 하는 것을 말한다. 따라서 이는 다른 이의 미래 수소단의 번뇌를 대상으로 하는 것이기 때문에 10지 가운데 세속지를 본질로 한다.

곧 이러한 세속지의 힘에 의해 번뇌의 투쟁을 멈추게 하기 때문에 '무쟁'이라 일컬은 것으로, 제4정려에 의지하여 일어난다. 4 정려는 일반적으로 고요함(止)과 헤아림(觀)이 균등하여 온갖 공덕을 낳는데 큰 힘을 필요로 하지 않기 때문에 '낙통행樂通行'이라고 하는데,36) 제4정려는 이 중에서도 가장 뛰어나기 때문에 능히 무쟁의 근거가 된다.

그리고 무쟁행은 부동법不動法의 아라한만이 능히 일으킬 수 있는 것으로, 그 밖의 다른 성자는 자신의 번뇌도 아직 다스리지 못하였기 때문이다.

참고로 《대비바사론》에 따르면, 아라한으로서 다른 이에게 혐오감(번뇌)을 주지 않게끔 자신의 모양새를 청정히 하고, 때에 맞게 말하고 침묵하며, 떠나고 머무는 일을 잘 헤아리고, 시물을 받아야 할 때와 받지 말아야 할 때를 잘 분별하며, 사람들의 형편을 잘 관찰하여 대할 때 무쟁을 성취하게 된다고 설명하고 있다.37)

② 원지願智 : 원지란 원하는 대로 아는 지혜라는 뜻으로, 세속지를 본질로 하며, 제4정려에 근거하여 부동법의 아라한만이 일으킬 수 있다는 점에서 무쟁과 동일하다. 다만 무쟁은 다른 이가 자신(아라한)으로 인해 번뇌를 일으키지 않게 하는 것임에 반해 원지는 어떠한 대상에 대해서든 그것을 알고자 원하기만 하면 바로 참답게 알 수 있다는 점만이 다를 뿐이다. 그러나 이는 사실상 경량부의 학설이다.38)

---

36) 본장 5-3)-(1) '4정려' 참조.
37) 《대비바사론》 권제179(한글대장경125, p.82).

유부의 경우, 원지에 대한 원을 일으키고, 제4정려를 통해 알고자 하였던 바를 바로 알게 되지만, 그것은 경험이 풍부한 농부가 싹의 상태만 보면 그것과 관련된 모든 것을 알 듯이 세간에서의 온갖 인과관계에 관한 이치를 토대로 하여 아는 것이지 직접 지각하는 것은 아니다.

③ 4무애해無礙解 : 무애해란 온갖 경계 대상을 지각하고 깨닫는데 어떠한 장애도 없는 것, 혹은 온갖 경계 대상을 결정적으로 판단함에 있어 어떠한 장애도 없는 것, 혹은 이러 저러한 경계를 설하는데 어떠한 장애도 없는 것으로, 여기에는 법法·의義·사詞·변辯의 네 가지가 있다.

즉 능히 뜻을 드러내는 존재인 단어(名)·문장(句)·음소(文)에 막힘이 없는 것이 법무애해이며, 그 뜻에 막힘이 없는 것이 의무애해, 모든 지방의 언사에 대해 막힘이 없는 것이 사무애해, 이치에 부합하는 설에 막힘이 없고 그것을 가능하게 하는 선정과 지혜에 자재한 것이 변무애해이다.

따라서 단어 등과 세간의 언사를 대상으로 하는 법무애해와 사무애해는 세속지를 본질로 한다. 의무애해의 경우, 여기서의 뜻이 제법을 말하는 것이라면 10지 모두를 본질로 삼지만, 오로지 열반만을 말하는 것이라면 세속지와 법지와 유지와 멸지와 진·무생지를 본질로 한다. 그리고 변무애해는 언설과 정定·혜

---

38) 경량부에서는 "세존께서는 알고자 하기만 한다면 제법을 두루 아시니, 이것은 추리지도 아니고 점상(占相)에 근거한 것도 아니다."고 설하고 있다. (《구사론》 권제7, 앞의 책, p.331)

慧의 도를 대상으로 삼기 때문에 멸지를 제외한 9지를 본질로 한다.

이 같은 4무애해는 그 중의 한 가지만 획득하면 네 가지를 모두 획득하게 되는데, 이를 획득하기 위해서는 각기 순서대로 수학(算計)과 부처님의 말씀(佛敎)과 문법학(聲明)과 논리학(因明)을 먼저 익혀야 한다.

그리고 이 역시 부동법의 아라한만이 획득하는 공덕으로, 무색정 중에는 단어 등이 존재하지 않으며, 하지의 그것을 대상으로 삼는 일도 없기 때문에 법무애해는 욕계와 4정려에서, 제2정려 이상에는 심尋·사伺가 존재하지 않기 때문에 사무애해는 욕계와 초정려에서만 일어나며, 의무애해와 변무애해는 3계 9지 모두에서 일어날 수 있다. 다만 언설만을 대상으로 하는 변무애해일 경우, 사무애해와 마찬가지로 욕계와 초정려에 의지하여 일어난다.

(3) 범부와도 공통되는 공덕 – 6통通

불타의 공덕에는 이 밖에도 6통通과 4정려와 4무색정과 8등지等至와 3등지等持와 4무량無量과 8해탈과 8승처勝處와 10변처遍處 등이 있으며, 이는 이생 범부와도 통하는 것이다. 이 가운데 지혜에 의해 성취되는 공덕은 6통 뿐이며, 나머지는 모두 선정과 그것에 의해 성취되는 공덕이기 때문에 이에 대해서는 다음 항에서 설하기로 한다.

여기서 6통이란 공중을 자유로이 날기도 하고 몸을 마음대로 변화할 수 있는 신통력인 신경지증통神境智證通,[39] 지극히 먼 곳이나 작은 것을 볼 수 있는 신통력인 천안지증통天眼智證通, 지극히 먼 곳에서 생겨난 소리나 작은 소리를 들을 수 있는 신통력인 천이지증통天耳智證通, 다른 이의 마음을 능히 잘 아는 신통력인 타심지증통他心智證通, 과거세의 일을 아는 신통력인 숙주수념지증통宿住隨念智證通, 그리고 일체의 번뇌가 다하였음을 아는 누진지증통漏盡智證通이 바로 그것으로, 각각의 경계대상을 자유자재로 깨달아 알기 때문에 '지증통'이라고 하였다.

이 가운데 누진지증통은 진지를 획득한 성자(즉 아라한)만이 획득할 수 있지만, 다른 것은 범부도 역시 획득할 수 있기 때문에 전체적인 면모에 따라 범부와도 공통되는 공덕이라고 하였다. 즉 누진지증통은 10력力 중의 누진지력과 마찬가지로 6지 혹은 10지에,[40] 타심지증통은 유루와 무루의 타심지와 이에 상응하는 세속지와 법지·유지·도지에 따른 것이며,[41] 그 밖의 4통은 오

---

[39] 여기서 '신'은 37보리분법 중 4신족의 경우처럼 등지(等持) 즉 선정을, '경'은 변화의 경계를 말하는 것으로, 뛰어난 등지에 의해 신통한 변화를 도모하기 때문에 신경통이다. 신통한 변화에는 '행(行)'과 '화(化)' 두 가지가 있다. '행'에는 다시 새처럼 하늘을 나는 것[運身], 아무리 먼 곳이라도 가까운 곳이라고 생각하기만 하면 바로 이르게 되는 것[勝解], 아무리 먼 곳도 생각만 하면 바로 이르게 되는 것[意勢] 세 가지가 있는데, 마지막은 오로지 불타에게 한정된 신통이며, 첫번째는 이생도 가능하다. '화'란 욕계의 색·향·미·촉과 색계의 색·촉을 변화시키는 것으로, 욕계와 색계 각각에서의 자기 몸의 변화와 다른 이의 몸의 변화 두 가지가 있다.

[40] 10력 중 누진지력은 다만 누진을 대상으로 하는 경우라면 도지·고지·집지·타심지를 제외한 6지를, 누진과 그것의 방편인 소의신(몸)을 대상으로 삼는 경우라면 10지를 본질로 하는 것이었다.

[41] 이에 관해서는 본장 5-1) '10가지 지혜'에서 설명하였다.

로지 세속지에 포섭된다.

또한 누진지증통은 3계 9지의 모든 경지에서 일어날 수 있지만, 그 밖의 5통은 지止와 관觀이 균등한 4정려에 의지하여 일어난다. 즉 앞의 세 신통은 다만 색을 대상으로 하는 것이기 때문에, 타심통은 다른 이의 몸을 근거로 하여 그의 마음을 아는 것이기 때문에,42) 숙주통은 자신의 태외5위 등을 기억하여 일으키기 때문에43) 이 같은 색법이 존재하지 않는 무색정에서는 일어나지 않으며, 또한 무색정은 '관'이 감소하고 '지'가 증가하며, 미지정과 중간정에서는 색을 소연으로 삼기는 하지만 '관'이 증가하고 '지'가 감소하는 고통행苦通行이기 때문에 모두 다섯 신통의 근거가 될 수 없는 것이다.

참고로 이 같은 신경지神境智 등의 5지는 선정에 따른 지혜의 결과로서 획득되기도 하지만, 태어나면서부터, 업에 의해, 주술에 의해, 약물에 의해, 혹은 점상占相에 의해(타심지의 경우) 성취되기도 한다. 그러나 이는 선정의 과보가 아니기 때문에 '통'이라고는 이름하지 않는다.

---

42) 타심통을 닦고자 하는 이는 먼저 자신의 몸과 마음이 서로 관계하면서 전후 상속 변이하는 것을 자세히 관찰하고서 다시 다른 이의 몸과 마음의 상을 자세히 관찰하여 그것이 원만하게 성취될 때, 더 이상 자신의 마음과 온갖 색신을 관찰하지 않더라도 다른 이의 마음 등에 대해 능히 참답게 알 수 있게 된다.
43) 숙주통을 닦고자 하는 이는 먼저 바로 전 찰나에 소멸한 자신의 마음을 자세히 관찰하고, 점차 거슬러 올라가 성년과 소년시절을 거쳐 결생(結生)할 때의 마음에 이르고, 나아가 중유 전의 일 찰나를 능히 기억하여 알게 되며, 다른 이에 대한 것도 역시 그러하다. 그리고 이를 자주 익히면 순서를 뛰어넘어 바로 기억할 수 있다.

3) 선정禪定

이제 올바른 지혜를 낳게 하는 조건인 선정에 대해 살펴보자. 그러나 선정이라고 하였지만 그것은 사실상 지혜나 그 공덕과는 다른 어떤 상태가 아니라 이를 낳게 하는 토대가 되는 심리적 상태이다. 쉽게 말하자면 마음과 그 작용이 점차 욕망이나 물질로부터 순화되어 가는 상태라고 할 수 있다. 깨달음을 가능하게 하는 무루의 지혜는 욕망이 지배하는 어지러운 마음에서는 생겨나지 않기 때문이다.44)

따라서 선정이란 마음이 하나의 대상에 집중하여 산란되지 않은 상태로서, 2장 '존재의 분석'에서 이러한 의식작용을 삼마지三摩地(samādhi)라고 하였다. 곧 이러한 의식작용에 의해 나타난 심리현상이 이른바 심일경성心一境性이다.

마치 구불구불한 뱀이 죽통竹筒에 들어가면 곧게 펴지듯이 마음 또한 삼마지라고 하는 또 다른 존재에 의해 비로소 하나의 대상에 전념하게 되는 것이다. 혹은 이 같은 의식작용은 온갖 번뇌에 의해 어지럽혀지고 온갖 대상으로 치닫는 마음을 거두어들여 평등하게 유지하도록 하기 때문에 등지等持라고도 한다.

----

44) 예컨대 세속지는 3계 9지에 걸쳐 일어날 수 있지만, 타심지는 그 대상이 지극히 미세하기 때문에 선정의 힘이 미약한 근분정이나 중간정, 혹은 다른 이의 몸을 관찰할 수 없는 무색정에서는 일어나지 않으며, 오로지 4정려에 의지하여 일어난다. 욕계법을 대상으로 하는 무루의 법지는 미지정과 중간정과 근본 4정려에 의지하여 일어난다. 그 밖의 7지(智)는 아래 3무색정과 앞서 언급한 여섯 선정에 의지하여 일어난다.(《현종론》 권제 35, 앞의 책, p.484)

아비달마교학상에 있어 선정禪定은 지혜智慧의 경우와 마찬가지로 그 자체로서 단일한 술어가 아니다. 드야나(dhyāna)의 음역인 '선'이란 고요히 헤아려 참답게 안다는 뜻으로, 신역新譯에서는 정려靜慮로 번역된다. '정'은 사마파티(samāpatti)의 역어로서, 마음이 평등한 상태에 이른 것이기에 신역에서 등지等至로 번역된다. 그리고 '선(정려)'은 오로지 색계의 선정에만 해당하고, '정(등지)'은 선정 즉 명상일반을 뜻한다. 따라서 이 책에서 선정이라고 할 때는 후자의 의미이다.

한편 사마타(śamatha)의 역어인 지止 역시 선정의 뜻으로, 혜를 본질로 하는 관觀(비파사나)에 대응하는 말이다. 이처럼 선정을 일컫는 말에는 여러 종류가 있지만 초기불교 이래 그것이 엄밀하게 구분되어 사용되지는 않는 것 같다. 다만 《구사론》상에서는 색계의 선정(이를 특히 정려라고 한다)과 무색계의 선정을 등지等至로, 그 밖에 경에서 설해진 여러 선정을 등지等持 즉 삼마지로 분류하고 있을 뿐이다.[45]

즉 유부 아비달마에서의 선정설의 핵심은 근본등지根本等至(혹은 定)로 일컬어지는 4정려와 4무색정이다. 이는 초기경전에서도 자주 설해지고 있는 것이지만 사실상 양자는 서로 관계가 없었

---

45) 등지(等至, samāpatti)와 등지(等持, samādhi)의 차이를 굳이 구분하자면, 전자는 오로지 선정심에 한정될 뿐 욕계 산심(散心)과는 통하지 않지만, 후자의 경우 일체의 마음과 두루 함께 일어나는 의식작용(즉 大地法)의 하나로서, 욕계 선정심과 산심 모두에 통하는 것이다. 또한 후자는 유심정(有心定)에만 해당하지만, 전자의 경우 무상정과 같은 무심정에도 역시 해당하기 때문에 이 같은 점에서 본다면 전자의 범주가 보다 넓다고 할 수 있다.

던 것이며, 색계나 무색계와도 결부된 것은 아니었다. 그러나 그들은 세간과 번뇌 그리고 수행 실천도의 경우처럼 선정 역시 3계설과 결부시켜 하나의 완성된 교학체계로 구성하게 되었던 것이다.

그런데 우리는 3장에서 일체의 세간을 3계 5취로 개설하면서 색계에는 4정려에 걸친 17층급의 하늘이 있고, 무색계에는 4층급(이는 공간적인 층급이 아닌 다만 이숙의 勝劣에 따른 것임)의 하늘이 있음을 살펴보았는데, 이를 생정려生靜慮와 생무색정生無色定이라고 한다. 이는 즉 과보로서의 선정으로, 태어나면서 획득하는 색계와 무색계의 유정을 말한다.

이에 대해 지금 여기서 논의하는 선정은 그 같은 결과를 획득하기 위해 닦는 원인으로서의 선정으로, 이를 정정려定靜慮 정무색정定無色定이라고 한다. 이 같은 구분도 아마 3계설과 선정설을 결부시킨 데 따른 필연적인 귀결이었을 것이다. 그리고 정정려와 정무색정(일반에서는 대개 '정'을 생략한 채 정려와 무색정이라고 한다)에도 각기 네 단계가 있지만, 그것들은 모두 심일경성心一境性의 삼마지를 본질로 하며, 이와 상응相應 구기俱起하는 법과 함께 하는 경우라면 각기 5온과 4온을 본질로 한다. 이제 각각의 선정에 대해 살펴보기로 하자.

(1) 4정려

색계의 선정을 왜 정려(dhyāna)라고 하는가? 여기서의 심리상태는 고요함과 헤아림, 선정(혹은 止)과 지혜(혹은 觀)가 균등하기 때문으로, 그래서 색계의 선정을 현법낙주現法樂住, 그것에 의해 일어난 도道를 낙통행樂通行이라고 하며, 8정도의 정정正定은 바로 이를 가리킨다.

이에 반해 욕계에서의 선정(이를 未至定이라 한다; 뒤에 설함)은 자세히 헤아리기는 하지만 고요함이 없으며, 무색계에서의 선정은 고요함은 있으나 자세히 헤아리는 일이 없기 때문에 다만 등지等至(혹은 定)라고만 할 뿐 정려라고 하지 않는 것이다.

곧 정려는 비록 심일경성을 본질로 하지만 이와 더불어 헤아림의 내용을 갖는데(이를 靜慮支라고 한다), 그 내용에 따라 네 단계로 나누어진다. 이를테면 초정려는 심尋・사伺・희喜・낙樂의 갈래를 갖추고 있으며, 제2정려에는 이 가운데 '심'과 '사'가, 제3정려에는 '희'가, 제4정려에는 '낙'이 제외되기 때문에 정려에 네 종류가 있는 것이다. 이를 좀더 구체적으로 정리하면 다음과 같다.

초정려 : 심尋・사伺・희喜・낙樂・심일경성心一境性(즉 삼마지)
제2정려 : 내등정內等淨・희・낙・심일경성
제3정려 : 행사行捨・정념正念・정혜正慧・수락受樂・심일경성
제4정려 : 행사청정行捨淸淨・염청정念淸淨・비고락수非苦樂受・심일경성

이상은 선정에 수반되는 심리적 현상이기 때문에 간단히 설명될 수 있는 성질의 내용이 아닐뿐더러 여러 다양한 이설이 전하고 있다. 따라서 여기서는 단지 그 뜻만을 간략히 설명하기로 한다. 그러기 위해 먼저 《아함경전》상에서 설해지고 있는 일련의

수행의 과정을 인용해 본다.

> 먼저 거룩한 제자들은 집을 떠나기를 생각한다. – 다시 거룩한 제자들은 수염과 머리를 깎고 가사를 걸치고서 지극한 믿음으로 일정한 거처 없이 도를 배운다. – 다시 거룩한 제자들은 욕탐을 떠나고 악과 불선의 법을 떠나면, 각覺(즉 尋)・관觀(즉 伺)은 존재하지만 그것을 통해 욕탐과 악을 떠남으로써 낳아지는 기쁨(喜)과 즐거움(樂)에서 초선初禪(즉 초정려)을 획득한다. – 다시 거룩한 제자들은 각・관이 사라지고 내적으로 청정한 한 마음이 되면, 각・관은 존재하지 않지만 선정에 의해 낳아지는 기쁨과 즐거움에서 제2선(정려)을 획득한다. – 다시 거룩한 제자들은 기쁨에 대한 바람을 떠나 아무 것도 구하는 것이 없는 절대평정(捨)에 노닐며 정념正念과 정지正智만을 지닌 채 몸으로 즐거움을 느끼면, 이른바 성자들이 말한 사捨와 정념과 낙주樂住와 공空(즉 慧)의 제3선(정려)을 획득한다. – 다시 거룩한 제자들은 즐거움마저 소멸하고 나면, 괴로움도 소멸하였고 기쁨과 근심은 이미 소멸하였으므로 괴롭지도 즐겁지도 않은 상태에서 사捨와 염念이 청정한 제4선(정려)을 획득한다. – 다시 거룩한 제자들은 모든 번뇌가 다하고, 마음으로 해탈하고 지혜로 해탈하여 바로 즉시 스스로 알고 스스로 깨달으며 스스로 작증한다. 즉 생이 이미 다하였고, 범행이 이미 확립되었으며, 해야할 일 이미 다하여 더 이상 생을 받지 않음을 참답게 안다.(필자초역)46)

수행자가 어떤 하나의 대상에 전념할 때 점차 욕계의 탐욕에서 벗어나고 불선의 마음에서 떠남으로써 기쁨과 즐거움을 느끼게 되는데, 이러한 단계의 선정을 초정려 혹은 이생희락離生喜樂

---

46) 《중아함경》 권제1 〈주도수경(晝度樹經)〉(대정장1, p.422).

의 경지라고 한다. 그러나 이 때의 기쁨은 뭔가를 추구하려는 의식작용인 '심'과 '사'에 의한 것이며, 즐거움 역시 수受를 본질로 하는 낙수樂受가 아니라 마음이 경쾌 안적하게 되는 상태인 경안輕安의 즐거움이다.

즉 초정려와 다음에 설할 제2정려 중에는 5식識이 부재하기 때문에 신수락身受樂(몸으로 느끼는 즐거움)이 없으며, 이미 희수가 있다고 하였기 때문에 일 찰나 마음 중에 두 가지의 '수'가 함께 작용할 수 없으므로 심수락心受樂(마음으로 느끼는 즐거움) 또한 있을 수 없다. 그렇기 때문에, 이 때의 즐거움은 다만 욕탐을 떠남으로써 획득되는 경안락일 뿐이다. 그래서 초정려에는 심·사·희·낙·삼마지라는 다섯 가지 심리작용이 수반된다고 한 것이다.

수행자가 더욱 전념하여 마음을 동요시키는 '심'과 '사'마저 떠나게 되면, 마음은 더욱 순일해져 이제 더 이상 외적 대상에 조건받지 않고 그 자체로서 전후 동등하게 상속하는 청정한 믿음(이를 內等淨이라고 한다)과 더불어 역시 기쁨과 즐거움이 일어나는데, 이러한 단계의 선정을 제2정려 혹은 정생희락定生喜樂의 경지라고 한다.

즉 이 때의 기쁨과 즐거움은 선정에 의해, 다시 말해 '심'과 '사'를 떠남으로써 낳아지는 것으로, 여기서의 즐거움 역시 경안락이다. 그래서 제2정려에는 내등정과 희·낙·삼마지라는 네 가지 심리작용이 수반된다고 한 것이다.

나아가 제2정려에서 느끼는 기쁨과 즐거움마저 버릴 때 마음은 완전한 평정의 상태가 되고, 이 때 정념正念과 정지正智가 나타나 진정한 즐거움을 느끼게 되는데, 이러한 단계의 선정을 제3정려 혹은 이희묘락離喜妙樂의 경지라고 한다. 그래서 제3정려에는 행사行捨·정념·정혜·수락受樂·삼마지라는 다섯 가지 심리작용이 수반된다고 한 것이다.

즉 이 때의 행사는 사수捨受(즉 비고비락수)의 '사'가 아니라 행온에 포섭되는 사捨 심소를 말하며, 수락은 더 이상 경안락이 아닌 바로 수온에 포섭되는 낙수로서, 이 같은 선정의 지극한 즐거움을 말한다.

그렇다면 희수와 낙수에 어떠한 차이가 있길래 제3정려에는 오로지 낙수만이 존재하는 것인가? 앞의 두 정려에서의 기쁨은 마치 바다에 파도가 일렁이는 것처럼 선정의 마음을 어지럽히지만 제3정려 중의 즐거움은 가라앉아 고요하게 일어난다. 그래서 여기서는 그 같은 기쁨을 떠났기 때문에 행온에 포섭되는 사捨가 존재하는 것이며, 다음에 설할 제4정려 중에서는 다시 이 같은 즐거움마저 버렸기 때문에 '청정한 사'가 존재한다고 설하는 것이다.

곧 제3정려에서의 평정심(행사)마저 버리고서도 여전히 마음이 평등하게 상속하여 부동不動의 상태가 되고, 괴로움은 물론이거니와 즐거움을 떠나 마음이 명경지수처럼 맑아져 일체의 대상을 반추하게 될 때를 제4정려 혹은 염사청정念捨清淨의 경지라고 한다. 그래서 제4정려에는 행사청정·염청정·비고락수·삼마지라는 심리작용이 수반된다고 한 것이다.

이는 곧 유정의 마음을 산란하게 하는 심尋·사伺·우憂·고苦·희喜·낙樂·출식出息·입식入息이라는 이른바 8동법動法(혹은 8재患)을 모두 떠난 경지의 선정으로, 초정려에서는 고수苦受와 우수憂受를 떠났을 뿐이며, 제2정려는 여기에 '심'과 '사'를, 제3정려는 다시 '희'와 '낙'을 떠난 것일 뿐이었다.

따라서 제4정려는 어떠한 동요도 없는 경지로서, 모든 관법觀法의 대상은 궁극적으로 여기서 증득되며, 불타의 모든 공덕 또한 여기에 근거한 것이다. 또한 일설에 따르면 부처님께서는 여기서 숙명지·사생지·누진지의 3명明을 얻어 깨달음을 성취하였다고도 하며,47) 이로부터 출정한 후에 반열반을 성취하였다고도 한다.48)

제4정려는 모든 선정이 두루 지향하는 바이기 때문에, 다시 말해 일체의 선정은 궁극적으로 여기에 이르러 완성되기 때문에 이보다 더 뛰어난 것이 없는 '궁극의 선정'이라는 뜻에서 이를 변제정邊際定이라고도 한다.

이를테면 이 정려를 닦을 때에는 먼저 초정려에 들었다가 출정하여 제2정려에 들고, 이로부터 출정하여 다시 제3 제4정려에 들며, 출정과 입정을 되풀이하며 무색정인 비상비비상처정에 이르게 되면 이제 반대로 비상비비상처정으로부터 입정과 출정을 되풀이하면서 초정려에 이른다. 그리고 다시 초정려로부터 점차로 무소유처정에 이르고, 이렇게 줄여가며 입정과 출정을 되풀이

---

47) 《중아함경》 권제40 〈황노원경(黃蘆園經)〉(대정장1, p.679하).
48) 《장아함경》 권제4 〈유행경(遊行經)〉(대정장1, p.26중).

하여 마침내 제4정려에 이른다.

그리고 여기에서도 먼저 하하품을 일으키고 하중·하상품을 일으키며, 나아가 마침내 상상품의 그것을 일으키기 때문에 이를 '변제(prāntakoṭika, 無越極)'라고 한 것이다.

(2) 4무색정

초기경전에서는 4정려와 더불어 다시 공무변처空無邊處·식무변처識無邊處·무소유처無所有處·비상비비상처非想非非想處의 네 가지 선정을 설하고 있는데, 아비달마불교에서는 이를 색의 관념이 배제된 선정이라는 점에서 무색계의 선정으로 간주하여 무색정이라고 하였다.

즉 일체의 색의 관념을 떠나 무한한 허공을 관觀함으로써 획득되는 선정을 공무변처정이라고 하며, 허공이라는 대상에서마저 벗어나 무한한 의식을 관함으로써 획득되는 선정을 식무변처정, 허공이든 의식이든 존재하는 것에 대한 모든 관념에서 벗어남으로써 획득되는 선정을 무소유처정이라고 하였다. 그리고 비상비비상처정은, 그 아래 7지地에서와 같은 관념은 존재하지 않지만, 그렇다고 무상정無想定처럼 어떠한 관념도 존재하지 않는 것은 아니기 때문에 그렇게 일컬은 것으로, 여기서는 다만 어둡고 저열한 관념(昧劣想)만이 존재할 따름이다.

이 같은 4무색정은 4정려와 마찬가지로 심일경성을 본질로 한다는 점에서는 어떠한 차이도 없지만, 다만 하지의 번뇌에서 벗어날 때 생겨나는 선정이기 때문에 네 종류로 나누게 된 것이다.

이를테면 제4정려의 번뇌를 떠나고서 생겨나는 선정을 공무변처정이라고 하며, 무소유처의 번뇌를 떠나고서 생겨나는 선정을 비상비비상처정이라고 하였다. 그리고 비상비비상처는 유정의 선정으로서 가장 꼭대기에 있는 것이기 때문에 유정처有頂處 혹은 유정천有頂天이라고도 한다.

이상에서 설한 4정려와 4무색정을 근본등지根本等至(혹은 根本定)라고 하는데, 앞의 일곱 등지는 다시 전 찰나의 청정한 선정에 대해 애착하는 등지(이를 味等至 혹은 染等至라고 한다),[49] 어떠한 애착도 떠난 청정한 등지(이를 淨等至라고 한다), 무루지를 낳는 출세간의 등지(이를 無漏等至라고 한다)로 나누어지며, 여덟번째 유정처의 선정은 어둡고 저열하기 때문에 무루의 등지가 존재하지 않는다.

그리고 아래 단계로부터 8등지 각각에 이르는 동안의 선정을 근분정近分定이라고 하며, 특히 초정려의 근분정은 아직 근본등지에 이르지 못한 선정이라는 뜻에서 미지정未至定이라고 한다. 아울러 초정려와 제2정려의 근분정 사이의 선정을 중간정中間定이라고 한다.

앞서 살펴보았듯이 초정려의 근분정과 근본등지는 유심유사有尋有伺이지만 제2정려의 그것은 무심무사無尋無伺이기 때문에, 경전에서 설하고 있는 무심유사無尋唯伺의 단계로서 중간정을 설정하게 된 것이다. 그러나 이는 단지 경설의 해석에 따른 이론적 요청만은 아니었을 것이고, 필시 불타의 교설처럼 선정의 체험에

---
49) 선정에 대해서는 '애착한다'고 하지 않고 '미착(味著)한다'고 말한다.

서 비롯된 것이라고 보아야 할 것이다.

《구사론》을 비롯한 아비달마 여러 논서에서는 이 같은 각각의 선정의 특성과 상호관계 등에 대해 지나칠 정도로 자세하게 설하고 있는데, 이 또한 그들 체험에 근거한 것이겠지만 그 같은 체험이 부재하는 범부에게 있어 그것은 차라리 희론에 가까운 것인지도 모른다.

(3) 경설經說상의 삼마지

초기경전에서는 이 밖에도 삼마지(samādhi) 즉 등지等持라는 이름으로 여러 종류의 선정을 설하고 있는데, 유부 아비달마에서는 일체의 번뇌와 수행도를 견도와 수도에 따라 정리하였듯이, 이 역시 앞서 언급한 4정려와 4무색정에 적용시켜 해석하고 있다.

경전상에서 설하고 있는 여러 선정과 근본등지와의 관계를 간단히 살펴보면 다음과 같다.

① 유심유사有尋有伺·무심유사無尋唯伺·무심무사無尋無伺 삼마지 : 유심유사 삼마지는 심·사와 상응하는 등지로서, 초정려와 미지정에 포섭된다. 무심유사 삼마지는 오로지 사伺와 상응하는 등지로서, 중간정에 포섭된다. 무심무사 삼마지는 심·사와 상응하지 않는 등지로서, 제2정려의 근분정으로부터 비상비비상처정에 포섭된다.

② 공空·무상無相·무원無願 삼마지 : 공 삼마지는 고제苦諦에 포섭되는 공空과 비아非我의 행상과 관계하는 등지이다. 따라서

이 같은 등지는 아소견我所見과 아견我見의 유신견을 직접적으로 대치한다. 무상 삼마지는 멸제에 포섭되는 멸滅・정靜・묘妙・리離의 네 행상과 관계하는 등지이다. 즉 열반은 유위의 온갖 특성(相), 이를테면 색・성・향・미・촉으로도, 남성 여성으로도 규정할 수 없으며, 생성・변이・소멸이라고 하는 유위의 특성을 여읜 것이기 때문에 '무상'이다.

무원 삼마지는 고제에 포섭되는 비상非常・고苦와, 집제에 포섭되는 인因・집集・생生・연緣과, 도제에 포섭되는 도道・여如・행行・출出의 10가지 행상과 관계하는 등지이다. 즉 고제의 두 행상과 집제의 네 행상은 참으로 싫어해야 하는 것이므로, 도제 네 행상은 저편 강 언덕에 도달하면 뗏목을 버리듯이 열반을 성취하고 나면 마땅히 버려야 하는 것이기 때문에 무원이다. 그렇지만 공과 비아의 행상은 열반의 상태와 유사하여 싫어하거나 버려야 할 것이 아니기 때문에 '무원'이 아니다.

이러한 세 삼마지는 세간과 출세간의 차별에 따라 정淨등지와 무루등지로 나누어지는데, 전자의 경우 욕계・미지정・4근본정려・중간정・4무색정 등의 일체의 경지에서 일어나며, 후자의 경우 이 가운데 무루등지가 존재하지 않는 욕계와 비상비비상처정을 제외한 9지地에서 일어난다. 그리고 이러한 무루의 세 삼마지는 열반으로 들어가는 문이 되기 때문에 3해탈문解脫門이라고도 한다.

③ 공공空空・무원무원無願無願・무상무상無相無相 삼마지 : 공공 삼마지는 앞서 설한 공 삼마지를 다시 공으로 관하는 등지이

다. 예컨대 시체를 화장할 때 막대기로써 그것을 뒤집다가 시체가 다 타고나면 막대기 역시 태워버리는 것처럼, 공 삼마지에 의해 번뇌를 끊고 나서 그것을 다시 공이라고 관해야 하는 것이다. 그리고 공 삼마지의 두 행상 가운데 공만을 취한 것은 그것이 비아보다 뛰어나기 때문이다. 이를테면 '5온은 비아이다'고 관하는 것보다 '5온은 공이다'고 관하는 것이 보다 강력하다는 것이다.

무원무원 삼마지는 앞서 설한 무원 삼마지를 비상非常으로 관하는 등지이다. 이는 마치 병을 약으로 치료하고 나서 다시 그 약의 독을 제거하기 위해 약을 쓰는 것과 같다. 그리고 무원 삼마지의 10가지 행상 중에서 비상만을 관하는 까닭은, 오로지 그것에 의해서만 도제를 싫어하여 버릴 수 있기 때문이다.

무상무상 삼마지는 무상삼마지의 비택멸을 '정靜'으로 관하는 등지이다. 즉 무루법에는 택멸이 존재하지 않기 때문에 무상삼마지의 비택멸을 관하는 것으로, 무상멸無常滅과 혼동되기 때문에, 이는 무기성이기 때문에, 이계과가 아니기 때문에 멸滅·묘妙·리離로 관하지 않고 다만 '정'의 행상으로만 관하는 것이다.

이러한 중첩의 세 삼마지는 오로지 불시해탈不時解脫의 아라한만이 일으키는 선정으로, 유학과 시해탈時解脫 아라한의 경우 아직은 성도에 대해 애착하기 때문이다. 이것은 또한 공 등의 세 삼마지 이후에 일어나기 때문에 위의 7근분정을 제외한 욕계·미지정·4근본정려·중간정·4무색정의 11지에서 일어난다.

④ 4수등지修等持 : 삼마지에는 다시 지금 여기서의 즐거움(이를 現法樂이라고 한다)을 얻기 위해 닦는 삼마지와, 뛰어난 지견知

見을 획득하기 위해 닦는 삼마지와, 분별의 지혜를 획득하기 위해 닦는 삼마지와, 모든 번뇌를 영원히 끊기 위해 닦는 삼마지가 있다.

즉 그 자체로서 선인 정淨등지와 무루등지를 닦으면 즐거움을 획득하며, 온갖 선정을 통해 천안통을 닦으면 뛰어난 지견을 획득하며, 욕계로부터 유정처에 이르는 문聞·사思·수소성修所成의 선법과 그 밖의 일체의 무루의 유위 선법을 닦으면 분별의 지혜를 획득하며, 금강유정金剛喩定을 닦으면 바로 모든 번뇌의 영원한 멸진을 획득한다.

참고로 금강유정은 이치상 미지정·중간정·4정려·아래 3무색정 등 온갖 경지에 의해 일어날 수 있지만, 불타의 경우는 제4정려에서 획득하였다고 한다.

4) 선정의 공덕

선정의 수행은 궁극적으로 지혜를 획득하기 위해서이지만 이와 더불어 4무량無量과 같은 또 다른 여러 공덕을 성취하게 된다. 즉 유부 아비달마에서는 《아함경전》에서 설하고 있는 4무량·8해탈·8승처勝處·10변처遍處와 같은 또 다른 수행도를 선정의 공덕으로 해석하고 있는 것이다.

① 4무량無量 : 이루 헤아릴 수 없는 유정을 대상으로 삼기 때문에, 이루 헤아릴 수 없는 복을 낳기 때문에, 혹은 이루 헤아릴 수 없는 과보를 초래하기 때문에 '무량'으로, 여기에는 자慈·비

悲·희喜·사捨 네 가지가 있다.

'자'는 일체의 유정에게 즐거움을 주고자 하는 마음이며, '비'는 일체의 유정이 괴로움에서 벗어나기를 바라는 마음이며, '희'는 일체의 유정이 즐거움을 획득하고 괴로움에서 벗어나는 것을 함께 기뻐하는 마음이며, '사'는 일체의 유정을 평등하게 여겨 미워하지도 사랑하지도 않는 마음이다. 곧 이렇게 사유함으로써 '자' 등의 각각의 등지等至에 들게 되는 것이다.

그리고 이 같은 등지를 닦음으로 말미암아 각기 남을 미워하는 성질과 해코지하려는 성질과 기뻐하지 않는 성질과 욕계의 온갖 경계 대상에 대해 애탐하거나 미워하는 성질을 능히 물리칠 수 있는데,50) 유부 아비달마의 논사들은 이 같은 네 가지 성질이 세간에 흔히 나타나는 보편적인 장애이기 때문에 무량에 네 가지만을 설한 것이라고 해석하고 있다.

이를 아비달마 법상의 용어로 정의하자면 자무량은 무진無瞋을 본질로 하며, 비무량은 무진 혹은 불해不害를, 희무량은 희수喜受를, 사무량은 무탐을 본질로 한다. 따라서 희무량은 초정려와 제2정려상에서 일어나며, 그 밖의 세 무량은 모두 6지(4정려와 미지정과 중간정)상에서 일어난다.

② 8해탈解脫 : 해탈이란 말 그대로 속박으로부터 벗어나는 것으로, 선정을 통해 다음의 8가지 해탈을 성취할 수 있다.

---

50) 그러나 이러한 4등지는 유루의 근본정려에 포섭되기 때문에, 뭔가를 하고자 하는 의식작용과 상응하여 일어나기 때문에, 오로지 유정만을 대상으로 삼기 때문에 번뇌를 끊을 수는 없다.

첫째, 내적으로 색신을 탐하는 관념이 있을 경우, 피고름이 엉켜 푸르죽죽하게 변한 시체와 같은 외계의 색을 관함으로써 그러한 탐심에서 벗어나게 된다.

둘째, 내적으로 색신을 탐하는 관념은 없을지라도 앞서와 같은 외계의 색을 관함으로써 더욱 견고하게 그것에서 벗어나게 된다.

셋째, 청정한 색을 관함으로써 탐심이 일어나지 않게 되는 청정한 해탈(淨解脫)을 증득하여 원만하게 머물게 된다.

넷째에서 일곱째, 공무변처・식무변처・무소유처・비상비비상처의 무색정에 의해 각기 하지의 탐에서 해탈하게 된다.

여덟째, 멸진정을 증득함으로써 수受와 상想등 온갖 마음의 작용으로부터 해탈하게 된다.

이 가운데 앞의 세 해탈은 무탐을 본질로 하는 것으로, 첫번째와 두번째 해탈은 각기 욕계와 초정려 중에 존재하는 청・황・적・백 등의 색상에 대한 탐욕(顯色貪)을 대치하는 것이기 때문에 초정려와 제2정려에서 일어나며, 세번째 해탈은 8재환災患을 떠나 마음이 맑고 깨끗하게 되는 제4정려에서 일어난다. 그러나 이는 다만 두드러진 경우이고, 4정려 모두에 이러한 해탈이 존재한다. 다음의 네 해탈은 네 가지 무색정의 정淨등지를, 여덟 번째 해탈은 멸진정을 본질로 한다.

③ 8승처勝處 : 승처란 마치 하인이 제 아무리 진귀한 옷을 입었을지라도 주인에게 제압되어 그 빛이 가려지는 것처럼, 선근의 뛰어난 힘으로써 외계의 물질적 대상을 관찰하여 그것을 제압하는 선정을 말한다.

첫번째는 내적으로 색신을 탐하는 관념이 있을 경우, 이를 물리치기 위해 외계의 적은 색을 푸르죽죽하게 변한 시체의 모습으로 관하는 것이다. 두번째는 다수의 색을 그렇게 관하는 것이며, 세번째는 내적으로 색신을 탐하는 관념은 없지만 이를 더욱 견고하게 하기 위해 외계의 적은 색을 푸르죽죽하게 변한 시체의 모습으로 관하는 것, 네번째는 다수의 색을 그렇게 관하는 것이다. 다섯번째에서 여덟번째는 내적으로 색신을 탐하는 관념은 없지만 마음을 경책하기 위해, 혹은 번뇌를 경계하기 위해 외계의 청·황·적·백의 색을 관하여 탐욕이 일어나지 않게 하는 것이다.

이 가운데 앞의 네 승처는 첫번째 해탈과 두번째 해탈을 각기 둘로 나눈 것이며, 뒤의 네 승처는 세번째 해탈과 동일하다. 즉 앞의 세 해탈이 온갖 색을 전체적으로 관하여 색탐에서 벗어나려는 것이라면, 8승처는 분석적으로 관하여 색탐을 제압하기 위한 선정이라 할 수 있다.

④ 10변처遍處 : 10변처란 지地·수水·화火·풍風·청青·황黃·적赤·백白과 가이없는 허공(空無邊)과 마음(識無邊)이 각기 일체의 처소에 두루 편재한다고 관하는 것을 말한다. 이 중에서 앞의 여덟 변처는 세번째 해탈과 동일한 것으로, 무탐을 본질로 하며 제4정려에서 일어난다. 그리고 뒤의 두 변처는 순서대로 공무변처와 식무변처의 정淨등지를 본질로 한다.

곧 이 밖에 달리 일체의 처소에 두루 편재하는 대상도, 그 행상도 존재하지 않기 때문에 변처에 10가지가 있는 것으로, 가이 없는 행상을 갖는 선정 또한 제4정려와 공·식무변처 뿐이기 때문이다.
 이상의 세 선정은 순서대로 색을 등져 버리고(해탈), 제압하여 굴복시키고(승처) 뛰어난 승해로써 그것의 무한함을 관하는 것(변처)으로, 점진적으로 닦아 나가야 한다. 그렇게 함으로써 수행자는 번뇌에서 더욱 더 멀어지게 되며, 선정의 뛰어난 힘을 획득하여 무쟁無諍 등의 공덕을 능히 일으킬 수 있게 되는 것이다.

6. 불타

1) 성문과 독각

 우리는 이상에서 깨달음의 과정과 그것의 자재와 양식이 되는 지혜와 선정에 대해 살펴보았다. 그러나 이러한 깨달음의 과정은 불타의 제자 즉 불타의 법문을 듣고서 그에 따라 깨달음의 길로 나아가는 이른바 성문聲聞에 해당하는 것이다. 그들의 궁극적인 목적은 무학의 아라한이었다. 그렇다면 불타는 누구인가? 불타 역시 아라한이다. 불타 역시 무루의 지혜로써 일체의 번뇌를 끊었으며, 그로 인해 마땅히 공양을 받을 만한 성자(應供)가 되었던 것이다.
 그러나 성문의 아라한은 불타가 아니다. 양자는 애당초 그 출발을 달리하였다. 미혹의 범부로부터 아라한으로 나아가려는 성문의 길과 불타로 나아가려는 보살의 길은 엄격히 구별된다. 성문의 길은 누구에게든 개방되어 있었지만, 보살의 길은 지극히 한정되어 있었다.

불교에서는 일찍부터 수행자들을 그들의 근기에 따라 성문聲聞·독각獨覺·보살菩薩이라는 세 그룹 즉 3승乘으로 나누었는데, 근기가 다른 만큼 깨달음에 이르는 방법과 도정 또한 달랐다. 《구사론》에서는 다음과 같은 게송을 전하고 있다.

> 하사下士는 부지런히 방편을 닦아
> 항상 자신의 즐거움만을 추구하며,
> 중사中士는 다만 괴로움의 소멸만을 희구할 뿐
> 즐거움은 희구하지 않으니, 괴로움의 근거가 되기 때문이다.
>
> 그러나 상사上士는 항상 자신은 괴로워도
> 다른 이의 안락과 아울러 다른 이의
> 괴로움의 영원한 소멸을 부지런히 추구하니
> 다른 이의 괴로움을 자신의 것이라 여기기 때문이다.[51]

여기서 하사는 이생 범부를, 중사는 독각과 성문을, 그리고 상사는 보살을 말한다. 즉 성문은 괴로움으로 표상되는 일체의 세계로부터 벗어나기 위해 불타의 법문을 청문하고서 그에 따라 수행하는 자이다. 이는 바로 당시뿐만 아니라 오늘날에 있어서도 불교 수행자들의 일반적인 태도일 것이다.

---

51) 《구사론》 권제12(앞의 책), pp.562~563.

그러나 이 점으로 인해 아비달마불교는 새로이 흥기한 대승으로부터 자리自利의 불교, 즉 '소승'으로 불려지게 된 것이다. 사실상 대승과 소승은 그 사이의 골이 너무나 깊어, 다시 말해 양자는 이미 논의의 전제와 출발을 달리하였기 때문에 양자 사이의 우열은 고사하고 비교조차도 불가능한 일이지만, 소박하게 말해 보자면, 왜 자리인가?

2장에서 언급하였듯이 불교에 있어 세계란 결코 보편 단일한 것이 아니라 특수하고도 개별적인 것이다. 즉 세계는 개개의 유정에 의해 경험(조작)된 것이기 때문으로, 개개의 유정 또한 그같은 세계를 통하여 자신의 존재성을 확보하게 된다. 따라서 그러한 세계도, 그것에 의해 드러나는 개개의 유정(개아)도 비록 인연에 따라 생겨 가환적假幻的 존재(즉 무아)라고 할지라도, 그것은 자기만이 느끼고 자기만이 해소할 수 있는 자기만의 세계이며, 〈자기〉 또한 그러한 세계를 통해 확인되기에 다른 이와는 구별되는 자기만의 〈자기〉일 뿐이다. 그러기에 성법聖法을 획득하지 못한 유정을 이생異生(prthag-jana, 凡夫라고도 번역함)이라 하지 않는가?

예컨대 어떤 한 개인의 죽음(이 또한 경험의 한 형태이다)은 그 누구도 대신 죽어줄 수도 괴로워해 줄 수도 없는 자기만의 죽음이며, 자기만의 괴로움인 것이다. 따라서 죽음을 비롯한 일체 괴로움의 소멸 또한 자신의 몫이며, 그래서 불타는 오로지 자기 자신을 귀의처로 삼으라(自燈明)고 가르치지 않았던가? 불타는 구원자가 아니라 다만 법의 위대한 교사일 뿐이었다.

나의 괴로움은 그 누구도 대신할 수 없다. 그것은 나만의 문제이며, 불타의 가르침을 통해 나만이 해결할 수 있을 따름이다. 그리고 그 같은 괴로움을 극복할 수 있는 앎 또한 객관적 개념적으로 이해되는 것이 아니라 철저하게 주체적으로 자각되는 것이기 때문에 욕망과 언어가 지배하는 세속을 떠나지 않으면 안 되었던 것이다.

그러나 이루 헤아릴 수 없는 생을 거쳐오면서 익혀온 번뇌는 쉽게 끊어지는 것이 아니다. 그것은 앞서 살펴본 대로 기나긴 준비단계(가행위)를 거쳐야 한다. 아비달마논서에 따르면 견도에 들어 해탈하기 위해서는 최소한 세 번의 생을 거쳐야 한다. 씨앗을 뿌려야 싹이 나고 싹이 나야 비로소 열매를 맺게 되듯이, 발심한 첫번째 생에서 순해탈분(3현위)을 심어야 두번째 생에서 순결택분(4선근)을 일으킬 수 있고, 세번째 생에서 비로소 성도에 들어 해탈을 획득할 수 있다는 것이다. 혹은 첫번째 생에 순해탈분을 심고 두번째 생에서 그것을 성숙시키며, 세번째 생에서 순결택분을 일으켜 바로 성도에 들어간다고 하였다.[52]

그러나 《대비바사론》에 따르면, 늦은 경우 순해탈분을 심고 일 겁 내지 천 겁을 지나도록 순결택분을 일으키지 못하는 이도 있으며, 순결택분을 일으키고도 일생 내지 천생이 지나도록 견도에 들지 못하는 이도 있다고 하였다.

---

52) 전자는 세친의 설이며, 후자는 유부 비바바사의 정설이다.(《대비바사론》 권제7, 한글대장경118, p.163;《구사론》 권제23, 앞의 책, p.1053);《현종론》 권30(한글대장경201, p.324).

그렇다면 이 같은 성문의 종성은 결정적인 존재인가? 더 이상 보살(즉 佛乘)로의 전향이 불가능한 것인가? 4선근 중 세번째 단계인 인위忍位에 이르기 전까지는 전향이 가능하지만, 일단 거기에 이르게 되면 전향이 불가능하다. 왜냐하면 보살은 유정의 이익을 목적으로 삼았기 때문에 유정을 교화하기 위해 반드시 악취로 나아가야 하지만, 인위에 이르면 더 이상 악취에 떨어지는 일이 없기 때문이다.

그리고 세제일법의 단계는 견도와 일 찰나의 간격도 없는 무간無間이기 때문에 이 단계에서는 필시 다른 종성으로 전향하는 일없이 성문의 4과果를 획득하게 된다. 바로 이 같은 이유에서 대승의 유가행파에서는 성문을 무상정등각을 성취할 수 없는 종성으로 규정하게 된 것이다.

한편 독각獨覺(pratyeka buddha, 辟支佛)이란 불타의 법문을 듣지 않고 스스로 12연기의 이치를 깨달았지만(그래서 緣覺이라고도 한다) 다른 이에게 그것을 설하지 않는 이를 말한다. 그렇다면 어째서 설하지 않는 것인가? 그 역시 4무애해를 획득하였고, 과거세에 들었던 불타의 가르침을 능히 기억하기 때문에 정법을 연설할 능력이 없는 것도 아니다.

뿐만 아니라 유정을 섭수하기 위한 신통도 획득하였기에 자비심이 없다고도 말할 수 없으며, 나아가 그의 말을 수용할 만한 근기를 지닌 세간의 유정 또한 없었던 것은 아닐 것인데, 어떠한 이유에서 설하지 않는 것인가? 그는 과거세의 습기로 말미암아 즐거이 하고자 하는 일이 적을뿐더러 유정들 또한 생사의 흐름에 순응한 지 이미 오래되어 그 흐름을 거스르기란 참으로 어렵고, 심오한 법을 받아들이기도 어렵다는 사실을 알고 있기 때문이며, 무엇보다 시끄럽게 떠드는 것을 싫어하기 때문이다.

독각에는 부행部行과 인각유麟角喩 두 가지 유형이 있다. 부행독각이란 일찍이 성문으로 있으면서 불환과를 얻은 후 스스로 아라한과를 증득한 이를 말한다. 즉 여러 사람이 한 곳에서 공동적으로 수행하였기에 '부행'이라고 하였다. 이에 대해 인각유란 기린의 뿔이 서로 만나지 않듯이 불타가 존재하지 않던 시대 오로지 홀로 머물며 깨달음을 증득하였기 때문에 '인각유'라고 하였다.

독각은 성문보다 근기가 예리하기 때문에 4향 4과의 과정을 거치지 않고 바로 무학의 아라한과를 성취한다. 즉 빠르면 4생(보다 둔근인 부행의 경우), 늦으면 100겁 동안의 수행을 거쳐 유루지로써 욕계 수혹을 끊고 견도에 들기 때문에 견도 16찰나와, 무간도와 해탈도로써 색·무색계의 9품의 번뇌를 끊는 수도 144찰나를 통해 바로 아라한과를 성취하는 것이다.

그리고 인각유의 경우, 4선근의 인위忍位에 들게 되면 보살과 마찬가지로 일어나지 않고 그 자리에서 바로 무상無上의 깨달음을 성취하기 때문에(이를 '160심 一座成覺'이라 한다) 결코 다른 종성으로 전향할 수 없다.

2) 보살의 길

보살(菩提薩埵, bodhisattva의 준말)은 3승 중 가장 근기가 예리한 자로서, 불타가 되기 전까지의 유정을 말한다. 그는 발심하고서부터 3아승지겁 100겁의 수행을 통해 일생보처一生補處(도솔천에 태어나 다음 생에 불타의 지위에 오르는 단계)의 보살로 태어나고, 마침내 이생에 무상정등각을 이루게 되는 것이다.

예컨대 석가보살은 불타가 되기로 발심한 이래 3아승지겁 동안 각각 7만 5천, 7만 6천, 7만 7천의 부처님께 공양하고, 이루 형언할 수 없는 보살행(6바라밀다)을 닦는다. 눈과 골수를 포함하여 자신의 모든 것을 일체의 유정에게 널리 보시하였지만 그것은 다만 비심悲心에 의한 것일 뿐 생천生天의 복을 구한 것이 아니었다. 이렇게 함으로써 보시바라밀다를 성취하였다.

혹은 어느 때 신체와 사지가 잘려 나갔지만, 비록 그 때는 아직 욕탐을 떠나지 않았을지라도 마음상으로는 어떠한 분노도 없었다. 이렇게 함으로써 지계持戒와 인욕忍辱바라밀다를 성취하였다.(이상 제1단계)

다시 100겁 동안 선취 중의 고귀한 집에, 감관을 두루 갖춘 남자로 태어나 항상 지난 생을 기억하여 일체 유정의 '대가 없는 노복'으로서 정진하면서 부처님에 대한 염원에서 32상을 초래할 복덕을 닦는다. 혹 어느 때 보살은 용맹 정진하다가 우연히 저사여래底沙如來께서 선정에 든 것을 보고 그 자리에 선 채로 7일간 찬탄하기도 하였는데, 이 공덕으로 9겁을 단축하였다고 한다. 이렇게 함으로써 정진바라밀다를 성취하였다.(제2단계)

그리하여 마침내 최후신最後身의 보살로 왕궁에 하생하여 출가 수행하였으며(제3단계), 보리수나무 밑의 금강보좌에 앉아 34 찰

나에 걸쳐 일체의 번뇌를 끊고서 무상정등각을 성취하였다.(제4단계)

즉 보살은 이미 유루 6행관으로써 무소유처까지의 수혹을 끊었기 때문에 8인忍 8지智의 16찰나에 의해 3계의 견소단의 번뇌를 끊고, 18찰나에 걸친 무간도와 해탈도로써 비상비비상처의 9품의 수혹을 끊고 그것을 작증함으로써 아라한과를 증득하였으며, 바야흐로 무상정등각자無上正等覺者가 되신 것이다. 그리고 이 때 금강유정金剛喩定(비상비비상처 제9품의 수혹을 끊는 무간도)에 머물면서 진지와 무생지를 낳음으로 말미암아 마침내 선정과 지혜 바라밀다를 성취하게 되었던 것이다.

그렇다면 보살은 어떠한 이유에서 이 때에 이르러서야 비로소 진지와 무생지를 낳아 일체의 번뇌를 단멸하게 되었던 것인가? 보살이 이처럼 불타가 되기 직전까지 번뇌를 끊지 않은 것은 유정의 이익을 목적으로 삼았기 때문이다. 그러기 위해서는 3계 5취로서의 생을 계속해야 하며, 생을 계속하기 위해서는 생의 동력인 번뇌를 보존해야만 하였던 것이다. 이 같은 보살의 길에 대해 《구사론》에서는 다음과 같이 문답하고 있다.

> 어떠한 까닭에서 보살은 발원하고서 이토록 오랜 세월 동안 정진 수행하여야 비로소 불과佛果를 기약할 수 있는 것인가?
> 어찌 오랜 세월 수행하는 것을 인정하지 않을 것인가? 무상無上의 깨달음은 참으로 얻기 어려워 수많은 원행願行에 의하지 않고서는 결코 획득 성취할 수 없으니, 보살은 요컨대 3아승지겁을 거치면서 복덕과 지혜의 크나큰 바탕이 되는 6바라밀다와 백 천의 고행을 닦아 비로소 무상정등의 깨달음을

증득하게 된다. 그렇기 때문에 결정코 마땅히 오랜 세월 동안 원을 일으켜야 하는 것이다.

성문이나 독각의 경우처럼 적은 노력에 의해서도 역시 열반을 획득할 수 있을 것인데, 어찌하여 깨달음을 증득하기 위해 그토록 오랫동안 수많은 고행을 닦는 것인가?

일체의 유정에게 이익과 즐거움을 주기 위해서였다. 그래서 그 같은 깨달음을 구하고자 오랜 세월 동안 '어떻게 하면 내가 크나큰 능력을 갖추고서 괴로움의 폭류瀑流로부터 일체의 유정을 구제할 것인가' 하는 원을 일으켰던 것으로, 그렇기 때문에 열반의 도를 버리고 무상無上의 보리菩提(깨달음)를 구하게 된 것이다.

다른 유정을 구제하면 자신에게는 어떠한 이익이 있는 것인가?

보살은 유정을 구제함으로써 자신의 비심悲心을 성취하니, 그래서 다른 이를 구제하는 것으로써 바로 자신의 이익을 삼는 것이다.

보살에게 이와 같은 사정이 있다는 것을 누가 믿을 것인가?

자신의 윤택함만을 생각하고 크나큰 자비가 없는 유정으로서는 이 같은 사실을 믿기가 어렵겠지만, 자신의 윤택함만을 생각하지 않고서 크나큰 자비를 갖는 유정이라면, 이 같은 사실은 믿기 어려운 것이 아니다. 예컨대 남을 가엾이 여기지 않는 마음을 오래 익힌 자는 비록 자신에게 아무런 이익이 없을지라도 즐거이 남에게 손해를 끼치니, 이는 세상이 다 아는 사실이다. 이와 마찬가지로 보살은 자비의 마음을 오래 익혀 비록 자신에게 아무런 이익이 없을지라도 다른 이의 이익에 즐거워하니, 이 어찌 믿지 않을 것인가?

또한 유정들은 자주 익힌 힘으로 말미암아 무아無我의 행行(즉 업)에 대해 그것이 유위有爲임을 알지 못하고 '나'라거나 '나의 것'이라고 집착하여 애착을 낳고, 이것을 원인으로 삼아 온갖 괴로움을 감수한다는 것은 지자智者라면 다 아는 사실이다. 이와 마찬가지로 보살은 자주 익혀온 힘으로 말미암아 자아의 애착을 버리고 다른 이를 연민하는 마음을 북돋우어 이를 원인으로 삼아 온갖 괴로움을 감수하니, 이 어찌 믿지 않을 것인가?

또한 종성種姓이 다름으로 말미암아 이러한 뜻과 원을 일으키기도 하였다. 즉 다른 이의 괴로움을 자신의 괴로움으로 삼고, 다른 이의 즐거움을 자신의 즐거움으로 삼았지만, 자신의 괴로움이나 즐거움은 결코 자신의 괴롭고 즐거운 일로 여기지 않았으니, 이는 다른 이를 이익되게 하는 것과는 다른 별도의 자신의 이익이 존재한다고 보지 않았기 때문이다.53)

이렇듯 보살과 성문은 차원을 달리하는 것이다. 보살의 길은 험하고도 기나긴 이타행과 자기완성의 도정이다. 그것은 자신의 실존의 문제가 아닌 인류애에서 비롯된 것이기에 누구도 흉내낼 수 없는 것이었다.

그래서 불타의 가르침에 따라 아라한으로의 길을 걷는 성문의 제자들은, 자신들과 불타로의 길을 걷는 보살을 엄격히 구분하지 않을 수 없었다. 그들은 보살과 건널 수 없는 거리를 둠으로써 불타의 지위를 엿보는 불손함을 결코 범하지 않았던 것이다.

3) 불타

그렇다면 불타는 어떠한 분인가? 우리는 앞에서 이미 일체의 지혜를 구족하신 불타에게는 오로지 그만이 갖는 18가지 공덕이 있음을 살펴보았다. 즉 보살은 유정지 제9품의 해탈도를 닦아 진지를 획득할 때 그 같은 공덕을 함께 닦는 것이다.

세친은 그의 《구사론》 귀경게에서 불타를 "일체종一切種의 어

---
53)《구사론》권제12(앞의 책), pp.561~562.

두움과 온갖 어두움을 멸하시고 중생을 생사의 늪에서 구하신 분"으로 찬탄하면서 자리의 덕과 이타의 덕을 원만히 갖추신 분으로 해설하고 있다. 여기서 '일체종의 어두움'은 해탈의 장애인 불염오무지를, '온갖 어두움'은 번뇌의 장애인 염오무지를 나타낸다. 즉 성문과 독각은 단지 염오무지만을 끊었을 뿐이지만 불타는 두 가지 모두를 영원히 단멸하시고 그것의 불생법(비택멸)을 증득하신 분이라는 것이다.54) 나아가 중현은 이 같은 불타의 공덕을 지혜의 공덕(智德)과 번뇌단멸의 공덕(斷德)과 이타의 공덕(利他德)으로 재해석하고 있다.55)

불타는 제법의 실상을 깨달아 일체의 지혜를 구현하신 분이며, 그것으로써 일체의 번뇌를 끊으신 분이다. 이는 자리의 덕이지만, 그것은 지극히 원만한 덕이기에 중생을 구제하려는 이타의 덕으로 나타나게 된다. 완전히 차게 되면 흘러 넘치게 마련이다. 아니 그것은 일찍이 발심할 때의 보살의 서원이었다.

한편 《구사론》 권제27에서는, 이상과 같은 불타가 갖춘 일체의 공덕을 원인으로서의 원만한 공덕(因圓德), 결과로서의 원만한 공덕(果圓德), 은혜로서의 원만한 공덕(恩圓德)으로 정리하고 있다. 이제 그것을 간추려 보면 다음과 같다.

'원인으로서의 원만한 공덕'에는 네 가지가 있다. 첫째는, 복덕과 지혜의 바탕이 되는 보살행을 남김없이 닦았다. 둘째는, 3아승지겁을 거치면서 쉼없이 닦았다. 셋째는, 찰나찰나 용맹 정진

---

54) 《구사론》 권제1(앞의 책), pp.1~2.
55) 《순정리론》 권제1(대정장29, p.329상).

하여 결코 멈추는 일이 없었다. 넷째는, 배워야 할 법을 공경하여 신명을 돌보거나 아끼는 일없이 부지런히 닦았다.

'결과로서의 원만한 공덕'에도 네 가지가 있다.

첫째는 지혜가 원만한 공덕으로, 스승 없이 스스로 깨달았으며, 일체 제법의 보편적 실상을 알았으며, 일체 제법의 개별적인 작용을 알았으며, 어떠한 노력 없이도 알려고 하기만 하면 저절로 안다.

둘째는 번뇌의 단멸이 원만한 공덕으로, 일체의 번뇌를 끊고 택멸을 획득하였으며, 해탈의 장애인 일체의 불염오무지(비번뇌성의 무지)마저 끊고 그것의 비택멸을 획득하였으며, 번뇌의 장애와 해탈의 장애를 모두 끊고 물러나는 일이 없으며, 단지 번뇌만을 끊는 것이 아니라 그것의 잠재세력마저 끊었다.

셋째는 위세威勢가 원만한 공덕으로, 외적 대상을 변화시키거나 오래 머물게 할 수 있으며, 수명의 길이를 줄이거나 늘일 수 있으며, 허공이나 장애가 있는 곳 혹은 지극히 먼 곳도 신속히 이를 수 있고, 적은 것과 큰 것이 서로에게 들어가게 할 수 있으며, 세간의 여러 사물의 본성을 이전보다 뛰어나게 할 수 있다. 혹은 교화하기 어려운 이를 능히 교화할 수 있으며, 어려운 질문에 답하여 의심을 풀어줄 수 있으며, 가르침을 설하여 괴로움에서 벗어나게 할 수 있으며, 악한 무리들을 능히 굴복시킬 수 있다.

넷째는 육신이 원만한 공덕으로, 32가지의 신체적 특징과, 80가지의 좋은 모습과, 크나큰 힘을 갖추었으며, 안으로는 신체의 골격이 금강석보다 견고하고 밖으로는 수천 개의 태양보다 밝은 신비한 광명을 발한다.

　마지막으로 '은혜로서의 원만한 공덕'에도 역시 네 가지 종류가 있다. 이를테면 3악취(지옥·아귀·축생)와 생사로부터 영원히 해탈하게 하거나, 혹은 선취(인·천취)와 3승(성문·연각·불)으로 인도하는 것이 바로 그것이다.

　이상과 같은 불타의 덕성은 일반적인 경우이고, 그 밖의 각기 개별적인 덕성은 아승지겁을 두고 이야기하더라도 이루 다 말할 수 없다. 그것은 오직 불타만이 아는 것이다. 어리석은 범부들은 자신이 그러한 덕성을 결여하였기 때문에 불타의 공덕과 그가 설한 법을 듣고도 믿거나 존중하지 않지만 지혜로운 자는 그에 대한 믿음과 존중이 골수에까지 사무치니, 이 같은 한 찰나의 마음만으로도 악업을 멸하고, 마침내 열반을 얻게 된다.[56]

　이처럼 유부 아비달마에서 설하는 불타의 전지성과 덕성의 위대함은 대승경전에 조금도 뒤지지 않는다. 이 같은 사실은 석존에 대한 그들의 신념이 얼마나 지극한지를 나타내 보여 주는 것이라고 할 수 있다. 그러하니 성문의 제자로서 누가 감히 불타의 지위를 엿볼 수 있을 것인가?

　나아가 그들의 불타관佛陀觀이 이와 같다고 할 때, 불타는 결코 시방十方의 일체의 삼천대천세계에 두 분이 출현할 수 없다. 불타의 위신력에는 한계가 없으므로 오직 한 분의 불타만으로도 능히 시방의 일체 세계를 교화할 수 있기 때문이다. 그러나 만약 두 분의 불타가 출현한다면 공덕이 양분되어 원만하지 않다고

---

56) 《구사론》 권제27(앞의 책), p.1235-7.

해야 할 것이고, 그럴 경우 시방세계를 두루 교화할 수 없게 될 것이며, 어느 한 곳이라도 교화할 수 없는 곳이 있다고 한다면 다른 곳 역시 그러하다고 해야 한다. 이 같은 이유에서 그들은, 하늘에 두 개의 태양이 있을 수 없듯이 불타 또한 시방의 일체 세계에 한 분만이 출현한다는 '시방계일불설十方界一佛說'을 주장하였던 것이다.57)

일반적으로 아비달마불교라고 하면 현학적이고 사변적인 이론 위주의 불교, 현실 부정적이고 개인적인 자리自利의 불교로 이야기되지만, 그들 성문의 구도자들은 지혜를 구하는 길이 얼마나 어렵고 험난한지를 그들의 구도상의 체험을 통하여 누구보다도 잘 알고 있었다. 그래서 그들은 그 같은 길을 열어 보였고, 그것을 다시 자비심으로써 여러 중생들에게 가르치신 불타의 위대함을 누구보다도 강하게 느꼈던 것이다.

그렇다고 할 때 이른바 '소승'이라 일컬어지는 아비달마불교는 참으로 순수하고 솔직하며, 냉철하다고 할 수 있을 것이다. 그들은 다만 불타의 가르침에 따라 열반을 추구하는 성문聲聞의 제자였던 것이다. 그들의 당면한 문제는 8만 4천의 법문이라 일컬어지는 불타의 가르침을 어떻게 모순 없이 해석하고 이해하여 열반에 이를 것인가? 하는 점이었던 것이다.

---

57) 이에 반해 경량부나 대중부에서는 불타의 수명에는 한계가 있으며, 또한 무수한 세계의 중생은 때와 장소, 근기에 한량없는 차별이 있어 이들을 동시에 구제할 수는 없기 때문에 한 세계에 한 분의 불타가 출현한다는, 다시 말해 다수의 세계에 다수의 불타가 출현한다는 '다계다불설(多界多佛說)'을 주장하였다.

후 기

Ⅰ. 대저 불교佛敎란 무엇인가? 엄격히 말한다면 그것은 불타의 말씀(Buddha vacana) 즉 불타 교법일 것이다. 그렇다면 다른 이의 말과 마찬가지로 단어 문장 등을 본질로 하는 그의 말씀의 근거는 무엇인가? 그것은 그의 깨달음(自內證)이었다. 결국 불교란 불타의 깨달음을 근거로 하여 이룩된 경·율·논의 삼장을 말하며, 불교학이란 삼장을 소재로 한 전체적이고도 체계적인 학적 이해체계를 말한다.

그러나 사실상 '불교'와 '불교학'은 다른 것이 아니다. 왜냐하면 불타의 말씀은 그의 깨달음을 근거로 한 가설적 성격을 띠기 때문에 매우 다양한 형식과 내용으로 이루어져 있으며, 해서 거기에 일정한 이론적 체계를 부여하려는 노력은 필연적이었기 때문이다.

다시 말하면 불타의 깨달음은 말 자체의 의미에 의해 직접적으로 지시되거나 알려지는 것이 아니기 때문에 그 밑에 감추어진 밀의密意는 은밀할 수밖에 없다. 게다가 불타가 입멸함에 따라 그것은 더욱 더 은밀해졌고, 또한 항상 새로운 시대의 언어로 이야기되어야 하였다. 그렇지 않으면 그것은 살아 생동할 수 없으며, 다만 옛 사람이 남긴 말의 찌꺼기에 지나지 않게 되기 때문이다. 카슈미르의 정통 유부有部 논사인 중현衆賢(Saṃghabhadra)의 말을 빌릴 것도 없이 항상 새롭게 해석 간택簡擇되어 우리의 삶 속에서 살아 숨쉬지 않는 한 그것은 진정한 불교일 수 없는 것이다.

이 같은 불교의 학적 체계는 이미 불타 재세시 마트리카(mātṛka, 論母)라고 하는 형식으로 시작하여 불타 입멸 후 산출된 수많은 아비달마(abhidharma)에서 이루어지고 있는데, 그것은 다시 시대와 지역에 따른 이론적 반反·합合의 과정을 거쳐 마침내 밀교로까지, 혹은 천태 화엄 내지 선종으로까지 전개되기에 이르렀다. 따라서 불교는 결코 단일한 체계가 아니며, 시대와 지역에 따라 전개된 온갖 상이한 학적체계가 모여 이루어진 매우 복합적이고도 유기적인 체계이다.

우리는 대개 그러한 체계를 시대적 구분에 따라 원시(초기)불교-아비달마(부파, 혹은 소승)불교-초기대승-중기대승-후기대승의 밀교로 나누기도 하고, 혹은 그 중의 두드러진 각각의 이론체계에 근거하여 유부 아비달마(바이바시카)·경량부·중관학파·유가행파로, 혹은 중국의 교판가教判家에 따라 소승교·대승시교(始教)·대승종교(終教)·대승돈교(頓教)·대승원교(圓教)로, 혹은 화엄·아함·방등·반야·법화 열반 따위로 나누기도 한다. 그리고 이들 체계는 다시 세부적 체계로 나누어져 서로 대립하기도 하고, 혹은 종합을 꾀하기도 하지만, 그러나 분명한 사실은 이 모두가 불타 깨달음을 근거로 한 그의 말씀의 학적 이해체계로서 상호 유기적으로 관계한다는 사실이다.

그럼에도 불교학에 대한 우리의 이해는 지극히 도식적이고 개념적이다. 물론 그것이 '학'의 대상이 되는 한 어쨌든 '차별의 개념'을 통하지 않을 수 없는 일이며, 또한 그 같은 개념은 단순한 것이 아니라 오랜 세월에 걸쳐 위대한 불교사상가들에 의해 규정되고 제시된 것이기 때문에 결코 소홀히 해서는 안 될 것이다. 그러나 그 같은 학적이해가 종파적이라고 할 경우, 여기에 문제가 없다고 할 수 없다. 그것은 위험한 일이다. 인류역사상 종교집단의 위험성은 바로 여기에 있는 것이며, 해서 중국이나 해동의 불교가들은 '원융圓融'이라는 또 다른 불교의 이해를 표방하고 있는 것이다.

불교학에서 우리의 도식적 이해의 단편을 보여 주는 것이 바로 대승과 소승의 구분이다. 그리고 그 이해는 대개 이러한 것이다.

(1) 부파불교는 아라한을 이상으로 삼는 성문승이며, 대승은 부처가 되는 것을 이상으로 삼는 보살승이다. (2) 부파불교는 3계 6도를 윤회하는 괴로움을 여의고자 하는 업보業報사상이며, 대승불교는 원행願行사상이다. (3) 부파불교는 자리自利의 가르침이며, 대승불교는 자리이타의 가르침이다. (4) 부파불교는 삼세실유 법체항유의 유有의 입장이며, 대승불교는 반야지혜에 의한 일체개공의 입장이다. (5) 부파불교는 지극히 형식적이며 번쇄한 철학과 이론을 위한 이론이 많지만, 초기대승에서는 신앙과 실천을 중시하였다. (6) 소승불교는 학문과 이론에 중점을 두었으나 그 경지는 저속한 것이었고 출가중심의 불교였다. 그러나 대승불

교는 고차원의 제일의적第一義的인 입장에 서며, 나아가 재가불교를 표방하고 평이한 교설을 설하는 가운데 불교의 근본을 잃지 않음을 추구한다.[1]

이는 대개의 불교학개론서 내지 대승불교개론서에서 한결같이 진술되고 있는 바이며, 우리가 상투적으로 되뇌이고 있는 대 소승의 차이점이기도 하다.

그러나 이 같은 도식적 논의의 이면에는 이미 좋고 나쁘다는 판단이 개입되어 있으며, 따라서 이는 적어도 어떤 한 종파적 이념가의 발언은 될 수 있을지언정 학자의 발언은 될 수 없다. 아비달마의 교학은 중 고등학교 수준으로 대학이나 대학원의 수준에 미치지 못한다는 식의 논의는 더더욱 그러하다.[2] 이 같은 논의는 도대체 어디서 비롯되었던 것인가?

Ⅱ. 주지하듯이 소승(Hīnayāna)이라는 말은 부파(아비달마)불교에 반동으로 생겨난 이른바 대승(Mahāyāna)에 의해 폄하되어 불려진 명칭이다. 역어로서는 '작다'이지만, 그 원어 hīna(kṣulla, 혹은 kṣudraka가 아니다)는 '마땅히 버려야 할' '저열한' '천한'의 뜻을 지닌 것(그래서 下乘, 下劣乘으로 번역되기도 한다)으로, 제불諸佛보살의 어머니라는 반야바라밀다般若波羅蜜多를 통해 불과佛果를 추구하며 6바라밀을 실천하던 일단의 보살승들이 《소품小品》계

---

1) 금강수우(金岡秀友), 《대승불교총설》(안중철 역, 불교시대사, 1992), pp.153~154.
2) 같은 책, p.154.

통의 반야경전을 작성하면서 스스로의 도를 '대승'이라 칭하고, 기성의 불교 특히 유부 비바사毘婆沙를 중심으로 하는 아비달마 불교를 멸시하여 그렇게 불렀던 것이다.

그렇다면 왜 소승인가? 초기대승 교학의 집대성이라고 할만한 《대지도론大智度論》에 따르면 그 이유는 다만 두 가지로서, 첫째는 자신의 이익(열반)만을 설할 뿐 중생을 위한 대 자비심을 설하지 않기 때문이며, 둘째는 개아(중생)의 공만을 설하고 일체법의 공을 설하지 않기 때문으로, 그 협소함이 소 발자국에 괴인 물과 같기 때문에 소승이라는 것이다.[3]

이처럼 '소승'이라는 폄칭의 멸시는 대 사회적 실천구도자인 보살의 이타행과 아我·법法의 일체개공一切皆空이 전제가 되었던 것이지만, 그리고 우리는 그것이야말로 불교의 모든 것이라고 당연시하지만, 그 이면 나타나는 비정상적인 양자의 관계에 당혹하지 않을 수 없다. 자리이타를 지향하는 그들 보살의 불교는 분명 새로운 불교였지만, 그것은 기존의 상식과 가치에서 벗어난 불교였다. 처음부터 그들은 기존의 불교와는 논의의 출발점을 달리하였다.

말하자면 그들은 불타가 남긴 교법을 해석한 것이 아니라 불타를 해석하였으며, 그렇게 해석되어진 불타 즉 '반야바라밀다'를 통해 지금 여기서 무상정등각을 성취하려는 이상을 능동적으로 표방하였던 것이다. 그것을 통해 볼 때 세존 고타마가 남긴 교법,

----
[3] 《대지도론》 권제4(대정장25, pp.85중~86상); 권제31(동 p.287중); 권제79 (동 p.619하).

이를테면 5온·12처·18계의 제법분별도, 12연기의 유전과 환멸도, 나아가 세속의 고苦와 열반의 고멸苦滅을 설한 4성제도, 그에 관한 지혜(智)도 지혜의 획득도 '허망한 것'일 따름으로, 이는 바로 우리가 주문과도 같이 외우는 270자 《반야심경》의 내용이기도 하다.

그렇다면 이 같은 반야바라밀다에 대해 당시 성문승들은 어떻게 이해하였을까? 대승공관의 일차적 타켓은 기존 성문승, 특히 유부 비바사사毘婆沙師였으나 그들에게 있어 대승은 애당초 논의의 대상조차 되지 않았다. 이를테면 대승흥기 이전의 논서인 6족론이나《발지론》은 시기적으로 그렇다 하드라도 이미 대승이 흥기하여 왕성한 세력을 떨치고 있는 시기에 작성된 세친이나 중현의 저술 어디에도 그들에 대해 언급하고 있지 않으며 철저하게 침묵하고 있다. 어떤 논에 의하면, 소승을 주장하는 이들은 대승을 배운 이와는 물조차 다른 강에서 길러다 마셨다고 한다.[4]

그 이유는 무엇일까? 일본의 히라까와(平川彰)는 그 이유를 부파불교의 교리적 결백성 때문일 것으로 추측하고 있으며, 요시모또(吉元信行)는 교학의 전제가 달랐기 때문에 대승과 충돌이 일어나지 않았다고 하였지만,[5] 신흥新興의 대승은 다만 소수 신출내기의 아마추어였을 뿐이었다.

현장玄奘이 인도에 체재할 무렵(A.D. 630~644), 이 시기는 이미

---

[4] 길장(吉藏),《삼론현의》(대정장45, p.3상).
[5] 평천창(平川彰),《初期大乘佛教の 研究》(동경 춘추사, 1968), p.754; 길원신행(吉元信行),《阿毘達磨の 思想》(경도: 법장관, 1982), p.371.

대승이 흥기한 지 700여 년이 지났지만 여전히 인도 땅에는 이른바 소승이 압도적이었다. 그가 방문한 불교사원의 수는 총 1,196곳으로, 대승(사원 161개 소에 승려 수 19,400명)보다 소승(638개 소에 승려 수 130,130명)이 월등히 많았으며, 대 소승을 겸학한 곳(397개 소, 승려 수 22,900명)도 상당수 있었다.6) 그러하였기에 그들은 아비달마논서 그 어디에서도 대승을 불설佛說이 아니라고 비판한 적이 없었음에도 자신의 학설이 불설임을 누누이 강조하면서,7) 기성의 성문승을 비판이 아닌 부정의 대상(魔)으로 취급하

---

6) Cf. N. Dutt, *Buddhist Sects in India*(Montilal Banarsidass, 1978), pp.284~287.
7) 이를테면 무착(無着)의 《대승장엄경론(大乘莊嚴經論)》이나 《현양성교론(顯揚聖敎論)》에서는 8가지 혹은 10가지의 이유에서 대승이 불설(佛說)임을 밝히고 있지만, 필자가 보기에는 하나같이 객관적인 설득력인 결여되어 있다. 그 내용은 대개 이러하다. : (1) 만약 대승이 불설(正法)이 아니라 이설(異說)이라고 한다면 어째서 세존께서는 다른 경우에서처럼 그것을 예언하지 않았을 것[不記]인가? (2) 대승과 소승(성문승)은 어느 것이 먼저라 할 수 없고 동시에 존재하였던 것[同行]인데, 어찌 대승만을 불설이 아니라고 하겠는가? (3) 대승은 깊고 넓어 분별(忖度)을 위주로 하는 이들은 능히 믿을 수 없는 것인데, 그들이 행할 수 없는 것[不行]이라 해서 어찌 불설이 아니라고 하겠는가? (4) 부처가 아닌 깨달음을 얻은 다른 어떤 이가 설한 것이기 때문에 불설이 아니라고 한다면 이는 대승과 부합하는 뜻이니, 깨달음을 획득한 자[成就]가 바로 부처이기 때문이다. (5) 만약 그러한 부처는 대승을 본질[體]로 삼고, 석가모니불은 그렇지 않다고 하지만, 대승의 본질은 단일하기 때문에 깨달음에는 어떠한 차이도 없다. 즉 어떠한 부처도 대승을 본질로 한다. (6) 만약 석가모니불은 대승을 본질로 하지 않는다고 한다면, 성문승 역시 존재하지 않아야 한다[非體]. 즉 성문승은 불설이기 때문에 진실이며 대승은 불설이 아니기 때문에 진실이 아니라고 할 경우, 이는 크나큰 오류이니, 만약 대승(佛乘)이 존재하지 않는다면 어떻게 부처가 출현하였을 것이며, 부처가 출현하지 않았다면 어찌 성문승을 설할 수 있었을 것인가? (7) 대승의 법에 의해서만 무분별지(無分別智)를 얻을

였으며, 이에 따라 생겨난 명칭이 바로 '소승'이었던 것이다.

나아가 대승의 논사들은 그들의 대승경론을 용궁이나 도솔천에서 배워온 것이라고 과장하기도 하고, 우스꽝스럽게도 오성각별설五性各別說을 주장하여 성문 독각은 끝내 불과佛果를 이룰 수 없는 종성種姓이라고 하였다.

그러나 대승의 보살이 성문이 지향하는 열반에 들지 않으려 하였듯이, 성문은 애당초 불과를 엿보려고도 하지 않았다. 아니 그들의 이론상 불과의 증득은 원천적으로 불가능하였다. 즉 부처가 되기를 서원한 보살은 유정의 이익을 본회本懷(목적)로 삼았기 때문에 유정을 교화하기 위하여 반드시 악취로 가야하지만, 성문의 경우 순결택분인 4선근의 인위忍位에 이르면 더 이상 악취에 떨어지는 일이 없어 보살로의 전향이 불가능한 것이다.[8]

그런데 보다 우스운 사실은 유식학자이면서도 오성각별설을 부정하고 모두가 성불할 수 있다고 주장한 원측圓測의 논의이다.

> 소승의 입장에서 본다면, 미지근未知根 등의 3무루근을 획득하였거나 인

수 있고, 무분별지에 의해서만 능히 온갖 번뇌를 깨트릴 수 있다[能治]. 이 같은 이유에서 볼 때 대승의 존재를 부정할 수 없는 것이다. (8) 대승은 뜻이 매우 깊기 때문에 글자 뜻대로만 그 의미가 파악되지 않는다[文異]. 그러니 글자 뜻에 따라 그것을 불설이 아니라고는 할 수 없다.(《대승장엄경론》권제1, 대정장31, p.591중하) 이는 요컨대 '대승이 최고의 법이며, 부처는 바로 최고의 법을 깨달은 이'라는 사실을 전제로 한 논증이기 때문에 선결문제 미해결의 오류를 범하고 있다고 할 수 있다. 따라서 이는 대외적으로 표방된 논증이 아니라 '대승은 비불설(非佛說)이 아니다'는 확신을 심어주기 위한 '내부용'으로 생각된다.

8) 본서 4장 2-3)-(3) '인가의 단계(忍位)'를 참조할 것.

위忍位에 이른 자는 이미 성법聖法을 획득하였거나 4악도惡道를 면하였기 때문에 대승으로의 전향이 불가능하지만, 신信 등의 5근을 획득하였거나 정위頂位에 이른 자는 근기와 종성이 결정적이지 않기 때문에 대승으로 전향할 수 있다. 그러나 대승의 입장에서 본다면, 아직 보살도를 닦지 않은 한 종성과 근기가 결정적인 것이 아니기 때문에 일체의 성문은 모두 대승으로 전향할 수 있다고 《섭대승론석》에서는 말하고 있다. 이 같은 사실로 볼 때 결정코 (대승으로 전향 발심하지 못할) 무성無性의 유정은 존재하지 않으며, 정성定性의 성문 독각 또한 필시 성불하지 못하는 일은 없다.9)

소승 성문 스스로 인위에 이르러 더 이상 악취에 떨어지는 일이 없는 순결택분의 현자나 견도위의 무루지인 미지당지근未知當知根 등을 획득하여 이미 성자의 단계(具知根의 경우 아라한과)에 이른 성문은 근기와 종성이 결정되어 있어 결코 다른 종성으로 전향이 불가능하다고 하였는데, 대승에서는 아직 자신들의 보살도를 닦지 않았기 때문에 결정적 종성이 아니며, 그래서 전향이 가능하다니, 이 무슨 독선적인 발언인가? 이는 마치 불교도는 어떠한 수행을 하였든 아직 결정된 바는 아무 것도 없기 때문에 여호와 하나님을 섬기기만 하면 천당에 갈 수 있다는 말과도 같다.

Ⅲ. 대승은 분명 새로운 불교였다. 그것도 기존의 불교와는 타협점을 갖지 않는, 진보도 발전도 아닌 새로운 혁신이었다. 그들은 불타의 말씀을 새롭게 해석한 것이 아니라 새로운 불타의 말씀(경전)을 결집하였다. 기성의 입장에서 볼 때 그것은 불교라고

---

9) 원측, 《해심밀경소》 권제4(한국불교전서1, p.256하~257상).

할 수도 없는, 그리고 그 결함은 너무나 상식적인 것이어서 논의할 가치조차 없는 것이었다.

그러나 점차 반야바라밀다의 공관은 주석가들의 피나는 헌신에 의해 역사적인 보편성을 획득하게 되었고, 그것은 동점東漸하면서 보다 강화되었으며, 마침내 우리나라에 이르러 성문의 아비달마불교는 불교학에서 아예 배제되고 말았다. 나아가 오늘날에서조차 그 전통이 지속되어 내려오고 있는 스리랑카 등 남방의 불교를 '소승불교'라고 부르고 있는 것이다. 그러나 일단 역사와 전통의 권위에서 벗어날 경우—이는 바로 대승의 특성이기도 하다. 즉 그들에게 있어 일체의 세속적 가치는 공이었던 것이다— 우리의 '세속적' 가치판단의 기준을 어디에 두어야 할 것인가?

우리는 대승을 다만 역사와 전통의 권위를 전제로 하여 하나의 절대적 이념 내지 추상적 관념으로서 받아들이는 것은 아닌가? 물론 그들은 관념이 아닌 즉세속적卽世俗的인 현실성의 진리체계라고 말한다. 다시 말해 중관학파에서 말하는 승의제인 공성空性은 차별적 세속언설을 초월한 불가설의 공성이지만, 그러한 공성은 세속세계를 벗어난 것이 아니라 세속 그 자체이며, 유가행파에서 말하는 원성실성圓成實性은 변계소집으로 전화轉化되었던 것이 본래의 모습으로 복귀하여 성취되는 세계로서, 그것은 다름 아닌 의타기依他起의 현실성이라고 말한다.

그렇지만 원효에 의하는 한 양자는 적극적으로 현실(俗法)과 진실(無爲)을 설명하지 못하고 있다.[10] 그리고 그가 모든 논論의

---

10) 고익진,《한국의 불교사상》(동국대 출판부, 1988), pp.173~179 참조.

으뜸이며 모든 논쟁을 평정시킨 주체로 인식한 《대승기신론》 역시 생멸과 진여의 근원으로서 일심一心의 실재성을 전제로 하며, 그것에 대한 신뢰를 결코 버리지 않고 있는 것이다. 그러나 그것은 사실상 세월의 거리만큼이나 초기불교의 모습에서 일탈한 것일 뿐 아니라 도리어 석존이 비판대상으로 삼았던 《우파니샤드》의 아트만론적인 것이라 할 수 있다.[11]

그들은 다같이 현실을 꿈과 같고 환상과 같으며, 물거품과 같고, 그림자와 같고, 아침이슬과 같고, 번갯불과 같다고 여기며, 궁극적으로 그것을 가능하게 한 분별의 개념이 사라진 언망여절言忘慮絶, 불가지不可知의 집수執受, 혹은 유무有無를 떠난 독정獨淨의 세계를 추구하여 현실을 그러한 세계로 여과시키고 있는 것이다.

우리는 그렇게 여과된 세계를 무엇이라고 불러야 할 것인가? '무차별 속의 차별'이라고 해야 할까? 그러나 일체가 공인 이상 공으로서의 순수동일성이지 않으면 안 된다. 그것이 적어도 인도 베단타의 철학자 라마누자가 말한 '차별 가운데 동일성(bhedābheda)'의 개념과 동일시될 수는 없으며, 그러하기에 동체同體로서의 대 자비의 이론적 근거가 될 수 있었던 것이다.

따라서 현상의 차별이 배제된 그러한 순수동일성이란 추상의 세계, 이념의 세계라고 할 수 있다. 우리는 삼륜청정三輪淸淨의 보시를 어떻게 현실화시킬 수 있을 것이며, 유마거사가 말한 보살의 대비를 어떻게 구체적으로 실현할 수 있을 것인가? 윤리적으로 절대적 가치중립이라 할 수 있는 '공'을 어떻게 현실적으로 드

---

11) 송본사랑(松本史郎), 《연기와 공》 (혜원 역, 운주사, 1994), p.25 참조.

러낼 수 있을 것인가? 그래서 그것은 불가득不可得이고 불가설不可說이라고 할 수밖에 없는 것인가?

그렇다면 이른바 대보살의 원력願力은 의지(믿음)의 대상인가, 실행의 대상인가? 대승의 첫걸음은 믿음이고, 그 믿음의 첫번째 대상이 바로 대승의 이념인 반야바라밀다였으며, 그것이 바야흐로 보살의 육도六度 만행萬行의 원천이 되지 않았던가?

대승경전으로서는 비교적 짧다고 할 수 있는《금강경》에서는 끊임없이 되풀이하여 외치고 있다. "갠지스강의 모래알같이 많은 신명을 바치더라도, 갠지스강의 모래알 만큼 많은 삼천대천세계를 가득 채울 만한 칠보를 보시한다고 할지라도, 그것은《반야바라밀다경》이나 그 핵심인 4구게를 수지 독송하거나 남에게 일러 주는 것에 비해 백 분의 일, 백천만억 분의 일에도 결코 미치지 못한다"고.12)

대승에 있어 반야바라밀다란 그야말로 일체의 괴로움을 제거해 주는 신령스러운 주문이며, 광명의 주문이며, 위없이 높은 주문이며, 더 이상 이와 동등한 것이 없는 위대한 주문(眞言)인 것이다.

Ⅳ. 반야바라밀다는 제불諸佛 보살의 어머니였다. 그것은 두말할 필요도 없는 것이었다. 그래서일까? 중국 삼론종三論宗의 대성

---

12) 반대로 '한 찰나의 마음으로라도 그것을 비방하는 경우, 그 죄는 5역죄보다 무거워 천겁 동안 무간지옥에 떨어진다 하더라도 그것을 능히 다 갚을 수 없다.'(원효,《대혜도경종요(大慧度經宗要)》, 한국불교전서1, p.480중)

자 길장吉藏은 그의 《삼론현의》에서 유부 아비달마를 비판하면서 '소승 근본2부와 18부파는 대승으로부터 출현한 것'이라는 《문수사리문경》의 경설(왜 이 같은 경설이 생겨나게 되었을까?)에 따라 "아비달마는 대승으로부터 나온 것이기 때문에 그것의 근본은 대승이다. 그럼에도 말류의 소승은 대승을 듣고도 믿지 않기에 용수보살이 《중론》 등을 지어 이를 타파하였던 것이다"고 말하고 있다.13)

이는 물론 역사적 사실이 아니지만, 불타 교법의 근본이 대승이라고 보는 한, 경설에 근거한 이 같은 논의는 필연적인 것이라 할 수 있을 것이다. 그렇지만 '대승이 소승의 근본이 된다'고 하는 이 같은 시각은 그러한 경설이 역사적 사실이 아님이 밝혀진 오늘날에조차 암암리 승인되고 있으며, 이는 동아시아 불교사상사에 있어 그 영향력이 지대하였던 《삼론현의》와 같은 논서에 크게 기인한 것이라고 하겠다.

그렇다면 오늘날 '대승이 소승의 근본이 된다'는 논의는 어떻게 이루어지고 있는가? 주지하듯이 근대에 이르러 문헌학에 기초한 실증적인 불교연구가 학계에 주류를 이루게 되면서 원시(혹은 초기)불교·부파(혹은 아비달마, 혹은 소승)불교·대승불교·밀교라는 인도불교의 시대적 구분이 이루어지게 되었다.

종래 교상판석敎相判釋에서 소승교 혹은 아함시로 일컬어지든 것이 원시불교와 부파불교로 나누어짐에 따라 원시불교 연구자는 그것의 발전된 형태인, 혹은 대승으로부터 타기의 대상이 되

---

13) 길장, 《삼론현의》 (대정장45, p.3상).

었던 부파불교 즉 아비달마불교와는 다른 그 자체만의 정체성을 추구하게 되었고(이 같은 생각을 더욱 밀고 나가 '근본불교'라는 말까지 생겨나게 되었다), 그것을 특히 동아시아에서 역사와 전통에 빛났던 대승불교에서 찾기도 하였다. 그래서 원시불교에서의 연기를 시대를 뛰어넘어 대승 공관에 기초하여 해석하기도 하였고,[14] 급기야 혹자는 원시(근본)불교는 대승불교와 그 근본에 있어 차이가 없다고도 하였다.

한편 불교학의 실증적 연구가 이루어짐으로써 '대승 비불설非佛說'이 본격적으로 제기됨에 따라 대승의 연원을 추구하지 않을 수 없게 되었고, 그것을 부파불교 중의 진보적 성향의 부파, 나아가 원시불교에서 찾기도 하였다. 그리하여 혹자는 급기야 대승을 원시불교의 이론적 귀결이라고까지 말하고 있다.(이론적 귀결이라면 대승경전은 무엇 때문에 결집하였을 것인가? 그것은 논서만으로도 충분한 것 아닌가?)

이렇듯 원시불교는 대승에서 이론적 정당성을 확보하고자 하며, 대승불교는 원시불교에서 그 뿌리를 구하고 있다. 이는 결과적으로 잘 짜여진 한편의 각본처럼 보이기도 한다.

그런데 이 같은 노력이 도대체 왜 필요하였던 것인가? 불타 깨달음의 진실을 밝혀내고자 함인가? 아마도 그럴 것이다. 그것은 필경 '소승 아비달마'라고 하는 사상적 족쇄와 시대적 장벽을 뛰어넘기 위한 것이리라. 이 불교는 그들 불교사상사에 있어 마구

---

14) 이를테면 우정백수(宇井伯壽)는 원시불교의 연기를 대승의 상의상관의 관계로 해석하였다.(본서 3장 3-3)-(4) '12연기와 유자성' 참조)

니(魔)와 같은 존재였기 때문이었을 것으로, 피할 수만 있다면 피하고 싶었든 것이었기 때문일 것이다.

길장의 이해처럼 근본에서 말류가 나오는 법이므로 대승으로부터 소승 제 부파가 출현하였더라면 얼마나 용이하였을 것인가? 그렇지만 대승의 뿌리는 원시불교이며, 원시불교는 대승과 근본적으로 어떠한 차이도 없다고 한다면, 결국 근본에서 말류가 출현하는 것이라는 길장의 이해는 정당하다고 말할 수도 있겠다. 우습지 않는가?

그러나 분명히 알아야 할 점은 부파불교 내의 상좌부는 지금도 여전히 살아 있는 종교이며, 설일체유부의 경우 중국이나 일본에서의 연구는 차치하더라도 인도에서만 거의 천 년의 세월에 걸쳐 이루어지고 있다는 사실이다.15) 남방 상좌부의 경론經論은 그만두더라도 오늘날 전해지고 있는 한역본漢譯本의 비담부毘曇部 논서만도 신구新舊 28부, 대정신수대장경으로 4천여 페이지에 이른다는 사실이다.

그럼에도 앞뒤 거두절미한 채 부파불교를 다만 근본불교의 왜곡으로 치부하는 만용을 서슴지 않는다. 무엇을 왜곡하였다는 것인가? 대승불교를 왜곡하였다는 것인가, 불타 깨달음의 근본을

---

15) 대승이 흥기한 이후에도 부파불교는 여전히 존속하였다. 차마 말하기도 구차스러운 이 불교에 대한 우리들의 오해 중의 하나는 대승불교가 일어나면서 부파불교는 소멸해버린 것으로 생각한다는 사실이다. 앞서 언급한 것처럼 대승의 강력한 도전 속에서도 그들은 여전히 존속하였으며, 그것도 압도적이었다. 이른바 소승은 다수였고 대승은 소수였으며, 소승은 기성의 전문가들이었고 대승은 신출의 아마추어였다.

왜곡하였다는 것인가? 불타 깨달음의 근본이 대승이므로 그게 그거란 말인가? 이제 대답해야 할 것이다. 무엇을 어떻게 왜곡하였으며, 왜곡의 구체적 대안은 무엇인지에 대해.

제법의 실유實有를 주장하였기 때문인가? 그리고 자리自利의 열반을 설하였기 때문인가? 그렇다면 왜 그들은 무상의 찰나멸을 그토록 강조하면서도 다른 한편으로 실유를 설하지 않으면 안 되었던 것인가?[16] 혹 제법의 실유를 소박한 실재론쯤으로 이해하고 있는 것은 아닌가? 그래서 그들은 무상의 이치도 깨닫지 못한 것이라고 여기는 것은 아닌가?

나아가 열반이란 무엇인가? 아니 그것은 어떻게 가능한가? 우리는 세속과 열반 사이에 가로놓인, 우리로서는 결코 건널 수 없는 그 강을 무슨 수로 건너갈 것인가? 우리가 갖고 있는 모든 수단은 결국 세속적인 것밖에 없지 않는가?(세속도 공이고 열반도 공이며, 따라서 '건너간다'고 하는 생각자체가 허망된 분별이라고 한다면, 혹은 저편에서 누군가가 손을 잡아준다면 문제는 달라지겠지만.) 또한 그것은 자력에 의해서인가, 타력에 의해서인가?

괴로움은 주체적인 것이다. 남의 실연은 일상이지만 나의 실연은 우주의 무게로 다가온다. 남의 죽음은 필연적인 것이지만 나의 죽음은 종말의 비극이다. 그것은 나만이 느끼는, 나만의 고통이다. 그 실연을, 그 죽음을 누가 대신 감내해 줄 수 있을 것인가? 그것은 오로지 나의 몫이며, 그것으로부터 벗어나는 것 또한 나의 몫이다.[17] 그러기에 자리自利라고 하는 것인가? 아니라면 혹

---

16) 이에 대해서는 본서 2장 5. '제법의 삼세실유'를 참조 바람.

그들이 추구한 열반 자체를 이기주의(egotism)로 이해하고 있는 것은 아닌가?

"집착 없이 세상을 걸어가고 아무것도 가진 것 없이 자기를 다스릴 줄 아는 사람, 모든 속박을 끊고 괴로움과 욕망이 없는 사람, 미움과 잡념과 번뇌를 벗어 던지고 맑게 살아가는 사람, 거짓도 없고 자만심도 없고 어떤 것도 나의 것이라고 집착하지 않는 사람, 이미 강을 건너 물살에 휩쓸리지 않는 사람, 이 세상이나 저 세상이나 어떤 세상에 있어서도 삶과 죽음에 집착함이 없는 사람, 모든 욕망을 버리고 집 없이 다니며 다섯 가지 감각을 안정시켜 달이 월식에서 벗어나듯이 붙들리지 않는 사람, 모든 의심을 넘어선 사람, 자기를 의지처로 하여 세상을 다니고 모든 일로부터 벗어난 사람, 이것이 마지막 생이고 더 이상 태어남이 없는 사람, 고요한 마음을 즐기고 생각이 깊고 언제 어디서나 깨어 있는 사람."18) 이러한 이를 이기주의자라 해야 할 것인가?

유부 아비달마에 있어 열반이란 제법분별의 예지에 의해 '자기' 혹은 '자아'가 해체된 상태로서, 바로 무아의 증득과 더불어 획득되는 것이다.19)

우리는 현실적으로 끊임없는 욕망을 통해 '자기'를 확인하려고 한다. 그러함에 일체의 욕망이 끊어진 자의 삶을 두고서 이기주의 혹은 개인주의의 자리라고 말할 수 있을 것인가? 혹여 그 같

---

17) 이에 대해서는 본서 4장 6-1) '성문과 독각'을 참조 바람.
18) 《숫타니파타》 490-503; 법정 옮김, 《숫타니파타》(이레, 1999)의 표제어.
19) 제 부파 중 어떠한 경우라도 '지속'의 관념, '자아'에 상응하는 관념을 허용하지 않는 것은 설일체유부뿐이다. 본서 2장 주 28) 참조.

은 현상적 자아를 초월하는 선험적인 또 다른 자아가 있으며, 아비달마불교는 중생의 고통에 눈 돌리지 않고 오로지 그러한 존재만을 위한 것이라고 한다면 이는 지극히 대승적인 발상일 따름이다. 유여든 무여든 열반은 가장 뛰어난 승의勝義의 법으로서, 그것의 증득 자체가 바로 진리의 시현 즉 법시法施이기 때문에 결코 중생으로부터 벗어난 것이라고는 할 수 없는 것이다.

> 미워하는 자들 속에서 자애로운 자, 폭력의 무리들 속에서 평화로운 자, 집착하는 자들 속에서 집착하지 않는 자, 나는 그를 바라문(성자)이라고 부른다. 상냥하고 교훈적이며 진실된 말만을 하는 자, 자신의 말로 아무에게도 해악을 끼치지 않는 자, 나는 그를 바라문(성자)이라고 부른다.[20]

초기경전상에서는 열반을 성취한 이 같은 성자를 '마땅히 공양을 받을 만한 이'로서 인류의 영원한 사표師表로 묘사하고 있으며, 아비달마불교에서는 그에 이르는 구체적인 길을 제시하고 있다. 이제 우리는 생각해 보지 않으면 안 된다. 왜 그들은 한편으로는 3아승지겁에 걸친 보살의 이타행을 설하면서도 다른 한편으로 성문의 열반을 설하지 않으면 안 되었던 것인가? 불타와 아라한은 동일한 지혜를 획득하였음에도 어째서 그 공덕이 다른 것인가?

우리는 2천 년 전 대승이 일어날 무렵 대승의 논사들이 던졌던 비판을 중국의 대승교가大乘教家를 거쳐 지금도 마냥 앵무새처럼

---

20) 《법구경》 제26장 406; 408송.

되풀이하고 있다. "소승은 자리自利를 주장하지만 대승은 자리이타를 설하며, 소승은 실유를 주장하지만 대승은 일체개공을 설한다." 앞뒤의 전모는 생각하지 않은 채, 설법에서도, 개론서에서도, 논문에서도.

그 당시로서는 이른바 '소승'이라는 거대한 벽이 있었지만 지금은 그 같은 소승의 성문승도 존재하지 않는데 누구를 대상으로 삼을 것인가? 이를 동남아시아 제국의 불교에 적용시킬 것인가? 대상이 없는 비판은 공허한 것이다. 그것은 허공에 대고 외치는 것과 같다. 불교는 결코 도식적인 구호의 종교가 아니다.

V. 우리는 과연 어떠한 프리즘도 통하지 않고서 진실 그 자체(불타의 깨달음)로서 불교를 해석한다고 감히 말할 수 있을 것인가? 우리는 어떠한 프리즘을 통해 불교를 해석하고 있는 것인가? 우리는 역사와 전통이라는 프리즘을 통해 불교를 보고 있을 따름이다. 원효의 말대로 우리는 결국 우리가 익혀온 바에 따라 불교를 해석한다. 그리고 그것만이 진실이라고 고집한다.

정녕 허심탄회하게 불교를 탐구할 수는 없는 것인가? 그렇지 않고서 어떻게 다원화시대라고 하는 오늘날 또 다른 역사와 전통에 대처할 수 있을 것인가? 오늘날 종교간의 대화를 말하면서도 이 불교에 대해서만은 비판의 목소리를 낮추지 않고 있다. 이 불교를 부정하지 않고서는 도저히 대승을 논의할 수 없기 때문인가? 아마도 그럴 것이다.

그렇다. 불타의 깨달음으로부터 비롯된 불교(학)는 다만 탐구와 해석, 그리고 그에 따른 깨침의 과정일 뿐이다. 그것을 '깨달음'으로 여길 경우 수많은 종파적 독선을 낳게 될 것이며, 이는 도리어 불교에 반反하는 것이 될 것이다.

독자 여러분께서는 대승의 가장 위대한 논사로서 제2의 부처로까지 불려지기도 하는 용수龍樹가 원측에 의해 서원 발심의 단계인 초지初地의 보살(極喜大菩薩 즉 極歡喜住菩薩)로 일컬어졌다는 사실에 대해 어떻게 생각하시는가? 2천 5백 년에 걸친 불교사상사는 다만 탐구와 해석의 과정이었을 뿐이다. 그리고 그것은 지금도 유효하다. 아니 절실히 요청되는 바로서, 적어도 그것만은 진실이라고 해야 할 것이다.

초기(혹은 아비달마)불교에 의하면, 세계란 단일하고 지속하는 것처럼 보이지만 찰나찰나 간단없이 일어나는 연속적인 경험들의 인과적 연쇄일 뿐이다. 그럼에도 우리가 세계를 그러한 것으로 이해하고 또한 믿는(집착하는) 것은 부분적으로 그것이 그러한 특성의 사유와 언어를 통해 드러나기 때문이다.

그러나 1장에서도 언급하였듯이 불교에서의 언어란 그것에 의해 의미되는 대상과 직접 관계하는 것이 아니라 다만 화자의 의도와 관계하여 그것을 드러내는 방편(의사소통의 수단)일 뿐이다. 그럼에도 우리는 이 같은 사실을 간과한 채 영속 단일 보편의 언어를 통해 드러나는 세계 또한 그러한 것으로 이해하고 있다. 다시 말해 언어와 세계를 동일시하는 것이다. 따라서 언어란 한편으로 세계를 드러내는 방편이기도 하지만, 다른 한편으로 무지의 근원이기도 하다. 이 같은 사실은 중관과 유식에 이르러 더욱 철저하게 논의되기도 하지만, 불교(학)에도 그대로 적용될 수 있을 것이다.

현실에서의 책상은 다양한 부품의 집합이며 변화하지만, 언어를 통해 드러나는 '책상'은 그 자체로서 단일하고도 영속적이다. 마찬가지로 '불교'라고 하면 단일 부동의 실체, 뭔가 하나의 통일적 체계로 생각되지만, 불교(학)는 결코 단일 보편의 그 어떤 체계가 아니라 시대와 지역에 따라 전개된 온갖 상이한 학적 체계가 모여 이루어진 매우 복합적이고도 유기적인 체계이다. 따라서 불교가 '대승'이라는 이름하의 보편체계로 해석되는 것은 위험한 일이다.

전후의 사정은 다르지만 유교가 한때 주자학으로만 해석될 때에도 그러하였다. 무엇이 대승불교인가? 고정된 실체로서의 대승불교는 과연 존재하는가? 아비달마불교와 마찬가지로 대승불교 역시 불타 깨달음을 탐구하고 해석한 하나의 갈래일 따름이다. 그리고 그 갈래 또한 결코 단일하지 않으며, 그것에 의해 폄칭되었던 소승 역시 그러하다.

부파불교라고 함은 다수의 부파를 전제로 한 말이다. 그렇다면 일미一味의 교단이 대중부와 상좌부로 나누어진 것은 무슨 이유 때문이며, 상좌부로부터 다시 설일체유부가, 설일체유부로부터 다시 독자부가 분파되고, 계속하여 화지부가, 음광부가, 경량부가 분파된 것은 무슨 까닭에서인가?

오늘날 다시금 '무아윤회'가 어떻게 가능한지에 대해 논쟁하고 있다. 그것은 이미 2천 년 전 그들 부파 사이에서 제기되었던 문제이다. 그것은 바로 부파분열을 초래하게 하였던 중요한 문제 중의 하나였다.—과연 그들은 이 문제에 대해 어떻게 변명하고 있는 것인가? 그럼에도 오늘의 우리는 그것을 간과한 채 자의에 따른 또 다른 아비달마를 산출하고 있다. 그러면서 기왕의 아비달마를 '왜곡'이라고 외치고 있다. 무엇을 어떻게 왜곡한 것일까?

아무튼 소승이라 일컬어진, 지금도 그렇게 일컬어지고 있는 아비달마불교는 불교철학의 최초의 전개로서, 불교학 상의 거의 모든 문제를 노정시키고 있다. 그것은 대승공관에서 항상 말하듯이 그 자체로서는 열등하지도 않으며(小, hīna를 자성으로 하는 것이 아니며), 방편설도 아니다. 그것은 대승과는 또 다른 형태의 진리설이기 때문에 그것만으로도 불타 자내증을 엿보기에 충분한 의미와 가치를 지니고 있다고 할 수 있을 것이다.[21]

---

[21] 사족: 필자는 대승을 폄하하거나 소승 아비달마를 옹호할 생각은 추호도 없다. 다만 이해하고 싶을 따름이다. 독자 여러분의 깊은 해량 있으시기를 바란다.

찾아보기

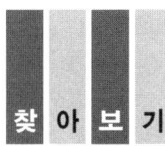

10력力   286
10변처遍處   295, 311, 314
10선업도   152
10수면隨眠   195, 199, 249
10악업도   152
10업도業道   151
10전纏   179, 204, 206
10지智   286
12분교分教   23
12연기   174, 175, 178, 180, 186, 187, 189, 190
12인연법   175
12입처入處   50
12처處   50, 55, 94, 189
160심心 일좌성각一座成覺   320
18계界   52, 55, 94, 189
2생가가生家家   260
37보리분법菩提分法   275, 278, 279
3계界   125, 126
3념주念住   286, 290
3등지等持   295
3명明   288, 305
3보寶   176
3생가가生家家   260
3승乘   316
3신身   88
3악취惡趣   126
3업   177
3전轉 12행行   227
3학學   32
3해탈문解脫門   309
3현위賢位   232, 318
4념주念住   237, 238, 275, 278, 279
4념처念處   275, 277
4대은현大隱現   60
4대종大種   59, 66, 110, 143, 238
4무량無量   295, 311
4무색정無色定   295, 299, 306
4무애해無礙解   292, 294
4무외無畏   286, 289
4선근善根   233, 240, 247, 318
4성제聖諦   29, 40, 49, 189
4성종聖種   232
4수등지修等持   310

4신족神足　275, 276, 278, 279
4쌍雙8배輩　257
4연緣　109, 115
4전도顚倒　239
4정근正勤　275, 277
4정단正斷　275, 278, 279
4정려　247, 277, 293, 295, 299, 300
4제諦　176, 196, 198, 200, 218, 223, 224, 227, 241
4제諦 16행行상행상相　241, 250, 284
4제 현관現觀　249, 250, 252
4향向 4과果　257, 273, 320
5견見　199, 204, 223
5과果　109
5근根　50, 61, 275, 276, 279
5력力　275, 276, 279
5부합단部合斷　257
5순상분결順上分結　212, 258
5순하분결順下分結　212, 258, 260
5업　145
5온蘊　53, 55, 73, 94, 165, 191, 237, 241
5온무아蘊無我　53
5위 75법法　56
5의평등義平等　71
5정거천停居天　262
5정심관心觀　233
5종불환不還　163
5취趣　125, 126
5취온取蘊　53, 94, 242

6계界　92, 233
6내입처　177
6바라밀다　321, 322
6번뇌구煩惱垢　204
6수면隨眠　194
6인因　109
6종성種姓 아라한　266, 267
6처處　175, 177, 179, 181
6취趣　126
6통通　295
6행관行觀　256, 322
7각지覺支　275, 277, 279, 280
7선사취善士趣　163, 263
7수면隨眠　194
8도지道支　280
8동법動法　305
8등지等至　295
8승처勝處　295, 311, 313
8재환災患　305, 313
8정도正道　144, 275, 277, 279
8해탈解脫　295, 311, 312
9분교分敎　23
98수면隨眠　197, 201

【ㄱ】

가설假說　23
가행加行　141, 152
가행도加行道　218
가행위加行位　232
각천覺天(Buddhadeva)　100, 101, 102

간慳 77, 205, 212
간결慳結 211
간다라 계 34
갈라람羯邏藍(kalalam) 173, 181
감달법堪達法 266
감연감행減緣減行 245
개蓋 192, 214, 215
건남鍵南(ghana) 173, 181
견見 62, 192, 194
견결見結 211
견고소단見苦所斷 199, 200, 201, 249, 251
견도見道 219, 223, 228, 237, 248, 250, 273, 275, 277, 279, 280
견도소단見道所斷 199, 200, 201, 251
견도위見道位 285
견멸소단見滅所斷 199, 200
견소단見所斷 199
견액見軛 210
견지見至 259, 267, 273
견집소단見集所斷 199, 200, 202, 251
견취見取 177, 182, 195, 196, 200, 210, 225
견폭류見瀑流 209
견혹見惑 199, 223
결結 192, 208, 211
경境(viṣaya) 64
경經 27
경구반經久般 263
경량經量 27

경량부經量部 36, 40, 63, 65, 67, 82, 83, 84, 86, 88, 90, 93, 105, 106, 142, 145, 153, 156, 194, 195, 261, 267, 293, 328
경량부의 본사本師 226
경안輕安 75, 76, 277, 303
계界(gotra) 52
계戒(śila) 146
계금취戒禁取 177, 182, 195, 196, 200, 210, 225, 260
계분별관界分別觀 233
계온戒蘊 215
계탁분별計度分別 69
고苦 224, 238, 239, 242, 250
고고성苦苦性 226
고류지苦類智 251, 252, 285
고류지인苦類智忍 252, 285
고법지苦法智 250, 252, 285
고법지인苦法智忍 246, 251, 252, 257, 284
고성제苦聖諦 241
고수苦受 214, 225
고제苦諦 199, 242, 250
고지苦智 242, 250, 284, 285
고통행苦通行 297
골쇄관骨鎖觀 234
공空 삼마지 239, 242, 250, 308
공공空空 삼마지 309
공무변처空無邊處 91, 306, 307
공법共法 286

공空사상 188
공상별관共相別觀 239
공상혹共相惑 202
공양탐供養貪 234
과원덕果圓德 325
관觀 9, 238, 247
광誑 77, 78, 206
괴고성壞苦性 226
괴愧 75
교憍 77, 78, 206
구句 88, 89, 294
구기俱起 70
구박具縛의 성자 272
구생俱生 70
구생求生 162
구신句身 82
구유인俱有因 109, 110, 116, 118, 120
구해탈俱解脫 268, 273
극미極微 58, 59, 65
극칠반생極七返生 258
근根(indriya) 62, 76
근견설根見說 63
근勤 75
근본根本 아비달마 28, 33
근본등지根本等至 299, 307
근본번뇌 192, 193, 197
근본업도根本業道 141, 152
근본정根本定 307
근분정近分定 307
근사녀율의近事女律儀 147

근사율의近事律儀 147, 148
근상하지력根上下智力 287
근주율의近住律儀 148
근책율의勤策律儀 147
금강유정金剛喩定 237, 264, 311, 322
기세간器世間 133
기어綺語 153

【ㄴ】

낙樂 301
낙생樂生 128
낙수樂受 214, 225
낙통행樂通行 293, 301
난법煖法 241, 279
난생卵生 129
납박臘縛(lava) 97
내등정內等淨 301, 303
내범위內凡位 241
노사老死 175, 179, 183, 184
논모論母 21
뇌惱 77, 78, 206
누漏 192, 208
누영진무외漏永盡無畏 290
누진지증명漏盡智證明 288
누진지증통漏盡智證通 288, 296
능작인能作因 109, 115, 116, 118, 119, 120

【ㄷ】

다계다불설多界多佛說 328

단견斷見 159
단대치斷對治 218, 251
단멸론斷滅論 161, 196
달찰나怛刹那(tatkṣaṇa) 97
대겁大劫 97
대번뇌지법大煩惱地法 72, 76, 78, 207
대법對法 28
대부동설待不同說 101
대불선지법大不善地法 72, 77, 207
대비大悲 286, 291
대선지법大善地法 72, 75
대승大乘 47, 57, 106, 188, 317
대종大種 59
대중부大衆部 26, 68, 106, 166, 194, 328
대중부계 91
대지법大地法 72, 73, 75
도거掉擧 75, 76, 205, 208, 214, 215, 205
도공계道共戒 147
도道 224, 242, 250
도류지道類智 251, 252, 257
도류지인道類智忍 251, 252, 257
도법지道法智 251, 252, 285
도법지인道法智忍 252
도성제 242
도제道諦 199, 250
도지道智 250, 284, 285
도회掉悔 214
독각獨覺 315, 316, 319, 320
독자부犢子部 36, 106, 166

동류인同類因 109, 112, 113, 116, 118, 120
동발승사動發勝思 142
동분同分 82, 83, 156, 162
동선근動善根 244
드야나(dhyāna) 299
득得 82, 83, 119
등기선等起善 150
등류과等流果 113, 118, 120, 154
등무간연等無間緣 85, 115, 116, 120
등지等持 298, 299, 308
등지等至 299, 301

【ㄹ】
루파(rūpa) 58
리離 242, 250

【ㅁ】
마나스(manas) 68
마트리카(mātṛka) 30
만결慢結 211
만만 78, 79, 194, 199, 204, 223, 225
만업滿業 156
망어妄語 153
멸滅 82, 86, 88, 224, 242, 250
멸류지滅類智 252
멸류지인滅類智忍 252
멸멸滅滅 87
멸법지滅法智 252, 285
멸법지인滅法智忍 252, 285

멸성제 242
멸수상정滅受想定 84
멸지滅智 250, 284, 285
멸진정滅盡定 82, 84, 264, 268, 313
명命 82
명名 88, 294
명근命根 85, 162
명색名色 175, 177, 179, 181
명신名身 82
명현론名顯論 89
모호율다牟呼栗多(muhūrta) 97
묘妙 242, 250
묘음妙音(Goṣa) 100, 102
묘촉탐妙觸貪 234
묘행妙行 152
무간無間 112
무간도無間道 218, 251, 255, 256, 264, 265
무견무대無見無對 143
무견유대無見有對 143
무괴無愧 77, 205
무기無記 76
무루無漏 49, 223
무루無漏 5온 215
무루 간택력 267
무루등지無漏等至 307, 309, 311
무루율의無漏律儀 147
무루지無漏智 240, 242, 250, 282, 284
무루혜無漏慧 24, 250
무명無明 76, 78, 176, 174, 180, 184, 192, 194, 197, 199, 203, 225
무명결無明結 211
무명루無明漏 208
무명박無明縛 213
무명액無明軛 210
무명폭류無明瀑流 209
무부무기無覆無記 76, 268
무상無常 103, 106, 190
무상과無想果 82, 84, 195
무상멸無常滅 217, 310
무상무상無相無相 삼마지 309, 310
무상無相 삼마지 308, 309
무상정無想定 82, 84
무상정등각자無上正等覺者 322
무색계無色界 126, 201
무색애無色愛 177
무색유無色有 177
무생지無生智 265, 275, 279, 283, 284, 286, 322
무소유처無所有處 91, 306
무심무사無尋無伺 삼마지 308
무심유사無尋唯伺 삼마지 308
무아無我 190, 238, 271
무여의열반無餘依涅槃 268
무원무원無願無願 삼마지 309, 310
무원無願 삼마지 308
무위無爲 48, 86, 91, 238
무위법無爲法 48, 56, 90, 92, 95
무인론無因論 190
무자성無自性 48, 189

무쟁無諍 292
무지無智 76
무진無瞋 75, 150, 312
무차별동분同分 155
무참無慚 77, 205
무치無癡 150
무탐無貪 75, 150, 231, 235, 312
무표색無表色 61, 66, 95, 143, 145
무표업無表業 67, 143
무학無學 248, 265, 273, 315
무학도無學道 228, 248, 255, 264, 273
무학위 255
무학의 정견正見 265
무행반열반無行般涅槃 261
문文 88, 89, 294
문소성聞所成의 지혜 25, 229
문신文身 82
미味 60
미경味境 66
미등지味等至 307
미리혹迷理惑 198, 223
미사혹迷事惑 198, 223
미지정未至定 247, 301, 307
미취微聚 59

【ㅂ】
바라제목차波羅提木叉 147
박縛 192, 208, 213
반야바라밀다 103, 189
반열반般涅槃 249

반초半超 262, 263
발라사가鉢羅奢佉(praśākhā) 173, 181
방일放逸 76, 207
백골관 234
번뇌(kleśa) 192, 194
번뇌구 206, 207
번뇌의 단멸斷滅 215, 219
번뇌장煩惱障 268
범부 83, 248, 316
법法 29, 47, 51, 104
법구法救(Dharmatrāta) 100, 102
법념주法念住 239
법무애해法無礙解 294, 295
법문法門 24
법승法勝 35
법유론法有論 103, 105, 106
법장부法藏部 36
법지法智 250, 282, 284, 285
법체항유法體恒有 97, 102, 164
변몰遍歿 162, 262, 263
변무애해辯無礙解 294, 295
변제정邊際定 305
변지遍知 219
변집견邊執見 195, 200, 202, 225
변취행지력遍趣行智力 287
변행인遍行因 109, 112, 113, 116, 118, 120, 202
변행혹遍行惑 112, 202
변혹遍惑 202
별보업別報業 156

별상념주別相念住 233, 239, 275, 279
별해탈別解脫 149
별해탈율의別解脫律儀 144, 147
보광普光 38, 41
보리분법菩提分法 278
보살菩薩 286, 316, 319, 320, 322, 324
보살행 321, 325
복업福業 150
본모本母 21
본상本相 87
본유本有 162, 172
부覆 77, 205
부동법不動法 92, 265, 266, 267, 293, 295
부동선근不動善根 244
부동심해탈不動心解脫 267
부실법不失法 106
부장不障 능작인 118, 119
부정不淨 238
부정관不淨觀 233, 235
부정업不定業 157
부정지법不定地法 78, 197, 207
부진근夫塵根 62
부행독각部行獨覺 320
분忿 77, 205
분위연기설分位緣起說 180, 184, 191
불공무명不共無明 199
불공법不共法 286
불공불법不共佛法 286
불교의 우주관 132

불방일不放逸 75
불상응행법不相應行法 56, 57, 81, 82, 95
불선근不善根 203
불선업 150
불설佛說 26
불승佛乘 319
불시해탈不時解脫 267, 286, 310
불신不信 76, 207
불여취不與取 153
불염오무지 268, 325
불율의不律儀 145, 146, 149
불타 286, 291, 311, 315, 321, 324
불타의 덕성 327
불해不害 75, 76, 312
불환과不還果 212, 248, 257, 260, 264, 272
불환향不還向 257, 261, 272
붓다고샤(Buddhagosha) 32
비悲 291, 311
비고락수非苦樂受 301
비구니율의 147
비구율의 147, 148
비근 62
비득非得 82, 83
비리작의非理作意 217
비무량悲無量 312
비바사毘婆沙(Vibhāṣa) 35
비바사사毘婆沙師(Vaibhāṣika) 25
비복업非福業 150

비상非常 238, 239, 241, 250
비상비비상처非想非非想處 84, 91, 256, 262, 306, 307
비속반非速般 263
비아非我 239, 242, 250
비율의비불율의非律儀非不律儀 146
비즈냐나(vijñāna) 68
비즉온비리온非卽蘊非離蘊 106
비택멸非擇滅 91, 93
비파사나(vipaśyanā) 237

【ㅅ】
사思 73, 140, 142, 153
사捨 75, 277, 312
사伺 69, 72, 78, 79, 295, 301
사事(dravya) 61, 75
사견邪見 77, 153, 195, 200, 225
사事극미 59, 60
사량思量 68
사마타(śamatha) 237, 299
사마파티(samāpatti) 299
사무량捨無量 312
사무애해詞無礙解 294, 295
사미계 147
사법思法 266
사생지력死生智力 287
사생지증명死生智證明 288
사소성思所成의 지혜 25, 229
사수捨受 225
사수思受 214

사업思業 139, 141, 145
사용과士用果 111, 118, 120
사유死有 162, 172
사이업思已業 140, 145
사종자思種子 145
사타함斯陀含 259
살가야견薩迦耶見 195
살생殺生 153
삼마지三摩地(samādhi) 73, 74, 85, 298, 299, 300, 308
삼매 74
삼세 양중兩重의 인과설 179, 180
삼세실유三世實有 97, 100, 103, 105, 164
상想 55, 73
상견常見 159
상류반열반上流般涅槃 261
상부동설相不同說 101
상수멸想受滅 92
상연혹上緣惑 202
상응相應 71
상응무명相應無明 199
상응법 71
상응선相應善 150
상응인相應因 109, 110, 116, 118, 120
상응행법相應行法 95
상응행온相應行蘊 207
상좌부 28, 32, 91, 106, 142, 166
상주론常住論 161
색色 60

색경色境　64
색계色界　126, 201, 300
색구경천色究竟天　262
색법色法　56, 57, 95, 141
색심호훈설色心互熏說　85
색애色愛　177
색온色蘊　238
색유色有　177
생生　82, 86, 88, 175, 179, 182, 242, 250
생득혜生得慧　25
생무색정生無色定　300
생반열반生般涅槃　261
생생生生　87
생유生有　162, 172
생정려生靜慮　300
석가보살　321
선업　150
선업도　153
선정禪定　298
설근舌根　62
설일체유부說一切有部　31, 32, 34, 35, 51, 96, 100, 131
설장법무외說障法無畏　290
설전부說轉部　106, 166
설출도무외說出道無畏　290
섭식攝識　106
성경聲境　65
성도聖道　224
성도지성聖道支性　91

성문聲聞　315, 316, 319, 324
성자　83, 248, 253, 257
성종聖種　232
세간도　255
세간의 지혜　25
세계 기원설　133
세로世路　98
세속世俗　23
세속世俗의 아비달마　25, 26
세속유世俗有　47
세속정법世俗正法　23
세속지世俗智　241, 242, 282, 284, 285, 291, 292
세심설細心說　85
세우世友(Vasumitra)　85, 100
세제일법世第一法　237, 244, 247, 279
세친世親(Vasubandhu)　27, 31, 37, 38, 67, 106, 167, 170, 187, 324
소번뇌지법小煩惱地法　77, 78, 207
소승小乘　317, 328
소연연所緣緣　115, 116, 117, 120
소조색所造色　60
소조촉所造觸　66
속반速般　263
수受　55, 73, 175, 177, 179, 181
수水　59, 60, 66
수념분별隨念分別　69
수도修道　219, 223, 228, 248, 253, 255, 273, 275, 277, 279, 280
수도소단修道所斷　199

수도위修道位　285
수락受樂　301
수론數論(Saṃkhya)학파　37, 102, 196
수면隨眠　192, 193
수면睡眠　78, 205, 214, 215
수번뇌隨煩惱　77, 78, 192, 204, 206, 207
수법행隨法行　258, 273
수상隨相　87
수소단修所斷　199, 201, 254
수소성修所成의 지혜　25, 229, 233
수식관數息觀　233
수신행隨信行　258, 273
수온受蘊　238
수타원須陀洹　258
수혹修惑　199, 223, 254
숙주수념지력宿住隨念智力　287
숙주수념지증통宿住隨念智證通　296
숙주지증명宿住智證明　288
숙주지증통宿住智證通　288
순결택분順決擇分　240, 247, 318
순차생수업順次生受業　157
순해탈분順解脫分　240, 247, 318
순현법수업順現法受業　157, 158
순후수업順後受業　180
순후차수업順後次受業　157
습생濕生　129
승론勝論(Vaiśeṣika)　167
승법勝法　28
승의근勝義根　62
승의불선勝義不善　150

승의선勝義善　150
승의勝義의 아비달마　26
승의유勝義有　47
승의정법勝義正法　22
승의지勝義智　284
승진도昇進道　218
승해勝解　73, 74, 259
시간(kāla)　97
시방계일불설十方界一佛說　328
시애심해탈時愛心解脫　267
시해탈時解脫　267, 286, 310
식識　68, 174, 177, 179, 181
식견설識見說　63
식무변처識無邊處　91, 306
식온識蘊　238
식차마나계式叉摩那戒　147
식향신食香身　162
신信　75, 276
신경지증통神境智證通　296
신계身繫　192
신근信根　62, 259
신기청정身器清淨　231
신新 유부　27, 36
신업身業　139
신증身證　264, 273
신표업身表業　142
신해信解　259, 266, 273
심心　68
심尋　69, 72, 78, 79, 295, 301
심법心法　56, 95

심상속心相續 117
심상응행법心相應行法 71
심소법心所法 56, 57, 67, 71, 95
심심甚深 176
심왕心王 71
심일경성心一境性 298, 300, 301

【ㅇ】
아나아파나념阿那阿波那念(ānāpanasmṛti)
    235
아나함阿那含 260
아라한 117, 213, 219, 265, 271, 315
아라한과阿羅漢果 248, 255, 257,
    264, 266, 272, 320, 322
아라한향阿羅漢向 257, 264
아뢰야식연기설 108
아비달마 24, 27, 28, 29, 30
아비달마 논서 25, 30, 32
아비달마 논장論藏 21
아비달마불교 22, 57, 90, 108,
    130, 173, 174, 186, 217, 328
아어취我語取 177, 182, 210
악계惡戒 146
악구惡口 153
악업도惡業道 153
악작惡作 78, 205, 214, 215
악행惡行 152
안근眼根 62
안반념安般念 235
안주법安住法 266

알부담頞部曇(arbuda) 173, 181
애愛 175, 177, 179, 182
애결愛結 211
액軛 192, 208, 210
양설兩舌 153
어업語業 139
어표업語表業 142, 145
업 136, 162
업감연기설業感緣起說 108, 136
업이숙지력業異熟智力 287
에결恚結 211
여如 242, 250
여력與力(혹은 有力) 능작인 118, 119
여리작의如理作意 217
연緣(pratyaya) 107, 242, 250
연결불생법緣缺不生法 93
연기緣起 108, 174, 191
연기지성緣起支性 91
연박연기連縛緣起 180
열반 29, 91, 119, 150, 192, 218
염念 73, 74, 236, 238, 276, 277, 291
염등지染等至 307
염사청정念捨清淨 304
염오무지 325
염청정念清淨 301
염환대치染患對治 218
예류과預流果 248, 253, 257, 258,
    259, 272
예류향預流向 253, 257, 272
온蘊(skandha) 53

외범위外凡位　233
요가학파　196
요단수樂斷修　232
요별了別　62, 68
요의경了義經　26
욕欲　73, 74
욕계欲界　126, 200, 301
욕루欲漏　208
욕사행欲邪行　153
욕생欲生　128
욕애欲愛　177
욕액欲軛　210
욕유欲有　177
욕취欲取　177, 182, 210
욕탐欲貪　192, 214, 232, 260
욕탐개欲貪蓋　215
욕폭류欲瀑流　209
용수龍樹　188, 189
우바새계　147
우바이계　147
우파데사(upadeśa)　30
우파바사계　148
원분대치遠分對治　218
원속연기遠續緣起　179
원지願智　292, 293
위부동설位不同說　101
유有　175, 177, 179, 182
유가행파瑜伽行派　245, 319
유견유대有見有對　143
유루有漏　49, 208

유루 6행관行觀　256
유루법　49
유루지　282
유부　28, 53, 59, 63, 65, 66, 69, 70, 81, 84, 86, 88, 89, 91, 92, 93, 97, 98, 100, 102, 103, 104, 105, 106, 107, 119, 141, 142, 147, 155, 180, 294
유부동설類不同說　100
유부무기有覆無記　76
유부 비바사사毘婆沙師　59, 72, 103, 109, 153, 162, 213, 279, 318
유부 아비달마　34, 68, 74, 80, 162, 183, 204, 214, 258, 299, 308, 311, 327
유분식有分識　106
유식唯識　59, 68, 85, 92, 108, 130
유신견有身見　195, 200, 202, 225, 260, 309
유심유사有尋有伺 삼마지　308
유아론有我論　170
유액有軛　210
유여의열반有餘依涅槃　268
유위有爲　48, 86
유위 4상相　86, 87, 88, 103, 107, 110
유위법　48, 87
유자성有自性　186
유전流轉　174, 192
유정有情　129
유정천有頂天　262

유지類智 250, 282, 284, 285
유차별동분類差別同分 155
유탐有貪 192, 232
유폭류有瀑流 209
유학有學 248, 265, 273, 310
유행반열반有行般涅槃 261
윤회輪廻 159, 164, 165, 192
율의律儀 145, 146, 149
은원덕恩圓德 325
응공應共 265
의意 68
의疑 78, 80, 192, 194, 197, 199, 200, 204, 214, 223, 260
의결疑結 211
의근意根 51, 68
의무애해義無礙解 294, 295
의성意成 162
의업意業 139, 153
이異 82, 86, 88
이간어離間語 153
이계離繫 93, 224, 251
이계과離繫果 118, 119
이근耳根 62
이생異生 248, 317
이생희락離生喜樂 302
이숙과異熟果 114, 118, 154
이숙인異熟因 109, 114, 116, 118
이슈바라(Īśvara) 50, 51, 107
이이異異 87
이희묘락離喜妙樂 304

인因(hetu) 107, 242, 250
인가가人家家 260
인각유麟角喩 320
인법忍法 244, 279
인업引業 156, 158, 162
인연因緣 115, 121
인연관因緣觀 233
인원덕因圓德 325
인위忍位 319, 320
일간一間 261
일래과一來果 248, 257, 259, 272
일래향一來向 257, 259, 272
일미온一味蘊 106, 166
일체개공一切皆空 187

【ㅈ】
자慈 311
자리自利 271
자무량慈無量 312
자비관慈悲觀 233
자상별관自相別觀 238
자성분별自性分別 69
자성선自性善 150
자아 50, 51, 54, 81
작의作意 73, 74
잠주멸설暫住滅說 106, 142
잡예어雜穢語 153
전纏 192, 194, 206
전설傳說(kila) 39
전초全超 262, 263

정靜 242
정淨 250
정定 276, 277
정견正見 259, 277
정념正念 275, 277, 301
정등각무외正等覺無畏 289
정등지淨等至 307, 309, 311, 313
정량부正量部 106, 142
정려靜慮(dhyāna) 299, 300
정려율의靜慮律儀 147
정려해탈등지등지지력靜慮解脫等
持等至智力 287
정명正命 277
정무색정無色定 300
정법頂法 243, 279
정사유正思惟 277
정생희락定生喜樂 303
정어正語 277
정업定業 155, 157
정업正業 277
정온定蘊 215
정정正定 276, 277, 301
정정려定靜慮 300
정정진正精進 275, 277
정진精進 276, 277
정학율의正學律儀 147
정혜正慧 301
제2정려 301, 303, 305
제3정려 301, 304, 305
제4정려 84, 293, 301, 304, 305, 311

제법분별諸法分別 47, 70, 81, 88, 108, 109, 150, 151, 155, 271
조복調伏(vinaya) 146
종자상속의 전변과 차별설 83
종자설種子說 106
종종계지력種種界智力 287
종종승해지력種種勝解智力 287
주住 82, 86, 88
주주住住 87
중간유中間有 162
중간정中間定 247, 307
중관中觀 108
중도연기설中道緣起說 108
중동분衆同分 83
중반열반中般涅槃 261
중유中有 162, 163, 172
중음신中陰身 163
중현衆賢 27, 29, 36, 38, 106, 197, 282, 290, 325
증상과增上果 115, 118, 120, 154
증상연增上緣 115, 116, 118, 120
지止 237, 247, 299
지地 59, 60, 66
지경자持經者 34
지관止觀 208
지대치持對治 218, 251
지론자持論者 34
지식념持息念 233, 235, 236
지옥 127
진瞋 78, 153, 192, 194, 197, 199,

201, 203, 205, 223, 225, 260
진박瞋縛 213
진에瞋恚 214, 215
진여眞如 92
진여연기설眞如緣起說 108
진제眞諦 37
진지盡智 237, 264, 275, 279, 283, 284, 286, 322
질嫉 77, 205, 212
질결嫉結 211
집集 224, 242, 250
집기集起 68
집류지集類智 251, 252, 285
집류지인集類智忍 252, 285
집법지集法智 251, 252, 285
집법지인集法智忍 252, 285
집성제集聖諦 242, 250
집지集智 284, 285

【ㅊ】
차제증次第證 272
찰나刹那(kṣaṇa) 87, 97, 104
찰나멸론 103, 106
찰나연기刹那緣起 179
참慚 75
처處(āyatana) 50
처비처지력處非處智力 287
처중處中 146
천안지증통天眼智證通 288, 296
천안통 311

천이지증통天耳智證通 296
천가가天家家 260
첨諂 77, 78, 206
청정한 지혜 25, 249
초기불교 50, 55, 81, 94, 103, 165, 178, 277, 280, 299
초월증超越證 272
초전법륜初轉法輪 227
초정려初靜慮 301, 302, 305
촉觸 60, 73, 74, 175, 177, 181
촉경觸境 66
총보업總報業 156
총상념주總相念住 233, 240, 279
추악어麤惡語 153
출出 242, 250
취取 175, 177, 179, 182, 192, 208, 210
취결取結 211
취취극미 59, 60
치癡 76, 203
칫타(citta) 68

【ㅋ】
카슈미르계 34, 36
쿠마라라타(Kumaralāta) 226

【ㅌ】
타심지他心智 283, 284, 285
타심지증통他心智證通 296
탐貪 78, 153, 194 197, 199, 203, 223, 255

탐박貪縛 213
태내胎內 5위位 173, 181
태생胎生 129
태외胎外 5위 173
택멸擇滅 91, 92, 93, 118, 119, 218, 224, 249, 251
택법擇法 277
퇴법退法 266

【ㅍ】
폐시閉尸(peśī) 173, 181
폭류瀑流 192, 208, 209
표업表業 66, 139, 141
풍風 59, 60, 66
필경불생법畢竟不生法 93

【ㅎ】
한恨 77, 78, 206
해害 76, 77, 205, 206
해탈도解脫道 218, 251, 255, 256, 265
해탈온解脫蘊 215
해탈장解脫障 268
해탈지견온解脫知見蘊 215
해태懈怠 76, 207
행行 73, 174, 177, 179, 181, 242, 250
행고성行苦性 226
행동설行動說 142
행무색반열반行無色般涅槃 263
행사行捨 301
행사청정行捨淸淨 301

행온行蘊 238
향香 60
향경香境 66
허공虛空 91, 92, 93
허광어虛狂語 153
현관現觀 223, 248
현반열반現般涅槃 263
현법낙주現法樂住 267, 301
현색顯色 64, 142
현색탐顯色貪 234, 313
형색形色 64, 142
형색탐形色貪 234
혜慧 69, 73, 236, 238, 276, 291
혜근慧根 259
혜온慧蘊 215
혜해탈慧解脫 268, 273
호법護法 266
혼면惛眠 214
혼침惛沈 75, 76, 205, 208, 214, 215
화火 59, 60, 66
화생化生 129
화합견설和合見說 63
환멸還滅 174, 192
회신멸지灰身滅智 269
후기後起 141, 152
후득지後得智 283
희喜 277, 301, 312
희무량喜無量 312
희수喜受 312

아비달마불교

2003년 3월 25일 초판 1쇄 발행
2024년 4월 30일 초판 7쇄 발행

지은이 • 권 오 민
펴낸이 • 윤 재 승
펴낸곳 • 도서출판 민족사

등록 • 1980년 5월 9일(등록 제1-149호)
주소 • 서울시 종로구 삼봉로 81 두산위브파빌리온 1131호
전화 • (02) 732-2403~4 / 팩스 • (02) 739-7565
홈페이지 • www.minjoksa.org
페이스북 • www.facebook.com/minjoksa
이메일 • minjoksabook@naver.com

ISBN 978-89-7009-873-9 04220
ISBN 978-89-7009-870-8 (세트)

값 19,500원

*잘못된 책은 바꿔 드립니다.
*저작권법에 의하여 보호를 받는 저작물이므로 무단으로 복사, 전재하거나 변형하여 사용할 수 없습니다.